논쟁 수업으로
시작하는
민주시민교육

Teaching Controversial Issues
The Case for Critical Thinking and Moral Commitment in the Classroom
by Nel Noddings and Laurie Brooks

비판적 사고와 시민성 교육을 위한 안내서

논쟁 수업으로 시작하는 민주시민교육

넬 나딩스, 로리 브룩스 지음 | 정창우, 김윤경 옮김

Nel Noddings and Laurie Brooks
TEACHING CONTROVERSIAL ISSUES
The Case for Critical Thinking and Moral Commitment in the Classroom

풀빛

오랜 기간 동안 공동 집필에 참여할 수 있는 기회를 주신 어머니(넬 나딩스)께 우선 진심으로 감사드린다. 남편과 아이들 내외는 이 책을 집필하는 과정에서 귀중한 의견을 주었다. 젠더에 대해서는 캐런이, 인종에 대해서는 마크가, 그리고 제니는 집필 파트너로서 큰 역할을 했다. 뉴저지 공제 은행Provident Bank의 마케팅 이사인 롭 캐포졸리Rob Capozzoli는 7장 '미디어'에 필요한 자료를 제공해주었다. 또한 내게 영감과 여러 사례를 선사한 뉴저지 뉴어크에 있는 필립스 아카데미 차터 스쿨의 학생들과 교사들, 특히 캣킨 플라워즈Catkin Flowers에게 감사드린다.

로리 브룩스

지금 우리나라는 거의 문화적 내전이나 다름없는 세계관과 가치관의 충돌을 벌이고 있다. 대부분의 사회적 갈등 사안들이 합리적 대화와 토론을 통한 문제 해결의 관점이 아니라, 왜곡된 이념적 틀 안에서만 다루어지고 있다. 보수나 진보나 심각한 적대의 언어 및 행태에서 결코 자유롭지 않다. 정치권은 이런 문제들을 완화시키고 거기에서 드러나는 이견, 차이, 적대를 민주적 제도의 틀 안에서 조율해야 하는 과제를 지니고 있지만, 스스로 이념 대립의 함정에 빠져 오히려 갈등만 증폭시키고 있다. 이런 상황에서는 제대로 된 민주시민교육을 활성화해보려는 그 어떤 노력도 정치적 편향성에 대한 시비에서 자유롭지 않다. 진영을 막론하고 그렇다. 진보 진영에서 민주시민교육을 활성화하려고 하면 그건 '좌경화' 또는 '의식화'의 시도일 뿐이라는 공격이 곧바로 퍼부어지고, 반대로 보수 진영에서 그러면 그건 '신민화' 또는 '우민화'의 음모일 뿐이라고 거부된다. 우리 사회의 극심한 냉전형 이념 대립을 증폭시키는 악순환마저 낳고 있는 것이다. 그뿐 아니라 교육이 정치권력으로부터 독립적이고 자율적이어야 한다는 헌법에 보장된 교육의 정치적 중립성 원칙을 엉뚱하게도 교육 현장을 일종의 정치적 진공 상태로 만들어야 한다는 요구로 둔갑시켜 전가의 보도처럼 휘두른다. 또 정말 어처구니없게도 교사들에게는 보편적 인권이자 다른 모든 국민들이 누리는 기본권인 정치적 활동의 자유도 심각하게 제한하고 있다. 교육에서 정치는 원칙적으로 회피되어야 하기에 교사들은 어떤 식이든, 심지어 교육 현장에서조차 정치와 관련된 활동을 해서는 안 된다는 것이다. 이런 상황에서 '정치교육'인 민주시민교육이 들어설 자리는 거의 없어 보인다.

최근 민주시민교육에서의 논쟁 수업은 이념 대립의 함정을 에둘러 빠져나갈 수 있는 우회로를 발견하게 했다. 그중에서 사회적으로 논쟁적인 주제를 교실에서도 논쟁적으로 가르치라는 '논쟁 재현 Kontroversitätsgebot'의 원칙은 독일의 보이텔스바흐 합의로부터 큰 관심을 끌었다. 독일에서 이 원칙이 부각된 것은 좌우의 이념 대립이 극심했기 때문이었다. 통일 전의 분단국가 독일에서도 교육 문제를 두고 우리와 비슷한 사회적 갈등이 있었다. 독일은 나치로부터 해방된 직후 새로운 독일연방공화국을 세우자마자 다시는 나치 같은 세력이 집권하는 일이 없도록 만들겠다며 연방정치교육원을 설립하고 시민들을 대상으로 체계적인 민주주의 교육을 시작했다.

그러나 1960년대 말 시작된 학생운동의 여파로 이 정치교육을 둘러싸고 격심한 좌우 대립이 일어났다. 당시 서독의 이념 대립은 격렬

했는데, 교육 현장의 갈등도 만만치 않았다. 많은 좌파들이 정치교육을 사회변혁의 수단으로 삼고 싶어 했던 반면에 우파들은 당시 서독의 체제를 옹호하는 쪽에 초점을 두었다. 각기 민주주의 수호와 해방을 외치던 좌우 진영은 서로에 대해, 우리 식으로 말하자면 '의식화' 또는 '우민화' 교육을 그만두라며 날선 이념 전쟁을 치렀다. 이 피해는 고스란히 학생들에게 전이되었다.

이런 상황에서 탄생한 것이 당시 독일에서 가장 영향력 있는 정치교육학자들과 관련자들이 도출하여 합의한 '강압·교화 금지의 원칙', '논쟁 재현의 원칙', '학생들의 이해관계 인지의 원칙'이다. 독일은 이 합의에 따라 교육 현장에서 심각한 이념 대립을 극복하고 전 국가적인 차원에서 체계적인 정치교육, 우리 식으로는 민주시민교육 시스템을 만들어내는 데 성공했다. 이 합의는 오늘날까지 성공적인 사회통합과 민주주의에 기반을 둔 번영의 토대를 구축할 수 있는 바탕이 되었다. 통일 후에도 구동독 지역에서 이 합의에 따른 체계적인 민주주의 교육을 실시함으로써 공산당 지배하의 전체주의 교육에 젖어 있던 주민들이 민주주의의 원리와 가치에 익숙해지는 데도 커다란 기여를 했다.

보이텔스바흐 합의는 일방적 주입식 정치교육을 지양하고, 정치교육을 통해 학생들을 스스로 판단하고 결정하며 행동할 수 있는 능력을 갖춘 존재로 성장시키겠다는 교육적 관점을 철저하게 견지하려는 데서 나온 것이다. 특히 논쟁 재현의 원칙은 한마디로 정치적으로 민감한 사안들에 대한 사회적이고 학문적인 차원의 논쟁이 교실에서도 드러나게 하는 방식으로 교육해야 한다는 요청이다. 이런 원칙이야말로 오늘날의 다원적 민주주의 체제에서 이루어지는 교육 이념에 가장 잘 부합할 수 있기 때문이다. 어느 사회에서든 실제로 민주주의를 교육하는 과정에서 교사들이 자신의 정치적 견해나 입장에 따라 특정한 방식으로 학생들을 오도할 우려가 크기 마련이다. 따라서 정치적인 사안에 대한 다양한 견해와 해법, 그에 따른 갈등의 가능성을 제시하여 학생 스스로가 판단하고 결정하며 행동할 수 있는 능력을 갖추도록 성장시킬 필요가 있다. 여기서 가장 중요한 것은 바로 그러한 정치적 견해나 입장의 다양성, 또 그에 따른 갈등이나 논쟁이야말로 민주주의의 본질이라는 점이다. 민주주의는 아무런 갈등이 없는 정치체제가 아니라 갈등을 생산적으로 승화시킨 정치체제라고 할 수 있다. 어떤 면에서 보면, 민주주의란 시민들이 다양한 사안들에 대해 각자만의 고유한, 서로 다른 의견을 가질 수 있다는 차원에서 평등하다는 점을 서로 인정하는 정치체제라 할 수 있다.

《논쟁 수업으로 시작하는 민주시민교육》의 저자들 또한 공화국이란 국민들이 선택한 통치 집단이 국가를 운영하는 정치 조직의 한 형태라고 주장한다. 가장 유덕한 시민들에게 지도적 역할을 수행하도록 요구하는 공화국이 민주주의 국가가 되려면, 모든 국민들은 민주시민으로서 자신의 역할을 하며 필요한 덕목을 계발해야 한다. 학생들은 이러한 점을 배우면서 참여 민주주의에서 모든 시민들이 삶을 적절하게 준비하는 것이 얼마나 중요한지를 깨달을 수 있을 것이다. 민주주의 사회에서 시민들은 서로 효과적으로 소통할 수 있어야 하고, 이런 능력은 우리의 학교에서 길러져야 한다.

논쟁적인 쟁점에 대한 토론으로 학생들을 안내하는 것은 아직은 도전적인 일일 것이다. 반갑게도 최근 서울시교육청에서 독일의 보이텔스바흐 합의에 기반한 '서울형 민주시민교육 논쟁 수업'을 강조하고 있다. 때맞춰 우리나라에 넬 나딩스와 로리 브룩스의《논쟁 수업으로 시작하는 민주시민교육》이 출간된 것은 꼬여 있는 민주시민교육의 꽉 막힌 퇴로를 여는 데 매우 소중하다. 이 책은 공적 영역에서 '비판적 사고'를 매우 중요하게 다루고 있다. 비편적 사고의 주요 목적은 논쟁적인 쟁점에 제기되는 주장들을 고려하고 평가하는 것으로서, 논쟁에서 반드시 이기는 데 있을 필요가 없으며, 그보다 자신이 듣거나 읽은 것을 모든 측면에서 이해하고 서로 협력할 수 있는 출발점을 제공해주는 서로 동의할 만한 핵심을 발견하는 데 있음을 강조한다. 비판적 사고를 활용하는 목적이 건강한 인간관계, 그리고 강력한 참여 민주주의 유지에 기여하는 데 있다고 말이다.

이 책은 또한 옮긴이가 재삼 주목하고 있듯, 우울한 역사를 직시하면서도 도덕적 냉소주의에 빠지지 않도록 안내하기 위해 교사들이 적절한 '교육적 중립성'을 취할 필요가 있음을 강조한다(17쪽). 여기서 말하는 교육적 중립성은 특정한 정치적 견해를 일방적으로 교화하거나 주입하지 않는 것과 관련되어 있다. 하지만 이것이 논쟁적 쟁점에 대해 교사가 자신의 입장을 드러내지 않도록 강요받는 것을 의미하지는 않는다. 이보다는 경합하는 다양한 입장이 있음을 학생들에게 상기시키고, 그들이 참여를 통해 공동의 목적에 기여할 수 있도록 권장하며, 자신의 입장을 견지할 수 있도록 돕는 것을 의미한다(17~18쪽, 30쪽). 고정관념의 위협으로부터 벗어날 수 있도록 학생들의 비판적 사고를 촉진할 수 있는 방법에 대해 교사들이 생각하고 탐구하도록 안내한다. 비판적 사고를 요구하는 많은 사회적·정치적 문제들을 떠올릴 수 있을 것이다. 만약 토론이 과열되고, 냉소주의 혹은 절망감이 표출될 징조가 보이면, 그 주제에 대한 논의를 다른 날에 다시 하겠다고 약속하고 대화를 끝마치도록 한다. 그리고 이런 어려운 상황들은 참여적인 시민들 간의 숙의 과정에서도 간혹 발생하는 것임을 알려주어야 한다. 이는 참여 민주주의에서 삶의 한 부분이다. 민주주의란 사람들이 단지 자유롭게 의견을 표출하고, 투표하고, 논쟁에서 이기고, 비폭력적으로 상대를 패배시키는 정치체제가 아니다. 저자들은 오히려 공유된 목표들, 열린 대화, 편견 없는 자기비판과 관련된 삶의 방식임을 역설한다.

물론 비판적 사고는 그 자체로 도덕적 선이 아니기에 인격교육, 우리 방식의 표현으로 '인성교육'의 중요성을 간과하지 않는다. 비판적 사고에 기술적으로 아주 능숙한, 사악한 사람들이 있기 때문이다. 반대로 인성교육에서 강조하는 인격이 파시즘과 연루된 역사적 과오가 있기에 그것의 어두운 측면도 주의해야 한다. 도덕적 헌신은 최선의 비판적 사고를 이끌고, 이를 통해 다시 비판적 사고는 도덕적 헌신과 행위를 안내한다고 본다. 그래서 저자들은 비판적 사고를 함양하는 시민성 교육에서 인성교육을 배제하지 않고 있다. 이러한 입장의 견지는 듀이의 후계자라고 불리는 나딩스의 교육철학적 입장이라고 할 수 있다. 이 또한 제3의 길을 연 영국의 크릭 보고서가 민주시민교육의 3요소로서 도덕적·사회적 책임, 지역사회 참여, 그리고 정치적 소양의 융합을 강조한 것과 유사하다고 볼 수 있다.

이 책은 우리 사회에 논쟁적 이슈controversial issues가 될 만하지만 그동안 배움의 주제가 아니었던, 권위와 파시즘 문제, 믿음과 불신과 같은 종교와 진화론, 성적 지향 및 양성 평등 문제, 인종적 쟁점, 감상적·국가적 애국심의 위험과 세계시민적·생태적 애국심의 요청, 자본주의와 사회주의라는 이분법적 사고, 미디어 위협과 비즈니스 중심적 스포츠와 엔터테인먼트, 세계화 영향과 돈·계층·빈곤 문제, 평등·정의와 자유 등의 주제를 등장시켜 그것을 교실에서 어떻게 다루어야 하는지를 민감한 시각으로 세밀하게 다루고 있다.

우리 사회도 촛불 이후의 질서를 어떻게 구성할지가 막연한 상황이기에 사회적으로 논쟁이 될 수 있는 주제가 한두 가지가 아닐 것이다. 분단 상황과 그에 따른 이념 대립(세월호 사태, 역사교과서 논쟁, 난민 처리 문제, 성소수자 문제, 탈북자 문제 등)이 다른 어떤 곳보다 극심한 상황인 만큼 논쟁 수업은 그것들을 어떻게 바라볼지에 대해 하나의 단서를 제공할 것이다. 촛불혁명 이후 민주주의의 공고화와 심화라는 과제를 제대로 달성하기 위해 민주주의 교육의 강화가 절대적으로 필수적이기에《논쟁 수업으로 시작하는 민주시민교육》이 제시하는 방식은 한국사회에서 이념 대립의 함정을 피해 갈 수 있는 사회적 합의를 이끌어내는 데 기여할 것이다. 평화적 집회를 통해 권력을 교체했듯, 촛불 이후 사회질서의 구성도 논쟁 수업을 통해 평화적으로 함께 만들어갈 공동의 과제일 것이다.

넬 나딩스는 우리 학계에 배려와 돌봄의 교육학자로 잘 알려져 있는 인물이다. 배려와 돌봄이 정의와 공정성이 없는 온정주의로 오해되기도 하는데, 이 책은 이러한 오해를 말끔히 해소하고 있다. 학교와 학급의 목표를 정의로운 돌봄의 공동체로 설정하고 있기 때문이다. 학교의 혁신을 꿈꾸는 교사들은 꼭 읽어볼 만한 저서임을 확신하며 감히 추천한다.

부산교육대학교 교수, 교육부 민주시민교육자문위원장,

서울시교육청 민주시민교육자문위원장

심성보

옮긴이의 말

이 책은 저명한 교육철학자 넬 나딩스와 그녀의 딸 로리 브룩스에 의해 공동 집필되었다. 스탠퍼드 대학의 명예교수인 넬 나딩스는 배려윤리와 교육철학 분야에서 탁월한 저서들을 여러 권 집필했다.《비판적인 수업: 학교는 무엇을 가르쳐야 하는가Critical Lessons: What our Schools should Teach》,《21세기 교육과 민주주의Education and Democracy in the 21st Century》(심성보 옮김, 살림터, 2016),《교육개혁에 실패할 때When School Reform Goes Wrong》,《배려교육론The Challenge to Care in Schools》(추병완·황인표·박병춘 옮김, 다른우리, 2002),《배려: 윤리학과 도덕교육에 대한 관계적 접근Caring: A Relational Approach to Ethics and Moral Education》,《넬 나딩스의 교육철학Philosophy of Education》(박찬영 옮김, 아카데미프레스, 2010),《글로벌 인식을 지닌 시민교육 Educating Citizens for Global Awareness》,《도덕적 인간교육Educating Moral

People》등의 개인 저서가 있다.

옮긴이(정창우)는 '미국교육학회AERA 연차학술대회'가 개최되었
던 2001년 시애틀에서 넬 나딩스를 처음 만났다. 나딩스의 뛰어난
학문적 업적을 칭송하고 널리 공유하기 위해 마련된 이 특별 세션에
는 엄청나게 많은 사람들이 몰려서 300여 석의 청중석과 중간 및 양
쪽 계단이 가득 찰 정도였다. 그야말로 나딩스에 대한 학자들의 엄청
난 관심과 인기를 실감할 수 있는 기회였다. 그녀의 기조연설은 "인
간은 상호 의존적이고, 관계적인 존재입니다"라는 말로 힘 있게 시작
되었고, 계속해서 교육철학, 교육행정학, 도덕심리학, 윤리학, 교과교
육학의 경계를 자유롭게 넘나들며 교육개혁을 위한 방향과 실천적
지침을 풍부하게 제공하였다. 2005년 이후 대학에서 학생들을 가르
칠 때 나딩스를 언급하게 되면, 나는 거의 빠뜨리지 않고 그 당시 내
가 받은 감흥을 학생들에게 생생하게 전하고 있다.

2017년에 출간된 이 책에서는 논쟁적인 쟁점에 대한 탐구를 통해
어떻게 비판적 사고력을 발달시킬 수 있는지에 관해 논의한다. 그 과
정에서 나딩스와 브룩스는 비판적 사고를 활용하는 목적이 단지 논
쟁에서 이기는 데 있지 않고, 상호 이해하고 협력하는 데 있음을 강
조한다. 저자들은 모든 교과목을 통해(가능하다면 교과 간 융합수업
을 통해), 그리고 다양한 사회·경제 계층을 가로질러 대화를 권장하
는 방식으로 이루어지는 비판적 사고 교육이 참여 민주주의 사회에
필요한 자질과 역량을 계발하도록 돕는다고 주장한다. 이들은 권위,
종교, 젠더, 인종, 미디어, 스포츠, 엔터테인먼트, 계층 및 빈곤, 자본
주의와 사회주의, 그리고 평등과 정의 등을 둘러싼 다양한 논쟁적인

쟁점들을 학교에서 어떻게 다룰 수 있는가를 풍부하게 안내한다. 이런 논쟁적인 쟁점들을 활용한 교육의 목표는 타자의 가치에 대한 존중과 이해를 바탕으로 자신의 신념이나 타인 및 다른 집단의 신념, 국가의 신념들을 비판적으로 검토할 수 있는 주체적인 민주시민을 기르는 데 있다.

이런 목표를 달성하기 위해 저자들은 논쟁적인 쟁점에 대한 수업을 특정 교과에서 도맡는 형태가 아니라 모든 교과에서 실시해야 하고, 가능하면 교과 간 융합수업을 통해 학제적 접근을 시도하라고 권장한다. 인간 세계에서 발생하는 사회적 쟁점들을 단일한 시각으로 접근하는 것은 명확하게 한계가 있기 때문에, 다양한 시각이 융합적으로 적용되어야 한다는 것이다. 이런 문제의식을 바탕으로, 나딩스와 브룩스는 현재 영어에 대한 공통핵심성취기준에서 정치철학 사상가들의 문장과 저서에 대한 독해를 특별히 강조하는 것과 관련된 문제를 제기한다. 그들에 따르면, 독해를 강조하는 것은 그 자체로 찬성할 만한 일이지만, 문제는 문장과 저서에 영향을 미친 배경에 대해서는 학생들의 관심이 너무 부족하다는 것이다. 즉, 배경에 대한 깊이 있는 연구 없이, 글의 형식적인 구조를 분석하고, 단어의 뜻을 배우며, 진술 목적을 생각하는 것만으로는 충분하지 않다고 지적한다. 학생들이 문장과 저서의 중요성을 올바로 이해하기를 기대한다면 이들이 집필된 시대, 집필의 동기가 된 사건, 그리고 작가들의 삶 등에 대해 알 필요가 있다고 주장한다. 다시 말해, 교육과정에서 명시한 '정치철학 사상가들의 문장과 저서에 대한 독해 능력 향상'을 위해서는 이들 사상가들의 문장이나 저서를 둘러싼 시간적·사회적·공간적·윤리적 시각들이 통합적으로 추구되어야 하며, 이를 위해 교과 간 학제적 접근이 적극적으로 시도되어야 한다는 것이다.

아울러 저자들은 과거와 현재의 중대한 사회문제를 감추거나 축소하거나 미화하는 것이 아니라 '있는 그대로' 직시하는 것을 강조하기 때문에, 자칫 잘못하면 학생들을 냉소주의 혹은 '교육받은 절망'의 상태로 나아가게 할 수 있다는 점을 우려한다. 사실 미국인들은 어릴 때부터 국가와 국가 원리에 대한 자부심을 교육받으며 자란다. 그런 미국인들이 인종차별에 대한 공포, 그리고 특별히 노예제와 그것이 미국 역사에서 중심적 역할을 차지했다는 것을 인정하기는 어려울 것이다. 자신이 사랑하는 국가가 저지른 잘못을 알았을 때, 많은 학생들은 깊은 수치심과 냉소와 같은 절망감으로 괴로워할 수 있다.

그럼에도 저자들은 우울한 역사를 직면하는 것에 대한 회피는 현재 미국인들의 태도를 거짓으로 꾸미는 일이며, 또한 미국인의 화합을 더 어렵게 만들 것이라고 경고한다. 그러면서 만약 이 문제를 잘 다루지 못한다면 미국인은 위태로워질 것이라는 에디 글로드의 말을 다음과 같이 인용한다. "망각은 끔찍한 문제를 완전히 덮어버린다. 뿐만 아니라 미국인 스스로의 규범적 인격을 왜곡한다. … 망각은 우리의 [어려운] 현재 상황을 위해 특별히 유용하다는 생각이 들게 만드는 말이다."

이런 이유에서 우울한 역사를 직시하면서도 도덕적 냉소주의에 빠지지 않도록 안내하기 위해 나딩스와 브룩스는 교사들이 적절히 교육적 중립성을 취할 필요가 있음을 강조한다. 여기서 말하는 교육적 중립성은 특정한 정치적 견해를 일방적으로 교화하거나 주입하지 않는 것과 관련되어 있다. 하지만 이것이 논쟁적인 쟁점에 대해 교사가 자신의 입장을 드러내지 않도록 강요받는 것을 의미하지는 않는다. 이보다는 경합하는 다양한 입장이 있음을 학생들에게 상기시키고, 그들이 참여를 통해 공동의 목적에 기여할 수 있도록 권장하며, 자신의 입장을 견지할 수 있도록 돕는 것을 의미한다.

한편 저자들은 이 책에서 비판적 사고 교육이 중요하다는 점을 일관되게 강조하면서도, 이와 동시에 "비판적 사고는 도덕적 헌신에 의해 안내되어야 한다"라고 말한다. 즉, 비판적 사고는 논쟁에서의 승리, 개인의 이익과 행복 증진 차원이 아니라 공동선이나 진리를 향한 심층적인 탐구, 그리고 친절하고 건강한 사회 조성 등을 위해 사용되어야 한다고 말한다. 오늘날 한국 사회는 학생들에게 너무 자주 좋은 점수, 좋은 대학, 좋은 직장, 많은 돈을 위해서 공부하고 학습하도록 조장한다. 물론 이러한 동기들이 없어져서는 안 된다. 그러나 우리는 더 높은 수준의 것을 원해야 한다. 우리는 보다 충만한 삶에 대한 도덕적 헌신과 보다 건전한 사회에 대한 가능성에 눈뜨기 위해 비판적 사고의 지평을 확장할 필요가 있다.

나는 나딩스와 브룩스의 이 책이 매우 시의적절한 시기에 한국에 소개되었다고 생각한다. 나딩스가 다룬 논쟁적인 쟁점들은 오늘날 한국 사회에서 중요한 사회적 쟁점들로 부각되고 있다. 또한 (서울시교육청을 중심으로) 학교교육에서 논쟁 수업에 대한 관심도 차츰 높아지고 있다. 이 책이 한국의 교육 현실 및 사회 상황을 개선하는 데 어떤 도움을 줄 수 있는지 보다 구체적으로 제시해보면, 다음과 같다.

첫째, 이 책에서 다루고 있는 젠더 문제는 오늘날 우리 사회에서 들불처럼 확산되고 있는 '미투 운동'과 연결 지어 논의해볼 수 있다. 공적 세계에서 여성 평등의 필요성 및 당위성에 대해서는 별로 이견이 없을 것이다. 하지만 현실에서 어떻게 하는 것이 여성을 평등하게 대우하는 것이고, 무엇이 그러한 대우를 방해하는지에 대해 생각해보면, 그 해답을 찾기가 무척 어려워진다. 이러한 물음은 여성 인권 향상을 위한 노력이 더디게 흐른 원인과도 관련되어 있기 때문에, 이 책의 저자들은 그 원인을 찾고 새로운 길을 모색하기 위해 여성 인권의 역사를 공부해볼 것을 권장한다.

　둘째, 이 책은 권위, 종교, 젠더, 인종, 미디어, 스포츠, 엔터테인먼트, 계층 및 빈곤 등의 주제를 통해 거의 예외 없이 훌륭한 업적과 역사적 과오를 동시에 지닌 인물들을 어떻게 평가해야 하는가에 대한 쟁점을 다루고 있다. 이런 논의는 친일 행적을 보인 역사적 인물들과 친일 문학인들에 대한 평가를 어떻게 내려야 하고, 학교교육에서 이를 어떻게 다루어야 하는가에 대한 해법을 찾는 데 도움을 줄 수 있다. 예를 들어, 남북전쟁 이전의 미국 대통령들 대부분은 노예 소유주였거나 노예제 동조론자였다. 그렇다면 조지 워싱턴, 토머스 제퍼슨, 제임스 매디슨, 제임스 먼로, 앤드루 잭슨의 기념물을 철거해야 하는가? 오늘날 미국의 많은 학교와 대학들은 지금 이 문제에 직면해 있다. 특히 최근 프린스턴 대학에서는 우드로 윌슨 대통령의 인종차별 혐의를 두고 논쟁이 벌어지고 있다. 미국인들은 그가 인종차별주의자이기 때문에 기념비에서 그의 이름을 지워야 하는가? 이에 대해 심정적으로는 동의하더라도 이러한 해결책은 자칫 잘못하면 미국인들로 하여금 역사적 인물을 둘러싼 문제를 기억의 저편으로 보내는 오류(망각, 즉 역사적 인물들과 그들의 행동을 기억으로부터 지우는 것)를 범할 수 있다. 그렇다면 어떤 인물의 과오와 업적을 직시하면서 공정하게 평가할 방법은 있는가? (하지만 이 경우, 선과 악 모두를 기억할 방법이 있는가?) 아니면 완벽한 인간은 없으며 인간은 시대적 환경의 구속력에서 벗어날 수 없는 존재라는 점을 인정하면서 업적과 과오를 분리해서 다루어야 하는가? 또 다른 대안이 있다면 무엇인가?

미국에서의 이런 논쟁은 최근 한국에서 친일 행적을 가진 역사적 인물들에 대한 평가를 어떻게 내리고 이들을 교육에서 어떻게 다루어야 할 것인가의 문제와 맞닿아 있다. 언론 보도에 따르면, 고려대 학생들은 친일 행적을 가진 설립자의 동상을 철거하라는 성명을 냈고, 이화여대 학생들 역시 설립자의 동상 앞에 친일 행적을 알리는 팻말을 다시 세울 예정이라고 한다. 대학 설립자이자 친일 인물의 동상 문제에 대한 해결책은 어떻게 찾아나가야 하는가?

또한 우리나라에서는 친일 문학인들의 작품들이 교과서에 실려야 하는지, 싣는다면 친일 행적을 밝혀야 하는지에 대해서도 논쟁이 벌어지고 있다. 지금까지 우리 국어 교과서에서 채만식, 이광수, 노천명, 최남선, 이인직, 서정주 등의 문학작품들을 다룰 때, 그들의 친일 행적은 감추어지거나 축소되는 경우가 대부분이었다. 과연 이것이 최선의 해결책인가? '친일 연구의 선구자'로 알려진 역사가 고故 임종국 선생은 "오욕의 역사도 역사다"라고 역설한 바 있다. '독립운동사'와 같은 영광의 역사뿐만 아니라 '친일'처럼 부끄러운 역사까지도 직시해야 한다는 말이다. 이 말은 우리가 해법을 찾아나가는 데 어떤 도움을 줄 수 있을까?

셋째, 외교적으로 빈번한 마찰을 빚고 있는 일본군 위안부 문제에 관한 해결책을 학교에서 어떻게 다루어야 할 것인가에 대해서도 이 책은 풍부한 함의를 제공한다. 보다 구체적으로 글로벌 애국심과 국가적 애국심을 다루는 11장의 논의를 통해 교육내용과 지도방법을 선정하는 차원에서 도움을 받을 수 있다. 저자들은 애국심에 대한 권위주의적 접근을 경고했던 하워드 진의 말을 인용하며 이런 문제를 어떻게 다루어야 하는지 안내하고 있다. 그에 따르면, "애국심이란 정부가 아니라, 민주주의의 바탕을 이루는 원칙에 진실하게 충성하는 것"을 말한다. 이에 따라 애국심은 국민이 지지하는 선善에 대한 헌신이라고 타당하게 생각할 수 있다. 이러한 애국심은 훌륭한 역사를 확인하는 것뿐만 아니라, 역사적 과오 역시 주의 깊게 성찰하는 것을 포함한다. 이런 애국심을 지닌 국민은 자국이 '왜 옳은지' 일방적으로 혹은 편향되게 변호하는 것이 아니라, 옳은 나라가 되도록 역사적 과오를 분석하고 인정하며 비판한다. 그렇다면 일본군 위안부 문제를 둘러싼 한일 갈등의 해법은 무엇이고, 학교에서는 이 문제를 어떻게 다루어야 할까?

한편 최근 서울시교육청에서는 독일의 보이텔스바흐 합의에 기반한 '서울형 민주시민교육 논쟁 수업'을 강조하고 있으며, 이 책은 이런 수업 방식이 효과적으로 적용되는 데 도움을 줄 수 있다. 주지하다시피, 보이텔스바흐 합의의 근본적 목표는 삶의 주체적 존재로서 지녀야 할 자질과 태도를 갖춘 민주시민을 양성하는 것이다. 여기에는 강압적인 교화와 주입식 교육을 금지하고, 논쟁 상황이 그대로 드러나게 하며, 학생 자신의 이해관계를 스스로 판단하게 한다는 세 가지 원칙이 포함되어 있다. 나딩스와 브룩스의 이 책은 이런 논쟁 수업이 학교 현장에서 활성화되는 데 필요한 다양한 재료와 방법들을 풍부하게 제시하고 있다.

이 책의 장점을 여럿 열거했지만, 한마디로 축약한다면 이 책이 '영 교육과정null curriculum'(아이스너가 제시했으며, 학교에서 소홀히 하거나 의도적으로 가르치지 않는 교과나 지식, 사고양식 등을 의미한다) 측면에서 그동안 우리의 교육 실천에 대한 비판적 검토 및 성찰 기회를 제공한다는 것이다. 즉, 국가가 의도적으로 제외하거나, 교사가 의도적 혹은 비의도적으로 가르치지 않거나 축소해서 다루는 주제와 역사적 사례들 또한 학생들을 올바른 인성을 지닌 민주시민으로 육성하는 데 소중한 밑거름이 될 수 있다는 것이다. 이 책을 통해 교사들은 '올바른 인성을 갖춘 민주시민 육성'이라는 교육 목적 혹은 이념을 실현하기 위해 자신이 가르치는 내용에서 빠트리고 있는 것은 없는지, 가르치는 방법에서 부정적인 효과를 낳을 수 있는 부분은 없는지 등에 대해 숙고할 수 있는 기회를 갖게 될 것이다.

끝으로, 이 책이 출판될 수 있도록 도움을 주신 분들께 감사의 말씀을 전하고 싶다. 우선 원래 약속했던 기한이 훨씬 지났음에도 불구하고, 재촉하지 않고 번역 작업에 집중할 수 있도록 배려해주신 도서출판 풀빛과 전체 진행을 맡아주신 김재실 부장님께 진심으로 감사드린다. 또한 번역 작업에 참여해준 김윤경 박사와 교정·윤문 작업에 도움을 주신 나성우 님께도 고마운 마음을 전하고 싶다. 정치, 경제, 사회, 문화 차원의 다양한 문제들을 다양한 시각에서 접근하고 있고, 어려운 개념들이 자주 등장하기 때문에 이 책에 대한 번역 작업은 생각보다 결코 녹록지 않았다. 이 책은 두 분의 노력과 헌신 없이는 출판하기 어려웠다는 점을 분명히 강조하고 싶다.

부디 이 책이 우리의 교육 현실을 개선하고, 우리 사회가 보다 공정하고 배려하는 공동체, 그리고 개인적, 사회적(시민적) 양심이 살아 있는 공동체로 나아가는 데 작은 보탬이 되기를 바란다.

사가독서(賜暇讀書) 중에

정창우

차례

일러두기

• 내용 중에 ( )로 표시된 부분은 원문 내용을 그대로 옮긴 것이며, [ ]로 표시된 부분은 원문에는 없는 내용이지만 독자의 이해를 돕기 위해 옮긴이가 설명을 달거나 문맥의 흐름을 자연스럽게 하기 위해 추가한 것이다.

• 저서와 연구보고서의 제목은 《 》로 표시하였고, 잡지명, 연설문 제목, 프로그램명 등은 〈 〉로 표시하였다.

• 고딕볼드체는 원서에서 저자가 이탤릭체로 강조한 부분이다.

• 본문의 모든 주석은 옮긴이의 것이다.

• 외국 저서에 대한 한국어 번역서가 있는 경우에는 국내 번역서 제목을 우선적으로 사용하였다.

머리말

비판적 사고를 활용하는 목적은 건강한 인간관계, 그리고 강력한 참여 민주주의 유지에 기여하는 데 있다. 민주주의 사회에서 시민들은 서로 효과적으로 소통할 수 있어야 하고, 이런 능력은 우리의 학교에서 길러져야 한다.

오늘날 세계 대부분의 지역에서 비판적 사고는 교육의 주된 목표로 등장한다. 비판적 사고는 흔히 공정하고 회의적이며 분석적인 과정으로 기술되고, 사람들은 대체로 비판적 사고의 가장 중요한 활용 목적이 논쟁에서 이기는 데 있다고 믿는다. 그러나 비판적 사고는 '의미 부여와 이해를 위한 집중적인 탐구'로 가장 잘 설명될 수 있다. 기본적으로 비판적 사고는 각 단어가 의미하는 바가 무엇인지, 각 단어가 문장에서 의미를 전달하기 위해 어떻게 연결되는지, 그리고 각 문장이 문단 및 더 긴 메시지를 포함한 문단에서 어떻게 의미를 전달하고 있는가를 탐색한다. 듣거나 읽은 것에 대해 비판적 사고를 적용할 때, 우리는 보다 정확하게 해석하고 이해하기 위해 노력한다.

공적 영역에서 비판적 사고의 주목적은 논쟁적인 쟁점에 제기되는 주장들을 고려하고 평가하는 것이다. 이는 의미 부여와 이해를 위한 지속적인 탐색을 요구한다. 비판적 사고의 목적은 논쟁에서 반드시 이기는 데 있을 필요가 없다. 그보다는 자신이 듣거나 읽은 것을 모든 측면에서 이해하고, 서로 협력할 수 있는 출발점을 제공해주는 서로 동의할 만한 핵심을 발견하는 데 있다. 비판적 사고를 활용하는 목적은 건강한 인간관계, 그리고 강력한 참여 민주주의participatory democracy 유지에 기여하는 데 있다. 민주주의 사회에서 시민들은 서로 효과적으로 소통할 수 있어야 하고, 이런 능력은 우리의 학교에서 길러져야 한다.

우리는 이러한 접근법을 **열린 시스템** 접근이라고 부른다. 우리는 일련의 개념 정의, 규칙, 혹은 구체적인 학습목표를 설정하는 데서 출발하지 않으며, 심지어 주제들을 구체적으로 명시하지도 않을 것이다. 우리가 학생들의 비판적 사고력을 향상시키는 데 진심으로 관심이 있다면, 그들이 질문을 할 수 있고, 표준적인 입장에 도전하며, 계획된 수업의 방향을 적어도 가끔씩 변화시킬 수 있도록 기회를 제공해야 한다.

우리의 접근법은 학제적이다. 인간을 둘러싼 광범위한 문제들과 논쟁들은 여러 학문을 가로질러 다루어져야 한다. 오늘날 교육자들은 사회적·정치적 문제들을 다룰 때 너무나 흔히 단일 학문에 한정시킴으로써 논쟁을 축소시키거나 심지어 피해가기도 한다. 예를 들어, 종교 문제는 종교 교과 수업에만 뚜렷하게 한정되고, 진화에 대한 토론은 오직 과학 수업에서만 행해져야 한다고 제안됐다. 그렇다면 이 두 관점 간에 발생하는 흥미로운 차이점은 어디에서 논의할 수 있는가? 또한 논쟁점에 대한 토론 없이 어느 교과 수업에서는 X라고 설명을 듣고 다른 교과 시간에는 X가 아니라고 설명을 듣게 될 때, 학생들은 어떻게 합리적으로 이해할 수 있단 말인가?

학제적 접근은 교과 교육과정 전반을 통해 건강한 교육의 중심적 역량(기술)과 훌륭한 생각에 강조점을 둔다. 문학을 상대적으로 소홀히 다루는 반면, 문서 읽기에 더 많은 시간을 배정하는 공통핵심성취기준 교육과정에 대한 반응이 어떠할지 생각해보라. 이런 시도는 표면적으로 정치적·사회적 쟁점에 대한 비판적 사고 활동을 권장하는 것처럼 보인다. 물론 이러한 새로운 시도가 지지받을 수도 있겠지만, 우리는 문학의 상실에 대해 심히 유감스럽게 생각한다. [글을 읽고 난 뒤 다른 사람과의 소통을 통해 해석과 느낌의 다양성을 경험해보는] 감상적 이해(독해)와 같은 비판적 사고를 문학에 적용하면서 교사들은 위대한 작품에 모든 학문을 연결시킬 수 있도록 학생들과 협력할 수 있어야 한다. 수학 교육과 관련하여 우리의 경험을 제시하자면, 우리(나딩스와 브룩스)는 정규 수학 교육과정에 에드윈 A. 애벗Edwin A. Abbott의 《플랫랜드Flatland》, 마틴 가드너Martin Gardner의 《주석 달린 앨리스The Annotated Alice》, 피타고라스학파에 대한 간략한 역사, 더글러스 호프스태터Douglas Hofstadter가 제안한 여러 권의 책들을 추가하는 것을 선호한다. 마찬가지로 과학, 역사, 미술, 음악, 그리고 외국어를 가르치는 교사들 역시 교과 교육과정을 더 풍부하게 만들기 위해 제안할 수 있다. 우리는 모든 주제, 개념, 혹은 기술을 구체적인 특정 교과에서 가르치고 학습하게 하며 시험을 실시해야 한다고 가정함으로써 결과적으로 수많은 교육적 덫에 갇히게 된다.

두 번째 추천(나딩스 2013, 2015a 참조)으로 [대학에서 흔히 실시되는]

사회적·도덕적 쟁점에 대한 4년 과정의 포럼이나 세미나를 고등학교에도 적용하는 것을 추천한다. 수업은 학내의 모든 학생들을 대상으로 신중하게 구성하면 된다. 이 수업의 목적은 서로 다른 관심과 재능, 그리고 예상 진로를 가진 학생들이 함께 모여서, 논쟁적인 쟁점에 대해 서로 비판적으로 고려하고 사고할 수 있는 기회를 갖는 데 있다. 많은 사회 비평가들은 국내에 사회계층 간 소통의 간극이 점점 커지는 것에 대해 깊이 우려하고 있다. 4년 과정의 세미나에서는 일찍이 계층 간 벽을 넘어 상호 소통을 촉진시킴으로써 이러한 문제를 해결할 수 있을 것이다.

논쟁적인 쟁점에 대한 토론으로 학생들을 안내하는 것은 도전적인 일이다. 우리는 일찍이 교화의 위험성에 대해 경고하고 자주 반대해왔으며 교육적 중립성pedagogical neutrality을 강조해왔다. 그러나 교육적 중립성을 지키는 데도 논쟁의 여지가 있다. 확실히 공정하게 경청해서는 **안 되는** 관점들이 있다. 예를 들어, 인종차별적 주장, 허위로 입증된 과학적 주장들, 그리고 잔인한 처벌을 지지하고 논증하는 과정에서 지저분한 언어 사용도 허용해야 된다는 주장 등이 여기에 해당한다. 교육적 중립성을 지킨다는 것은 논쟁적인 쟁점에 대해 교사가 자신의 입장을 드러내지 않도록 강요받는 것을 의미하지 않는다. 이보다는 경합하는 다양한 입장들이 있음을 학생들에게 상기시키고, 그들이 참여를 통해 공동의 목적에 기여할 수 있도록 권장하며 자신의 입장을 견지할 수 있도록 돕는 것이 요구된다.

또한 책임 있는 교사라면 냉소주의가 형성될 가능성에 대해서도 관심을 가져야만 한다. 우리의 목적은 참여 민주주의에서 능동적으로 삶을 영위할 수 있도록 학생들을 준비시키는 데 있다. 우리가 논쟁적인 쟁점에 대해 충분하고 개방적인 토론을 권장할 때, 비도덕화, 즉 자국 혹은 자신이 속한 집단의 역사에서 저질러진 다양한 일탈 행위에 대해 '교육받은 절망educated despair'으로 가끔 언급되는 것을 [비의도적으로] 감소시킬지도 모른다. 우리는 학생들이 조국 혹은 소속 집단의 잘못을 인식해야 한다고 생각하지만, 또한 다양한 전통에서 '최선의 것'[우수성]을 알게 되고, 이러한 '최선의 것'을 재건, 유지, 확대하려는 논의 과정에서 희망을 발견하기를 원한다.

도덕성의 중요성은 우리의 논의 전반에 걸쳐 분명하게 강조되지만, 도덕성의 근원에 대해 다루는 1장에서 특히 강조되고, 비판적 사고는 도덕적 헌신moral commitment*에 의해 안내되어야 한다고 강조하는 마지막 장에서 다시 한 번 중요하게 언급된다. 안타깝게도 우리 사회의 많은 숙련된 비판적 사고자들은 불우한 사람들을 희생시키면서 그들 자신의 복지를 증진하기 위해 이러한 사고 기술을 사용하기도 한다. 사실상 의미 부여와 이해를 위한 탐색으로서 비판적 사고는 선한 목적뿐만 아니라 악한 목적을 위해서도 사용될 수 있다. 그러므로 우리는 비판적 사고를 가르치려는 시도가 도덕적 헌신에 따른 신중한 논의와 병행되기를 희망한다. 다시 한 번, 우리는 도덕성 발달을 위한 교육이 공식적으로 특정 학년, 특정 교과에서 가르쳐서는 안 된다는 점을 강조하고자 한다. 우리의 목표는 '더 나은' 사람들을 육성하는 것이고, 여기서 우리가 말하는 '더 나은' 사람들이 누구인가는 그 자체로 끊임없는 대화와 정중한 논증에 열려 있어야만 하

---

*도덕적 요구에 부응하려는 신념과 의지를 의미한다.

는 주제다.

이 책에서 우리는 다음과 같은 질문들을 둘러싼 논쟁들을 논의할 것이다.

- 아이들은 권위와 관련하여 무엇을 배워야 하는가? 이 과정에서 선택은 어떤 역할을 하는가?
- 대부분의 성인들이 맡아야 하는 중요한 과업 중 하나인 부모 역할에 대해 왜 우리는 거의 아무것도 가르치지 않는가? 이에 대해 우리는 무엇을 가르쳐야 하는가?
- 스스로 인정한 무신론자가 미국의 대통령으로 당선될 수 있었을까? 왜 그렇게 될 수 없는가? 오늘날 고등학교 교육과정에 세계의 위대한 종교들에 대해 더 많은 것을 포함할 수 있게 됨에 따라, 우리는 무신론atheism, 불가지론agnosticism*, 그리고 이신론deism**에 대해 더 많이 가르쳐야 하는가? 우리는 정치사에서 종교의 영향에 대해 더 많이 말해야 하는가?
- 왜 미국은 점점 더 많은 의사소통 격차, 즉 사회계층을 가로질러 타인과 소통할 수 없게 된 상황을 경험하고 있는가? 우리는 이를 개선하기 위해 무엇을 할 수 있는가?
- '평등'이 의미하는 바는 무엇인가? "모든 인간은 평등하게 태어났다"라는 말은 어떤 의미에서 진실인가? 평등은 모든 사람에

---

*초경험적인 것의 존재나 본질은 인식 불가능하다고 하는 철학적 입장. 또는 신의 존재 여부에 관한 질문이 답변되지 않았거나 답변될 수 없다고 보고 그런 질문을 유보시키는 입장.
**세계를 창조한 하나의 신을 인정하되 그 신은 세계와 별도로 존재하며, 세상을 창조한 뒤에는 세상이나 물리법칙을 바꾸거나 인간에게 접촉하는 인격적 주재자 혹은 인격신으로 보지 않는다.

게 동일한 교육을 의미하는가?

• 미국인들은 너무나 오랫동안 인종주의 및 성적 편견의 부끄러운 역사를 무시해왔는가? 우리는 어떻게 '교육받은 절망'을 낳는 대신, 우리 전통에서 가장 훌륭한 것들을 확인하고 촉진시킬 수 있도록 돕는 방식으로 비판적 사고를 역사 문제에 적용할 수 있을까? 우리는 [비록 역사적으로 훌륭한 업적을 남겼다고 하더라도] 인종주의자로 확인된 이들을 기념하는 동상과 이들에 대한 다른 찬사들을 모두 제거해야 하는가? 그들의 인종주의는 지지하지 않으면서도 그들이 진정으로 기여한 공로를 인정할 수 있는 다른 방법들이 있는가?

• 여성들의 전통적인 삶과 사고(사상)에 의해 제안된 선line을 따라 공적 삶을 재형성하는 것은 실현 가능한가? 아니면 우리는 남성이 정의한 세상에서 여성의 평등을 획득하는 데 집중해야 하는가? 우리는 우리 학교에서 젠더에 대해 무엇을 가르쳐야 하는가?

• 우리는 전자 미디어를 통해 받는 메시지의 거대한 증가로 인해 [균형 잡힌 형태로] 더 잘 알게 되는가? 아니면 우리 사회는 더 양극화되고 있는가? 이 문제를 다루기 위해 학교에서 무엇을 할 수 있을까?

• 기술은 어떤 방식으로 우리의 삶을 향상시켜 왔는가? 기술은 자연 환경을 보호하고 개선하기 위해 사용될 수 있는가?

• 오늘날 사회주의는 더 존중받고 있는가? 우리는 자본주의와 사회주의에서 최선의 요소를 선택하고 촉진시킬 수 있는가? 자본

주의와 사회주의에서 어떤 요소가 부적절한가?

- 빈곤을 제거할 수 있는 방법이 있는가? 왜 사회계층 간 분리가 더 증가하고 있는가? 빈곤한 사람들은 그들 자신의 빈곤에 대해 어느 정도 책임이 있는가?
- 어떤 사람들이 자유 또는 해방에 대해 반대하는가? 어째서 이들은 자유가 두려운 것인가? 이에 대해 우리는 무엇을 할 수 있는가?
- 정치적인 독립국가로서의 국가에 대한 자부심에서 벗어나, 자연적인 장소natural place로서의 국가에 대한 사랑을 지향하는 애국심으로 그 초점을 변화시킬 수 있는가, 또는 변화시켜야만 하는가? 이러한 강조점의 변화는 우리 모두를 위한 가정으로서의 지구에 대한 헌신을 권장하는 것일 수 있는가? 우리는 엄격한 의미의 글로벌 애국심global patriotism을 촉진시킬 수 있는가?

이 책은 학생들의 비판적 사고를 촉진시킬 수 있는 방법에 대해 교사들이 **생각**하고 탐구하도록 안내한다. 여기서 한 가지 유의할 점이 있다. 만약 토론이 과열되고, 냉소주의 혹은 절망감이 표출될 징조가 보이면, 그 주제에 대한 논의를 다른 날에 다시 하겠다고 약속하고 대화를 끝마치도록 하라. 그리고 이런 어려운 상황들은 참여적인 시민들 간의 숙의 과정에서도 간혹 발생하는 것임을 알려주어야 한다. 이는 참여 민주주의에서 삶의 한 부분이다.

이 책의 중심적인 주장은 비판적 사고가 도덕적 헌신에 의해 안내되어야 한다는 점이다. 1장에서는 도덕성의 근원에 대해 다룰 것이다. 많은 사상가들은 "선을 아는 것이 선을 행하는 것이다"라는 식으로 **이성**이 도덕성의 주된 근원이라고 주장해왔다. 한편 우리가 대체로 동의하는 다른 사상가들은 우리가 행동하도록 동기를 부여하는 것은 **감정** 혹은 정념임을 강조한다. 여기서 이성은 단지 행위를 **지시하기** 위해 사용된다. 우리는 비록 도덕성 발달을 위한 주된 방식으로 인격교육을 추천하지는 않지만, 우리가 가르치는 모든 교재에서의 인격 함양을 진심으로 지지한다. 도덕적 행동의 이러한 세 가지 근원[이성, 감정 또는 정념, 인격]에 대해서는 다음 장에서 중요하게 다룰 것이다. 비판적 사고자들은 효과적으로 추론할 수 있어야 하지만, 자신의 사고가 공동선을 촉진시키기를 기대한다면, 그것은 도덕적 헌신에 의해 안내되어야만 한다.

1장

도덕성의 근원

국가의 전체적인 교육 시스템은 가끔 고학력자들을 도덕적으로 의구심을 불러일으키는 위험에 놓이게 했다. 우리는 덕이 지식이라는 생각을 거부해야만 하는가? 아니면 우리는 많은 사람들이 덕을 지니도록 교육하기 위해 노력해야만 하는가? 우리는 무엇을 해야만 하는가?

철학자들은 도덕적 삶을 위해 중요한 세 가지 능력으로 이성reason, 정념passion(또는 감정), 인격character을 오랫동안 논의해왔다. 지난 수 세기 동안 철학자들은 이들 중 특히 무엇이 도덕적 의사결정과 행위에 있어 가장 근본적인 것인지 계속해서 논쟁했다. 어떤 학자들은 이성, 즉 '도덕법칙'이 인간 내부에 존재함을 강하게 주장했다. 실제로 이마누엘 칸트Immanuel Kant(1966/1781)는 '내 마음속에 있는 도덕법칙'의 보편성이 신의 존재를 증명하며, 도덕적 행위는 이성에 따른 법칙에 복종하는 것이라고 주장했다. 반면, 데이비드 흄David Hume(1983/1751)은 우리로 하여금 무엇인가를 하도록 움직이는 것은 정념이므로, 비록 이성이 그 자체로 중요하지만 도덕적 행위에 **동기를 부여할** 수 없다고 주장했다. 마지막으로 일군의 철학자들은 도덕성의 근원으로 인격에 주목했다. 어떤 이가 도덕적으로 행위를 하려는 의도의 질質은 그 사람의 '인격'을 말해준다. 또한 덕德은 개인이 '선' 혹은 '악'을 구분하고 선을 따르도록 함으로써 인격을 쌓도록 한다. 이상 세 가지 도덕성의 내적인 근원 모두는 계발[심리학적으로는 발달]의 대상이 되거나 외부의 힘에 의해 형성된다.

　도덕성의 근원에 관한 철학적 탐구의 규모는 방대하다. 이 책은 위 세 가지 근원에 대한 입장 중 어느 하나도 포괄적으로 검토하지는 않을 것이다. 하지만 교사는 도덕적 사고의 역사와 철학에 대해 무언가를 알아야 할 필요가 있다. 또한 교사는 학생들이 도덕적으로 성장하는 데 필요한 방법들에 대해 신중히 고민할 필요가 있다. 이 책의 일부는 도덕 및 정치사상에 대해 비판적으로 사고하는 방법을 다룰 것이다. 우리가 기르고자 하는 시민성의 요소는 무엇인가? 그리고 이를 위해 어떤 노력을 기울여야 하는가?

고전적 접근의 영향

　[고대 그리스 철학에 기초를 둔] 고전적 접근은 이성과 인격의 밀접한 연관성을 상정한다. 그것은 바로 지식을 선善과 동일시하는 경향이었다. 그 기본적인 견해 중 하나는 이성을 적절하게 사용한다면 무엇이 선이며 옳은지 알 것이고, 따라서 도덕적으로 행동하도록 움직인다는 것이다. 반면, 이성을 적절하게 사용하지 않으면 그 또는 그녀가 합리적으로 행동할 수 없다는 것이다. 우리는 기독교와 이에 따른 교육 실천에 고전적인 생각이 깊이 자리 잡고 있음을 발견할 수

있다. 사실상 '참된' 지식과 덕 사이의 밀접한 연관성에 대한 강조는 17, 18세기 교육에 만연했던 청교도적 사고방식에서 비롯되었다. 로저 가이거Roger Geiger(2015, p. 8)는 19세기 서양의 대학교육 중심에 "청교도 이론 안에는 지식의 목적이 실천praxis 혹은 어떻게 행동할 것인가 하는 아리스토텔레스의 관념"이 꽤 남아 있다는 점에 주목했다. 여기서 유념해야 할 것은 **지식**이 단순한 정보가 아니라는 점이다. 참된 지식은 덕이다. 그리고 완전한 지식은 신의 정신을 설명한다. 교회와 정부의 공동 노력으로 대학을 건립하던 시기, 사람들은 대학의 교육과정을 신의 정신이 담겨 있는 조각들이라고 여겼다.

분명 고전적인 관점은 도덕적 의사결정과 인격 발달을 위해 이성을 사용해야 함을 대단히 강조한다. 소크라테스의 자기 탐구와 비판은 이성과 인격 사이의 연관성을 잘 설명한다. "너 자신을 알라!"는 진리를 구하는 이들에게 반성하지 않는 삶은 살 가치가 없다는 소크라테스의 충고다. 이는 우리가 부모와 교사로부터 아무것도 배우지 않는다는 것이 아니라, 그들이 우리에게 가르치는 것에 관해 주의 깊게 생각해야 함을 의미한다. 소크라테스는 우리의 삶의 방식과 우리 자신에 관한 비판적 사고의 선각자이자 강력한 옹호자였다.

미국에서 대학들이 세워지고 발전함으로써, 고전적 접근은 종교적 지원을 통해 공고해졌다. 당시 대학의 주요한 임무는 성직자 양성이었지만, 그러한 임무가 강화될 때조차도 고전적인 관점은 단단하게 자리 잡고 있었다. 선한 사람은 주어진 지식을 습득하고 이해하며 적용하는 사람이었다. 그래서 선한 사람은 덕을 습득한 사람이었으며, 가장 나은 사람으로서 인류의 대다수보다 선하다고 여겨졌다.

교육의 보편적인 이상인 조화와 선함은 완벽한 마음을 설명하였다 (Geiger, 2015; Turner, 1985).

수년 동안 고전적 접근은 왕에 대한 숭배를 지지했고 군주제 유지를 도왔다. 왕은 신의 대리자로 여겨졌다. 하지만 점차 역사는 왕이 지혜와 선함에 있어서 항상 신과 같지 않음을 드러냈다. 그리고 사람들은 더 현명한 지배자를 구하기 시작했다. 공화국 초창기 미국인들은 세습적인 왕 대신 고전적 이상의 해석을 통해 새로운 지도자를 세웠다. 새로운 지도자는 그들의 이익을 최대한 끌어올리기 위해, 지식이 있고 사익에는 관심이 없는 고결한 부류의 사람이었다. 자연스럽게 사람들은 부유한 사람이 지도자로서 적합하고, 상인과 임금 노동자는 대체로 자격이 없다고 생각했다. 유명한 예로, 당시 학생들은 [남북전쟁 당시에] 조지 워싱턴George Washington이 식민지 군대의 총사령관으로 군대를 지휘했을 때 무보수로 참여했다는 점을 교육받았다. 실제로 조지 워싱턴은 그 이후에 대통령이었을 때에도 봉급을 받지 않으려 했지만 그 제안은 거절당했다.

고전적 관점은 젊은 국가였던 미국에 깊은 영향을 끼쳤다. 미국은 민주주의의 가장자리를 맴돌았다. 즉, 공화국으로서 미국은 시민이 통치해야만 한다는 관점을 수용했지만, 유권자는 자질이 있는 사람으로 한정해야만 한다는 고전적인 정의에 강하게 얽매였다. 강한 공화국을 만들기 위해서는 가장 지식이 많은 시민이 통치해야 한다고 판단했다. 그는 잘 교육받고, 충분한 재산을 모을 정도로 성공했으며, 재정적으로 독립할 수 있는 자질이 있는 사람이었다. 이러한 사람은 필시 자신의 사익보다 공화국과 시민의 복지를 우선할 것이라고 여겼다(여성은 이러한 계층으로조차 고려되지 않았다). 그러나 부유한 사람이라도 부패할 수 있다는 인식 또한 자리 잡고 있었다. 이로 인해 건국 초기에 헌법제정회의 구성원들은 부패한 관행에 개입하려는 의지를 약화시키는 정부 구조에 어떠한 유형이 있는지 오랜 시간 논쟁했다.

이사야 벌린Isaiah Berlin은 고전적 공화주의자의 가정과 이와 관련된 문제를 다음과 같이 잘 요약한다.

첫째, 모든 사람은 하나의 진실한 목적, 오직 하나의 목적을 갖고 있고, 그것은 합리적 자기 주도성을 따른 것이다. 둘째, 모든 합리적인 존재의 목적은 필연적으로 하나의 보편적이고 조화로운 방식에 부합되어야 한다. 이는 일부 사람만이 다른 사람들보다 명확하게 파악할 수 있다. 셋째, 모든 갈등은 결과적으로 비극이며, 비합리적이거나 충분히 합리적이지 못한 이유 때문에 발생한다. 합리적인 존재는 삶에 있어 미성숙에 기인한 충돌을 원칙적으로 피할 수 있으므로, 그들에게 갈등이란 존재하지 않는다. 결론적으로 모든 사람들이 합리적으로 된다면, 그들은 그들 자신의 본성에 따른 합리적 법칙에 복종할 것이다. 그 법칙은 하나이고, 모두에게 같으며, 따라서 동시에 전체가 법을 준수하고 모두가 자유로워질 것이다.(1969, p. 154)

분명 우리는 위와 같은 도식에서 의미 있는 것과 위험한 요소 모두를 발견할 수 있다. 적어도 몇몇 인간 존재가 신과 유사한 지식과 덕에 근접한 잠재성이 있다고 믿는 것은 낭만적이다. 또 몇몇 사람이 대다수보다 이상에 훨씬 근접했다고 가정하는 것은 합리적이기도

하다. 여기서 우리가 걱정해야만 하는 것은 사람들이 단지 하나의 진실한 목적을 가져야만 하고, 그렇지 못하다면 필연적으로 모자란 존재라는 주장이다. 이보다 더 우려스러운 점은 이런 식의 사고 부류가 '진짜 합리적인' 몇몇이 아직 계몽되지 않은 많은 사람의 삶을 통제해야만 한다는 믿음으로 이끈다는 점이다. 우리는 교사들이 이러한 염려를 마음속에 반드시 지니기를 바란다. 벌린은 이러한 부류의 믿음이 애국주의, 더 심하게는 독재국가, 전체주의, 그리고 더 나아가서는 노예제를 조장한다고 지적한다.

그런데 만약 모든 '진실한' 사람들이 합리적 자기 주도성을 얻고자하는 목적을 공유한다면, 바람직한 국가에 대한 의지가 없거나 무능력해 보이는 사람들을 데리고 무엇을 해야만 하는가? 더 나은 사람이 그들을 이끌어야 한다고 생각할 것이다. 이 불행한 사람들은 지시를 따르고, 끊임없이 노력해야 하며, 때때로 열등한 지위를 받아들이기 위해 자신이 적어도 쓸모 있다는 데 고마워하는 것을 배워야만 할것이다. 이를 인정하는 것이 오늘날 미국인에게는 충격적이겠지만, 미국 초기 대통령들을 포함하여 공화주의의 아버지들 중 꽤 많은 사람들은 노예를 소유했고, 공화주의적 전통의 한 부분으로써 그러한 관행을 지키려고 했다. 노예들은 자신의 지위를 수용하는 것이 신의 의지라고 설교받았다. 노예를 소유했던 한 설교자는 자신의 흑인 신자에게 다음과 같이 충고했다. "저 위의 위대한 신은 백인의 이익을 위해 너를 창조했다. 백인은 너의 입법자이자 법의 전달자다(Baptist, 2014, p. 204)." 이러한 말은 노예 소유 관행을 신이 허락했다는 소유자의 믿음을 강화시켰다. 그리고 그들을 섬기는 것이 언젠가 보상으로 이어진다는 믿음은 노예들에게 어떤 위안을 주었다.

교사들은 지식과 덕 사이의 관계에 관한 오래된 논쟁을 인식하고 있어야 한다. 확실히 건국 초기 미국 정치인들은 잘 교육받은 사람들이 비도덕적으로 행동할 수 있다는 사실을 인정했다. 그럼에도 이 문제는 대체적으로 적절한 교육에 관한 문제라는 관점에서 계속해서 다루어졌다. 이러한 생각은 반복적으로 도덕적 혹은 정치적 논쟁에서 계속 나타났다. 오늘날 우리는 대학 졸업자들이 길거리에서 물건을 훔치거나 강도질할 것을 걱정하지는 않는다. 그러나 국가의 전체적인 교육 시스템은 가끔 고학력자들을 도덕적으로 의구심을 불러일으키는 위험에 놓이게 했다. 우리는 덕이 지식이라는 생각을 거부해야만 하는가? 아니면 우리는 많은 사람들이 덕을 지니도록 교육하기 위해 노력해야만 하는가? 우리는 무엇을 해야만 하는가?

공립학교 교사는 벌린의 염려를 이해할지 모른다. 벌린은 합리적인 이상에 근접한 사람들이 합리적이지 않거나 잘 교육받지 못한 사람들을 통제하는 것을 옹호하는 정부 형태에 관해 우려했다. 그러나 아동과 십 대를 대하는 교사들은 마음을 형성하고 합리성을 북돋아야 할 필요를 인식하는 관점에 어느 정도 자연스럽게 공감할 것이다. 하지만 우리는 유념해야만 한다. 아이들의 마음을 형성하는 교육의 목적은 스스로 판단해서 행동할 수 있는 자율적인 인간을 육성하기 위함이다. 그리하여 종국적으로 자신의 결정을 누군가 부당하게 통제하거나 자신이 추구할 수 있는 합리성과 삶의 목적을 어떤 형태로 지시하고 결정하려는 시도를 거부할 수 있도록 하기 위함이다. 이는 우리가 도덕적 삶과 비판적 사고의 관계에 보다 많은 관심을 두어야만 하는 이유다. 나는(Noddings, 2015a) 우리의 주된 교육 목적이 '더 나은 성인'을 육성하는 것이어야 한다고 제안해왔다. 그러나 나는 인간 삶의 전체적인 측면에서 '더 나은'이 무엇을 의미하는지에 대한 다양한 설명 가능성을 열어두었다. 그것은 결코 끝나지 않는 비판적인 논의를 요구한다.

우리의 도덕적 혹은 정치적 사고에 많은 영향을 끼친 고전적 공화주의자의 관점은 또 다른 문제가 있다. 그것은 우리의 도덕적 행위가 '지식이 덕'이라는 이성에 의해 동기화된다는 가정이다. 모든 철학사상가들이 동의하지는 않지만, 우리는 이 문제를 이 책의 다른 장에서 보다 충분하게 논의할 것이다. 여기서는 이 주제에 관한 고든 우드 Gordon Wood의 생각에 동의한다고 말하는 것으로 만족한다. 고든 우드는 그의 책에서 다음과 같이 말했다. "사실상 나는 생각이 인간 행위를 야기한다고 믿지 않는다. 나는 이성이 아니라 감정을 지지한다는 면에서 데이비드 흄의 편이다. 감정은 모든 인간 행위에 있어 지배적인 요인이다(2011, p. 13)." 만약에 우리가 이를 받아들인다면, 우리는 정신과 더불어 감정과 공감 교육의 필요성을 인식할 것이다. 또한 우리는 훌륭하게 비판적으로 사고할 수 있는 어떤 사람들이 자신이 아는 것에 관하여 아무런 행위도 하지 않는다는 점에 주목할 것이다. 더 최악으로는, 비판적 사고에 능숙한 일부 사람들이 악을 행하기 위해 비판적인 능력을 실제로 발휘한다는 점이다.

모든 약점에도 불구하고 고전적인 관점은 미국 교육에 지대한 영향을 미쳤다. 특별히 인격교육은 많은 영향을 받았다.

인격교육

20세기 후반까지 인격교육character education*은 미국 공립학교에서 도덕교육의 표준 역할을 일정 정도 수행하였다(Brown, Corrigan, & Higgins-D'Alessandro, 2012; Nucci & Narvaez, 2008). 물론 일찍부터 그 효과에 관한 의구심은 있어왔다. 1920년대 후반에 실시된 영향력 있는 한 연구에서는 인격교육을 받은 아이들이 그들을 지켜보는 어른이 있을 때는 착하지만, 그들을 홀로 남겨두었을 때는 그다지 착하지 않은 경향이 있다는 결과를 보여주었다(Hartshorne & May, 1928-1930). 하지만 1960년대 로런스 콜버그Lawrence Kohlberg가 도덕 발달의 인지적 단계를 제안하기 전까지는 별다른 대안이 없었다. 콜버그는 인격교육 프로그램을 '덕목 보따리bag of virtues' 접근으로 폄하했다.** 콜버그의 모델에 대해서는 도덕적 행위의 근원으로서 이성에 관해 다루는 다음 절에서 논의할 것이다.

여기서는 잠시 교육에서 반복적으로 생겨나는 하나의 오류에 주목해보자. 그 오류는 어떤 교육적 대안으로 제시된 방법을 '완전한 것'으

---

*19세기와 20세기 동안 미국에서는 정직, 인내, 예의, 존중, 책임 등과 같은 도덕적 덕목을 전통적이고 보수적인 방식으로 가르치는 것이 강조되었고, 저자들도 이런 방식에 주목하고 있기 때문에 여기서는 '인격교육'으로 번역하였다. 하지만 보다 최근에는 학습자의 능동적 참여를 통해 도덕적·시민적 가치와 덕목, 사회·정서적 역량 등을 기르는 것도 강조하고 있기 때문에, '인성교육'으로 번역하기도 한다.

**전통적인 인격교육을 주창한 학자들에 따르면, 도덕적 인간이 된다는 것은 정직, 근면, 인내, 자기 조절 등의 도덕적 덕목들을 갖추는 것이고, 이를 위해 모델링, 스토리텔링, 훈화 등과 같은 사회화 방법을 활용할 필요가 있다고 한다. 하지만 콜버그는 이러한 전통적 인격교육론자들은 어떤 덕목들이 보따리 속에 담겨야 하는가에 대한 구체적인 방법이나 기준을 제시하지 못했기 때문에 불가피하게 임의로 덕목을 선정할 수밖에 없는 문제가 발생한다고 지적했다. 또한 미국의 전통적인 인격교육 방식은 인지 발달 및 구성주의적 접근이 결여된 덕목 함양 위주의 사회화 방식을 적용함으로써 학습자들을 수동적인 위치에 놓이게 한다는 한계가 있다.

로 채택하고, 만약 그 방법이 만병통치약으로 기능하는 데 실패한다면, 이를 모두 폐기하는 것이다. 이러한 방식보다는 비판적 사고를 통해 다음과 같이 질문하는 것이 훨씬 현명하다. 무엇이 유용한가? 누구를 위해서? 어떤 상황에서? 그것이 가진 요소들은 더 나은 사람들로 교육하려는 전반적인 우리의 목표에 계속적으로 기여할 수 있는가?

이러한 맥락에서 인격교육의 결점과 유용성을 검토해보자. 인격교육의 기본 아이디어는 덕을 가르침으로써 인격을 형성시키자는 것이다. 20세기 초에 미국의 인격발달연맹Character Development League은 공립학교 교재로 사용하기 위한《인격교본Character Lessons》제작을 후원했다(White, 1909). 이 작업을 통해 지식과 덕의 밀접한 연관성에 관한 고전적인 주안점이 명확해졌다. 어떤 독자는 인격발달연맹이 덕은 직접 가르칠 수 없다는 소크라테스의 경고를 무시했다고 주장할지도 모른다. 그러나 소크라테스는 자신의 의구심에도 불구하고, 가르침이 덕의 발달에 **무언가** 기여하는 바가 있다는 점을 인정했다. 이러한 소크라테스의 생각에 동의하면서, 우리는 인격발달연맹의 제안에 의문을 제기할 수 있는 것이 무엇이고, 존중할 만한 점이 무엇인가를 찾아볼 필요가 있다.

첫째, 하츠혼Hartshorne과 메이May의 연구에서 확인된 것처럼, 구체적인 학습목표로서 덕을 직접 가르치는 것은 실수라고 보인다.《인격교본》은 31가지 덕에 대한 교훈으로 구성되어 있다. 순종부터 자기통제, 동정심, 야망, 결단력, 애국심을 포함하여 각각은 주도면밀하게 각 단원과 연결된다. 예를 들어, 애국심 단원은 애국심을 "국가와 관련한 앞서 말한 자질들의 적용"이라고 요약 설명한다. 하지만 논의가 이루어지는 장에서는 "애국심은 나라에 대한 사랑이며, 정부에 대한 순종과 충성을 촉발시킨다"라고 읽힌다(White, 1909, p. 90). 혹자는 이 교본에서 애국심의 덕이 다른 30가지 덕에 의해 자격을 갖춘다고 설명해주길 바랄 것이다. 그러나 덕으로서의 애국심에 대한 상술에서 이러한 설명은 없다. 지난 20세기 애국심의 소름 끼치는 사례들을 경험한 우리가 인격교육연맹이 권위에 대한 존중을 강조한 것에 대해 우려스럽게 바라보는 것은 당연하다. 오늘날 우리는 애국심의 '충성'이 단순히 정부가 아니라 동의를 바탕으로 한 정부의 원리에 대한 것이길 희망한다. 우리는 개인적인 삶뿐만 아니라 공동체적인 정치적 삶을 향한 비판적인 자기 검토를 강조한 소크라테스의 입장에 동의하면서 그런 삶의 모습을 권고한다.

또한 인격교육은 초등교육에서 강조되어 왔음을 주목해야 한다(Davidson, Lickona, & Khmelkov, 2008). 《인격교본》은 1학년에서 8학년을 위해 개발된 것이기 때문에 덕과 관련해서는 비판적 사고 교육을 적용하기 어렵다는 점을 수긍할 수 있다. 그럼에도 오늘날 초등학교 교사는 명심해야 한다. 교사는 학생들을 사려 깊은 시민으로 성장하도록 준비시켜야 한다. 학생들로 하여금 권위에 대하여 단순히 복종하는 것이 아니라 적절할 때 비판할 수 있도록 가르쳐줄 방법이 있을까? 그리고 그 시기는 언제인가? 언제 그리고 어떻게 그러한 비판력을 키워줄 수 있는가?

비단 초등학교뿐만 아니라, 공립학교의 각 학년마다 비판적 사고 교육을 기피하는 한 가지 이유는 그것이 필연적으로 논란거리를 만들기 때문이다. 개신교Protestant Christianity가 미국 공교육을 장악했을 때, 미국인 대다수는 초등학교 이후 공식적인 교육을 받지 못했다. 이러한 상황에서 무엇이 덕과 인격을 구성하는지 규정하기는 손쉬웠을 것이다. 기초적인 도덕적 메시지는 부모, 교사, 정부, 신과 같은 권위에 대한 복종이었다. 그리고 이러한 권위에 대한 도전 혹은 덕과 복종 사이의 연관성에 대한 검토는 거의 찾아보기 어려웠다. 그러나 덕 자체에 대한 논의와 비평에 대한 요구는 오늘날까지도 계속 있어 왔다. 예를 들어, 정직이 덕으로 여겨지지 않는 때는 언제인가? 야망은 어떠한가? 애국심은? 인격교육 프로그램이 도덕적 모호성을 다룰 수 없다는 것은 아니다. 하지만 지금까지 어떠한 프로그램도 도덕적 모호성을 적절하게 다루기 위해 개발되지는 않았다.

그럼에도 우리는 여전히 인격교육 전통의 몇몇 강점을 인식해야만 한다. 그중 하나는 도덕적 사고와 행동을 지도하기 위해 도덕적 귀감을 활용하는 것이다. 우리는 종종 어떤 상황에 직면하여 매우 칭송받는 인물, 훌륭한 인격을 가진 사람이라면 어떻게 했을지 스스로에게 묻는다. 예를 들어, 요새 젊은이들은 때때로 농담 삼아, "예수님이라면 어떻게 하셨을까?" 하고 묻는다. 조언을 구할 믿을 만한 멘토가 없을 때, 여러 대안을 생각하기 위해 우리는 상당한 시간을 쓴다. 인격교육의 또 다른 강점은 전기傳記를 비롯한 여러 형태의 문학을 활용하는 것이다. 이야기는 흥미가 있으며, 전기적인 이야기는 영감을 불러일으킬 수 있다. 나아가 문학을 활용하는 것은 훈육의 통합을 증진하며, 의미 탐구라는 교육의 가장 중요한 목표를 지원한다. 이런 초등학교 단계의 인성교육 노력에 덧붙여 덕목들에 비판적 사고를 적용하는 고등학교 프로그램을 제안하는 것은 유용할 수 있다.

이성

벌린이 제공한 간단한 요약에서 보았듯이, 이성(합리적 자기 주도성)을 중시하는 매우 영향력 있는 도덕적 사고 학파가 있다. 이러한 관점은 개인적 그리고 정치적인 도덕적 행위의 근간으로서 덕과 지식을 동일시하는 고전적인 전통을 따른다. 그리고 도덕적 문제에 대한 인간 추론 능력의 보편성을 주장한다.

철학 역사상 가장 위대한 사상가 중 한 명인 칸트는 도덕적 행위는 도덕적 추론에 따른 원리에 대한 복종으로 정의해야만 한다고 주장했다. 주어진 행위가 관련된 원리를 순수하게 따른 결과라면, 그 행위는 도덕적으로 판단되어야 한다고 보았다. 그에 따르면, 어떤 행위의 결과는 바람직한지 혹은 바람직하지 않은지의 도덕적인 평가와는 무관하다. **의무론**deontology으로 불리는 이러한 접근은, **의무**를 도덕적 삶의 근본적인 요소로 상정한다. 이는 도덕적 결정과 행위를 평가하는 근거로서 결과를 주목하는 공리주의 부류의 이론과는 매우 대조적이다.

만약 이 책이 대학의 도덕철학 교재라면, 우리는 칸트와 그의 의무론적 관점을 살펴보는 데 상당히 많은 시간을 할애해야 할 것이다. 그것은 분명 지적인 관점에서 시간 낭비는 아니다. 그리고 사실 몇몇 비평가들은 모든 교사들이 그런 강좌를 이수해야 한다고 제안한다. 그러나 여러 번 말하겠지만, 교사에게 실질적으로 요구되는 상당한 양의 지식은 교육의 맥락에서 최대한 적용될 수 있는 것이지, 단지 세분화된 전공 분야에서 다루고 있는 [교육과] 단절된 지식 위주의 강좌에 적합한 것이 아니다. 이는 예비 교사들이 철학과에서 개설한 강좌를 수강하면 안 된다는 우스꽝스러운 제안을 하려는 것이 아니다. 우리는 교육 실습생들이 세련된 도덕 이론을 유용한 도덕교육으로 연결 짓지 못한다는 점을 지적하려는 것이다. 교사 교육을 위한 교육과정을 계획할 때에는 그 연결성을 최우선에 두어야 한다.

칸트의 의무론은 거짓말 금지를 절대적인 것으로 만들었다. 그리고 이는 고등학생들에게 분명 대단히 흥미로우며 매력적인 주제다. 거짓말에 대한 어떤 도덕적 정당성이 있는가? '하얀 거짓말'은 무엇인가? 우리는 적에게도 진실을 말해야 하는가?(Bok, 1979; Noddings, 2015a, 2015b를 보라.) 일반적으로 우리가 가진 원리 모두를 동시에 유지하는 것이 가능한가? 혹은 때때로 다른 것을 위해 내키지 않더라도 하나를 포기해야만 하는가? 벌린은 도덕적 추론에 무거운 무게를 싣는 철학적인 전통을 비판하면서 여기서도 다시 도움을 준다.

원리는 그 지속 시간을 보장할 수 없기 때문에 더 이상 신성시되지 않는다. 사실, 우리의 가치가 목적의 왕국 안에서 영원하고 안전할 것을 바라는 것은 확실성을 간절히 열망하는 어린 시절이나 절대적 가치를 내세우는 원시사회의 경우와 비슷하다.(1969, p.172)*

벌린은 언제 어디서나 가능한 한 우리가 공언한 원리들을 충실하게 지켜야만 하지만, 원리들의 상대적인 타당성을 인지해야 한다는

---

*벌린은 영구적으로 타당한 원리에 대한 비판적인 검토가 필요하다고 제안한다. 미래 세대는 절대적이고 영구적인 원리를 원시적인 것으로 혹독하게 비판할 수도 있기 때문이다.

데에도 동의한다. "그 이상을 요구하는 것은 구제불능의 형이상학적 요구일 것이다. 그럼에도 누군가에게 절대적 원리에 대한 순종을 요구하는 것은 더 위험한 도덕적 그리고 정치적 미성숙이다(p. 172)."

만약 우리가 오늘날 고등학생들과 토론 수업을 진행하고자 한다면, 우리는 최근 화젯거리였던 미국 상원의 중앙정보국CIA 고문실태 보고서에 대한 도덕적이고 정치적인 논쟁을 생각해보아야 한다. 예를 들어, 어떤 사람들은 고문을 하지 말아야 한다는 원칙을 고수하는 것이 국가의 의무라고 강력하게 주장한다. 반면, 다른 사람들은 실제적이고 잠재적인 결과[위험성]를 고려하면서 [비록 정당한 방법이 아닐지라도] 무엇보다 먼저 국가의 안전을 보호하는 것이 우리의 의무라고 결론짓는다. 이는 도덕 원리에 대한 논쟁의 완벽한 예다. 이러한 토론을 진행하는 교사는 양측 입장에 어느 정도 무게를 두기 위해서 도덕철학에 관한 배경 지식을 충분히 제공해야 한다. 또한 학생들이 논리적이고 주의 깊게 논쟁하도록 해야 한다. 만약 학생들의 요구 때문에 교사들이 자신의 의견을 표명해야 하는 경우에라도, 교사가 학생들을 [일방적으로] 이끌려고 시도해서는 안 된다. 여기서 주목할 점은 이러한 우리의 조언이 그 자체로 도전에 열려 있다는 것이다. 아마도 인격교육 전통에서 어떤 교사나 교사 교육자는 학생들을 도덕적으로 옳은 결론으로 **이끌어야 한다고** 주장할 것이다. 그러나 도덕적으로, 논쟁의 여지 없이 분명한 몇몇 경우를 제외하고는 양쪽 모두가 자신의 주장을 펼칠 수 있도록 허락해야만 한다. 그렇지 않으면, 우리는 매우 논쟁적인 쟁점을 피하려는 너무나도 오래된 관행에 의존해야 할 것이다. 우리는 유감스럽지만 때때로 다른 것을 지키기 위해서 하나의 원리를 희생시켜야만 함을 학생들에게 상기시키면서, 원리의 상대적 타당성을 인정해야 한다는 벌린의 인용문에 대한 논의에 근접했을지 모른다. 이것이 바로 그런 사례인가?

의무론에 대해 소개하면서 언급한 훌륭한 토론 주제에 덧붙여, 교사들은 도덕교육의 영향력 있는 프로그램들이 도덕적 추론에 기초하였음을 주목해야 한다. 1960년대와 1970년대에 콜버그는 도덕 발달의 인지적 접근 이론을 정립했다. 콜버그의 사상은 장 피아제Jean Piaget(1954, 1970)가 발전시킨 인지 발달의 단계 이론에 큰 영향을 받았다. 수십 년 동안 피아제는 심리학에서 가장 두각을 나타낸 인물이었다. 오늘날 피아제는 여전히 구성주의의 시조 중 한 명으로 인식되고 있기는 하지만 그의 업적이 담긴 글이 그리 많이 읽히는 것은 아니며, 그의 단계 이론에 대한 논의도 너무 적은 편이다.

콜버그는 도덕 발달의 6단계를 상정한다. 크게는 2단계씩 묶어서 인습 이전, 인습, 인습 이후의 세 범주로 나뉜다. 많은 심리학자들이 발달론자로 분류될지라도, 그들 모두가 단계 이론을 수용하는 것은 아니라는 점을 이해하고 있어야만 한다. 즉, 많은 심리학자들이 시간에 따른 자연적인 경향에 의해 어떤 자질과 능력이 발달한다는 데에 동의하더라도, 그들 모두가 이러한 발달이 잘 정의된 단계를 따라 배열해 있다고 주장하는 것은 아니다. 반면, 콜버그의 단계는 잘 정의되었으며, 누구도 3단계를 거치지 않고 4단계에 이를 수 없다. 도덕성을 위한 기초로서 이성은 모든 단계에서 명확하게 영향을 준다. 다음은 인습 수준에 위치한 두 단계의 예다.

3단계: 개인 간의 조화 혹은 '착한 아이' 지향

선한 행위는 타인을 기쁘게 하거나 돕는 것이며, 그렇게 함으로써 선한 행위로 인정받는다. … 종종 행위는 의도에 의해서 판단된다. 애초에 "그는 잘하려고 한 거였어"라는 의도가 판단에 있어 중요하다. 사람은 '선하게' 하려는 의도로 인정받는다.

4단계: 사회 유지 지향

권위와 정해진 규칙, 사회질서 유지를 향한다. 옳은 행동은 의무를 다하는 것, 권위에 대한 존중을 보이는 것, 주어진 사회질서 유지를 위해 질서를 지키는 것을 포함한다.(Kohlberg, 1981, p. 18)

여기서 3단계는 [타인의] 감정을 인식하지만, 상위 단계인 4단계는 이성과 의무를 강조함에 주목하자. 콜버그는 자신의 경험적인 연구를 토대로 평균적으로 여성은 3단계에, 남성은 4단계에 이른다고 주장했다. 또한 매우 적은 사람만이 사회계약 지향인 5단계에 이르며, 보편 윤리적 원리를 지향하는 6단계는 [사변적으로] 이상적인 단계다. 전체적인 도식은 이성을 도덕적 의무의 근원으로 내세운다.

캐럴 길리건Carol Gilligan(1982)은 콜버그 연구의 경험적 결과뿐만 아니라 전체적인 도식에 도전했다. 그녀는 콜버그의 단계에서 소녀가 소년에 비해 다소 뒤처진다는 문제는 도덕 발달의 문제가 아니라고 주장했다. 소녀와 소년의 도덕적 사고방식은 다르다. 여성은 이성과 규칙에 얽매이지 않는다.

여성은 자기 자신을 인간관계의 맥락 안에서 정의할 뿐만 아니라 배려할 수 있는 능력의 관점에서 자기 자신을 판단한다. … 그러므로 여성이 남성을 돌봐온 반면 콜버그 학파의 심리 발달 이론에서, 남성은 [경제적인 차원에서 여성 노동을 평가 절하하듯이] 그런 배려를 감정적인 것으로 간주하거나 평가 절하하는 경향이 있다.(1982, p. 17)

심지어 오늘날에도 여성에 의해 전통직으로 행혜지는 노동은 경제적인 측면에서 평가 절하된다. 그리고 남성이 정의한 공적 세계에서 여성의 성공은 대체적으로 남성과 비교하여 얼마나 잘 해내는지에 의해 평가받는다.

이제 우리는 콜버그의 프로그램에 이 장의 일부를 할애하는 적어도 세 가지 이유를 알 수 있다. 첫째, 콜버그의 이론적 도식은 도덕성의 근원으로서 이성의 우선성을 논리적으로 탄탄하게 설명하기 때문에 굉장히 매력적이다. 둘째, 콜버그(그리고 피아제) 연구에 대한 논의는 교사가 가진 교육적 이상[혹은 교육이념]이 교육이 실행되는 시간에 [학습자들의 발달에] 엄청난 영향을 미친다는 점을 교사들에게 상기시킨다. 교사는 이를 인식하면서 끊임없이 새로운 이상을 비판적으로 검토할 수 있도록 고무되어야 한다. 셋째, 콜버그의 이성 중심 이론에 대한 비판은 도덕적 동기화의 원천으로서 이성이 아니라 감정에 보다 강조점을 두는 배려 윤리가 등장할 수 있는 계기를 마련해주었다.

감정에 기초한 접근들로 논의의 초점을 옮기기 전에, 우리는 이 책의 독자들이 이성에 기초한 접근이 결코 사라지지 않음을 유념하기 바란다. 정치철학에 대한 존 롤스John Rawls(1971, 1993)의 연구는 사회계약론, 즉 칸트, 루소, 로크가 설명한 계약의 원리들을 토대로 견고하게 세워진 것이다. "사회계약론은 자신의 이익에 더 관심이 있는 자유롭고 합리적인 사람이 평등의 우선적인 지위를 수용할 수 있음을 보여준다. 여기서 평등은 사회의 기초적인 용어로 정의된다(Rawls, 1971, p. 11)." 그들 자신의 개인적, 경제적, 정치적 지위에 관하여 어떤 정보도 가지고 있지 않은 합리적인 존재가 정의의 규칙을 세우기 위해 어떻게 추론하고 주장할 것인지 생각하는 것은 학생들에게 도덕적이고 매력적일 수 있다.

주어진 사회에서 우리가 어떤 지위에 있는지 알 수 없다면 우리는 어떤 종류의 규칙을 제안하겠는가? 롤스의 주장처럼 우리는 규칙에 따라 가장 덜 선호된 것이 적절하게 분배되기를 원할까? 몇몇 사람들은 가장 덜 선호된 계급에 자신이 위치할 가능성을 무시하고 롤스가 제안한 정의의 도식에 그다지 동의하지 않을 수 있음을 학생들은 상상할 수 있을까? 어째서 사람은 이런 비합리적으로 보이는 방식으로 행동할 수 있을까? 이성 이외에 무엇이 우리의 도덕적 결정에 영향을 미치기 때문일까?

정념과 감정

우리는 사실을 판단하고 옳은 정보를 확인하기 위해 이성을 사용해야만 한다. 그리고 이성은 논리를 적용하고 결론에 이르기 위해 분명 필수적이다. 그러나 우리는 의구심이 드는 목표를 향해 이성을 사용할 수도 있으며, 도덕적으로 칭송할 만한 목표를 위해서조차도 항상 실천으로 옮기는 것은 아니다. 우리에게 동기를 부여하는 것은 이성이 아니라 감정이다. 흄에 따르면, 우리는 "자비심과 인간애, 우정, 감사, 자연적 애정, 공공심, 타인에 대한 애정 어린 공감으로부터 발로된 어떤 것이든, 우리 인간 종에 대한 관대한 관심과 염려(1983/1751, p. 18)"를 높이 평가한다. 타인의 고통, 공포, 혹은 요구에 대한 공감은 우리를 행동하도록 움직인다. 흄에 따르면, "이성은 [인과관계에 대한 정보를 제공하기 때문에] 차갑고, 행위에 직접적으로 관여하지 않으며, 행위의 동기가 될 수 없고, 행복을 얻거나 슬픔을 피하기 위한 수단으로서 욕구나 성향에서 비롯한 충동을 단지 지시하는 것일 뿐이다(p. 88)."

이 지점에서 흄은 분명하게 덕, 인격, 혹은 이성을 우리의 도덕적 삶으로 끌어들인다. 덕과 인격, 이성은 모두 생생하게 우리의 도덕적 행위에 기여한다. 그러나 우리는 우리의 감정에 따라 **행동**한다. 이는 교사와 부모의 역할이 우리 아이들의 마음과 감정을 교육하는 것이지 단순히 그들의 정신을 교육하는 것이 아님을 잘 보여준다. 요즘 심리학자들은 도덕교육을 논하면서 자주 **공감**을 강조한다. 마틴 호프만Martin Hoffman은 공감을, "어떤 사람으로 하여금 그 자신의 상황보다 타인의 상황에 더 알맞은 느낌을 가지도록 하는 심리적 과정에의 관여(2000, p. 30)"로 정의한다. 아이들은 타인의 감정에 주목하고 이해하며 적절하게 응답할 수 있도록 교육받아야 한다. 영어로 'sympathy'를 사용하든 'empathy'를 사용하든, 이는 도덕적 행위자가 느끼거나 혹은 느껴야 하는 것을 의미한다.

지난 30여 년 동안, 여성의 경험에 근거한 도덕 이론인 배려 윤리학에 대한 관심이 늘어났다(Gilligan, 1982; Noddings, 2013/1984). 배려 윤리학은 흄과 마찬가지로 도덕적 행위를 동기화시키는 것으로서 감정을 강조한다(대표적인 최근 연구로 잉스터의 연구를 참고해보자. Engster, 2007; Groenhout, 2004; Ruddick, 1989; Slote, 2007; Tronto, 1993). 배려 윤리는 고전적인 덕 윤리, 의무론, 공리주의와 여러모로 다르다. 우선, 배려 윤리는 '관계에 관한 윤리'로, 배려하는 사람과 배려받는 사람 모두의 역할에 주목하여 설명한다. 여기서 배려하는 사람은 비단 도덕적 행위에 기여하는 도덕적 행위자가 아니다. 배려받는 사람은 배려에 응함으로써 지속적인 관계 유지에 기여한다. 둘째, 동시대의 이성과 정의에 관한 윤리와 대조적으로, 배려 윤리는 옳음이 아니라 [상대방의] 요구에 기초한다. 배려자로서 도덕적 행위자는 표출된 요구에 귀기울이고, 결과적으로 무언가를 느끼고 민감하게 반응한다. 배려자는 어떤 표출된 상대방의 요구를 수용할 수 없을 때조차 배려 관계를 유지하려는 방식으로 응한다. 배려자가 어떤 요구를 만족시킬 자원이 없을 때가 있다. 또한 부모와 교사는 아이들이 요구하는 것에 응하지 않거나, 모두를 위해 더 나은 대안을 생각하도록 설득하고 싶을 때가 있다. 배려하는 사람과 배려받는 사람의 역할은 고정불변이 아니다. 성인 관계에서 구성원들은 어떤 경우엔 배려하는 사람으로, 또 다른 경우엔 배려받는 사람으로 계속해서 역할을 바꾼다. 그리고 모두의 위치에서 관계의 발전에 기여한다.

비록 배려 관계의 기술이 여성적 경험에 근거할지라도 가정과 작은 공동체 삶에 국한하는 것은 적절하지 않다. 버지니아 헬드Virginia

Held는 다음과 같이 논평했다.

> 배려 윤리는 배려적 가치와 협동을 통해 젠더, 계급, 인종, 민족의 수직적 질서와 지배를 재배치하면서 사회의 다른 부분들이 변화하기를 요청한다. 특별히 가정은 공동의 배려를 통해 교육기관, 건강복지기관, 아동복지기관의 지원을 받고 발전해야 한다. 경제는 강한 쪽을 더 풍요롭게 하는 방식보다 실질적인 요구의 충족에 초점을 맞추어야 한다. 군수산업 권력은 사회적 통제하에 있어야 하고 외교와 정치적 상황에서 군복무, 방위 산업은 남성뿐만 아니라 여성에 의해서도 결정되어야 한다. … 이와 같이 배려적 관계에서 미래 세대를 기르는 일은 높이 평가받을 만하며, 사회의 가장 중요한 목표라고 할 수 있다.(2006, p. 160)

개인적으로 직접 만나는 상황 너머를 생각해볼 때, 우리는 '(배려 윤리에서 설명하는) 배려 행위caring-for, 배려에 대한 관심caring-about' 그리고 '모든 도덕 이론에서 발견되는 관심' 간의 차이점을 고려해야만 한다. 배려 윤리 단독으로는 분명 헬드가 열거한 사회적 진보를 이룰 수 없다. 배려 윤리의 특별한 기여는 어떻게 선善이 실현되어야 하는지에 대한 설명에 초점이 맞춰져 있다. 일반적인 관심이 배려에 대한 관심으로 옮아가면서 형성된 에너지가 배려 행위를 지지한다는 것을 분명히 알아야 한다고 조심스럽게 지적하고자 한다(Noddings, 2002a). 너무나 자주 우리는 옳음과 정의의 윤리에 의해 안내되고, **예상되는** 요구와 추상적으로 일반화된 원리에 따라 우리가 어떻게 관여할 것인지를 결정한다. 그러면서 우리는 정작 배려가 필요한 사람을 돕기 위해 대화하고 그들이 **표출한** 요구에 응하는 것에 실패하기도 한다. 이러한 태도가 우리의 교육적 사고를 오랫동안 지배해왔으며, 이런 현상은 오늘날 그 어떤 때보다 더 강한 것 같다. 분명 '배려적 관심을 [제대로] 가진' 책임자들은 교육과정이 무엇을 다루어야 하고, 어떤 식으로 가르쳐야 하며, 학생들이 배운 것을 어떻게 증명해야 하는지에 대한 처방을 내릴 것이다. 관계 윤리로서 배려적 접근은 관계를 중심에 두고, 관련 있는 모두의 더 나은 삶을 위한 관계를 만들도록 기여한다.

관련된 정치적 고려 사항들

자연스럽게 이성을 도덕철학의 중심에 둔 학파의 사상가들은 시민의 권리를 보석처럼 귀중한 것으로 선언하고, 권리와 정의에 관한 정치철학 연구들을 이어갔다. 우리는 시민으로서 자신의 권리와 정의에 대한 충성을 약속한다. 현재 [미국의 국어로서] 영어에 대한 공통핵심성취기준Common Core State Standards*은 이와 같은 정치철학 사상가들의 문장과 저서에 대한 독해를 특별히 강조하고 있다. 독해를 강조하는 것은 그 자체로 찬성할 만한 일이지만, 문제는 문장과 저서에 영향을 미친 배경에 대해서는 관심이 너무 적다는 것이다. 배경에 대한 깊이 있는 연구 없이, 학생들이 문장과 저서를 진실로 이해하기

---

*미국 어디에서나 누구나 일관되게 적용될 수 있고(Common), 대학과 직무에서의 성공을 위해 핵심 교과인 국어과, 수학과를 중심으로(Core), 연방 정부의 강제가 아니라 주 정부의 자율적인 결정에 따라 적용되는(State), 표준으로서의 기준(Standards)을 의미한다.

는 힘들다. 글의 형식적인 구조를 분석하고, 단어의 뜻을 배우며, 진술 목적을 생각하는 것만으로는 충분하지 않다. 문장과 저서들의 중요성을 이해하기 위해서 학생들은 집필된 시대에 관해, 집필의 동기가 된 사건에 대해, 그리고 작가들의 삶에 대해 무언가를 알 필요가 있다. 공통핵심성취기준은 이러한 필수적인 문제들에 관하여 도움이 될 만한 조언을 제공하지 않는다.

우리가 보석처럼 여기는 문장과 저서들은 대부분 타인에 대한 위해를 금지하고, 자유를 보장하며, 평등을 확대하기 위해 고안되었다. 여기서 사려 깊은 사상가라면 자유와 평등, 두 목표가 종종 서로 갈등을 일으킬 수 있음을 즉각적으로 알아야만 한다(앞서 벌린의 조언을 상기해보자). 성숙한 시민은 이와 같은 갈등이 일어날 수 있음에 주의해야 하고, 가능한 한 갈등을 줄이면서 두 목표를 진전시킬 수 있도록 지속적으로 대화할 수 있는 준비를 갖추고 있어야 한다.

이제 이 장을 시작할 때 상술한 도덕성의 근원에 대한 논의를 연장하여 시민성의 역사에서 이러한 문장과 저서들이 가진 지위를 생각해보자. 그것들은 위대한 변화의 원인이었나, 아니면 이미 달성한 성취를 자랑스러워하는 주장이었나? 이는 중요한 질문이다. 왜냐하면 너무 자주 문장과 저서 그 자체를 폭력을 예방하거나 자유를 보장하는 것으로 여기기 때문이다. 예를 들어, 일레인 스캐리Elaine Scarry(2014)는 핵무장에 대한 인상 깊은 연구에서 미국 헌법이 적절하게 이해된다면 핵 파괴를 막을 수 있다고 제안한 바 있다. 만약 스캐리의 논리가 옳다면 미국 헌법은 실제로 핵전쟁을 **막을** 수 있어야 하지만, 분명히 핵전쟁을 막지는 못했다. 또한 미국 헌법은 핵전쟁을

억지할 수도 없다. 정부와 시민이 최소한 요구하는 것은 헌법이 그런 핵전쟁을 금지한다는 데 동의한다는 것이다. 그렇다면 정부와 시민은 이러한 인식에 기초하여 행동해야만 한다.

　그러나 우리는 개인과 공동체 구성원을 지배하는 문장과 저서의 힘에 의문을 품을 것이다. 왜냐하면 우리에게는 도덕성의 근원으로서 이성의 우선성에 대해 의구심을 가질 만한 이유가 있기 때문이다. 악한 사람들은 이러한 문장과 저서에 담긴 규칙을 무시하고 위반한다. 그리고 문장과 저서의 규정에서 미흡한 부분을 발견한 선한 사람들은 그것을 바꾸기 위해 노력할 것이다. 만약 공동선을 이루는 것이 단순히 논리적으로 흠잡을 데 없는 방법을 추론하는 문제라면, 이미 우리는 롤스의 '원초적 입장'*(1971, 1993)으로 시작되는 이론을 통해 세상의 정치적 문제를 풀어냈다. 그리고 완벽한 논리를 통해 이상적인 시민성을 위한 계획을 만들어냈다. 그러나 일찍이 목격해왔듯이, 우리는 도덕적 결정을 할 때 정념을 연결 짓는다. 대헌장Magna Carta**, 〈미국 독립선언Declaration of Independence〉(이하 〈독립선언〉), 헌법, 민권법Civil Rights Act을 실행에 옮기도록 동기를 부여하는 것은 분명 정념이다. 또한 정념은 이와 같은 문장과 저서의 해석 및 실행과 명확한 관련이 있다. 무엇을 이루어야 하는지 **아는** 것만으로는 충분하지 않다. 우리는 우리가 안다고 생각하는 것에 부합하도록 행동해야만

---

*정의의 원칙을 도출하기 위해 설정된 가설적인 상황이다. 이 상황에서는 스스로가 지닌 모든 유리한 여건을 일단 덮어두는 무지의 베일이라는 장치와, 상호 무관심한 합리성이라는 심리적 특성을 전제한다. 이러한 원초적 입장을 바탕으로 롤스는 '평등한 자유의 원칙'과 '차등의 원칙'이라는 두 가지 정의의 원칙에 합의할 것이라고 주장한다.

**1215년에 영국의 존 왕이 제후들의 강요로 왕의 의지가 법으로 제한될 수 있음을 인정한 문서다. 대헌장은 왕의 권한을 줄임으로써 의회의 탄생으로 나아가는 길을 닦아놓았다고 평가받는다.

한다.

　이는 학생들이 공정, 평등, 자유와 같은 개념에 관해 고민해야 함을 뜻한다. 또한 폭력, 무법, 경쟁 그리고 동정심, 협력, 유대에 관해서 학생들은 고민해보아야 한다. 이 모든 것 중 무엇이 애국심에 부합하는가? 인격교육은 전통적으로 나라와 정부에 대한 충성의 관점에서 애국심을 설명해왔다. 인격교육은 권위에 대한 복종을 대단히 강조해왔다. 교사는 학생들로 하여금 권위에 대해 의구심을 갖도록 교육해야 하는가? 우리는 다음 장에서 이 주제에 관하여 이야기할 것이다.

2장

권위

교사는 아이들에게 자신이 선택한 것에 대하여 다른 사람들은 어떤 선택을 할 것인가에 관한 질문을 자유롭게 할 수 있도록 기회를 제공해야 한다. 참여 민주주의는 반드시 대화를 필요로 한다. 그래서 대화는 모든 학교생활의 필수적인 부분이 되어야 한다. 참여 민주주의는 단순히 통치 절차를 마련하는 것이 아니라, 지속적인 분석과 개선을 위해 비판적 사고와 도덕적 헌신 모두를 필요로 하는 삶의 방식이다.

오늘날에 대부분의 사려 깊은 사람들은 어떤 집단의 합리적인 구성원이라면 해당 집단의 권위를 아무런 의심 없이 받아들이지 않을 것이라는 점에 동의할 것이다. 사실 그동안 수많은 종교, 국가, 지역, 국제적 집단들은 그들의 구성원이 제기한 의문들의 결과로 성장해 왔다. 그렇다면 이처럼 권위에 대해 질문을 제기할 수 있는 학생을 양성하기 위해 학교는 무엇을 해야만 하는가? 그리고 어느 시기의 아이들이 이런 교육을 받기에 적절한가? 이 부분에 관해서는 11장 '애국심'을 비롯한 다른 장에서 보다 심도 있게 논의할 것이다. 여기서는 초등학교 수준에서 학급회의, 아이들에게 주어지는 선택의 기회, 그리고 학교 구성원 간의 대화를 통해 권위에 관하여 어떤 교육을 실천할 수 있는지 살펴보고자 한다. 또한 중학교와 고등학교 수준에서 토론하는 데 적절한 몇몇 주제들을 소개할 것이다.

유년 시절과 선택

모든 아이들은 어릴 때부터 "엄마 말씀 잘 들어야지", "아빠 말씀 잘 들어야지", "선생님 말씀 잘 들어야지"라는 말을 듣고 자란다. 그리고 이는 마땅히 그래야 한다. 왜냐하면 우리는 아이들이 건강하고 안전하며 바르게 자라기를 원하여, 처음부터 바른길로 인도하려고 노력하기 때문이다. 하지만 장기적으로 볼 때, 우리가 아이들을 교육하는 목표는 도덕적으로 민감하고 합리적이며 독립적이고 비판적인 시민으로 키우는 데 있다. 우리는 어떻게 "엄마 말씀 잘 들어야지" 하는 단계를 넘어 성숙의 단계로 나아갈 수 있는가?

한 가지 좋은 방법은 합리적인 선택지들을 제공하는 것이다. 아이의 건강에 특별히 문제가 없다고 가정한다면, 대개 부모들은 어떤 아이스크림을 고를지, 무슨 장난감을 갖고 놀지, 오늘 어떤 바지를 입을지 어린 자녀가 고를 수 있게 해준다. 이때 아이는 잘못된 선택을 할 수 없다. 왜냐하면 그들의 부모들이 어떤 것을 선택해도 괜찮은 선택지만을 제시하기 때문이다. 이는 너무나도 당연한 소리이고 사소한 것일지 모르지만, 사실 근본적으로 매우 중요하다. 때문에 실제 아동교육에 관한 모든 책들은 선택에 대한 몇몇 아이디어들을 중요한 내용으로 다룬다(예를 들어, 다음 책들을 참고해보자. Comer, 2004; Neill, 1960; Noddings, 2002a, 2002b, 2013, 2015a; Paley, 2004; Spock, 2001).

유아기 아이들에게 선택을 허용한다는 사실은 학령기를 통해 합리적 선택을 교육할 수 있다는 기대를 갖게 한다. 알피 콘Alfie Kohn은 이 주제를 직접적으로 다룬다. "누군가가 교육에 관한 가장 놀랄 만한 열 가지 목록을 만들어낸다면, 여기에 속하지 않을 법한 한 가지가 있다. 그것은 학생들이 탐구할 질문을 스스로 선택할 수 있을 때 가장 열심히 배우고 가장 잘 배울 수 있다는 사실이다(1999, p. 150)." 현명한 선택을 할 수 있는 능력은 학교 안에서만 발휘되는 것이 아니라 건강한 시민 사회의 뼈대 역할을 한다. 선택은 육아, 교육, 시민적 참여에 있어 매우 근본적인 것이다. 또한 민주주의적 삶의 기초를 형성한다.

대화의 주제는 선택과 밀접한 관련이 있다. 가족의 대화 방식은 아이가 학교생활을 성공적으로 할 수 있는지와 관련이 크다. 어떤 부모는 자녀와 정기적으로 대화하고, 또 다른 부모는 그저 자녀**에게** 이야기만 한다. 물론 후자의 경우가 자신의 자녀를 사랑하지 않음을 의미하는 것은 아니다. 그 부모들은 단지 가족과 공동체 안에서 전수되어 온 방식에 갇혀 있을 뿐이다(Health, 1983). 이러한 전통에 따라 부모는 지시하고 명령하며 꾸짖지만, 자녀와 대화하지는 않는다. 그들은 성인이 말하는 주체이고 아이는 듣는 대상이라는 믿음을 지키는 것 같다. 아이는 어른이 말한 대로 배운다. 그리고 선택할 수 있는 기회는 많지 않다. 우리는 이런 아이들에게서 어휘력과 대화의 기술이 종종 심하게 부족함을 발견할 수 있다.

대화의 기술을 배우는 것이 얼마나 중요한지 논의하면서, 제임스 코머James Comer는 자신과 자신의 형제들이 사회적 존재가 되고 성공적인 학생이 될 수 있던 통로로서 가정의 상호작용을 설명한 바 있다. 저녁이 되면 그의 식구들은 식탁에 앉아 모든 질문과 의견을 적극적으로 경청하였다. 코머에 따르면, "생각하기, 표현하기, 자기 조절은 이러한 활동들을 통해 연습되었다(Comer, 2004, p. 59)." 학생들을 교육하기 위한 이와 같은 기술들은 우리에게 주어진 시간 내에, 그들이 권위에 대하여 합리적으로 질문할 수 있도록 돕는다. 우리가 이러한 기술들을 습득하기 위한 교육을 간과한다면, 권위에 대한 질문은 존재하기 어려우며, 단순히 복종하거나 보란 듯이 불복종[저항]하는 불행한 선택지만이 남을 것이다. 권위에 대한 단순한 복종은 도덕적으로 결함이 있는 정부를 지지할 시민을 양성할 위험이 있다. 또한 거들먹거리며 [정당한] 권위를 무시해버린다면, 불평은 가득하지만 무기력한 사람들이나 범죄자들을 키우게 될 것이다.

아이들에 대한 지나친 관심으로 말미암아 때때로 우리는 그들이 바람직한 선택을 할 수 있도록 지나치게 통제하기도 한다. 한 학교에서 일어난 사례를 살펴보자. 이 학교는 대화, 학생의 선택, 생태학적 감수성에 역점을 두고 노력해왔다. 이곳에서 학생들은 학교의 옥상 정원에서 자신이 먹을 음식을 키운다. 점심시간에는 영양가 있고 맛있는 음식들을 직접 선택해서 가정에서처럼 즐긴다. 그런데 이와 같은 모범학교는 그동안 정부 공무원의 지적 대상이었다. 왜냐하면 학생 각자의 점심 식사가 영양적으로 충분한지 확인할 수 없기 때문이었다. 교직원들은 모든 아이들이 선택한 음식의 영양분이 충분하다고 반박했다. 좋지 않을 리가 없던 것이다. 게다가 아이가 직접 자신이 먹을 음식을 선택하는 것은 음식물 쓰레기를 극적으로 줄이는 효과를 낳았다. 어른이 음식을 선택하는 학교에서 아이들은 자신이 선택하지 않은 음식을 그냥 버려버린다. 당연하지만 이 모범학교에서 아이들은 무엇을 먹을지 스스로 선택한다. 때때로 영양의 균형이 안

맞을지도 모른다. 예를 들어, 채소는 어떤 날에, 과일은 다른 날에 집중될 수 있다. 그러나 이조차 해로운 것은 아니다. 그리고 지속적인 대화와 소통을 통해 개선할 수 있다. 우리는 아이들로 하여금 자신이 원하는 것을 완벽하게 얻을 수 있도록 상당한 노력을 기울인다. 그 과정에서 우리는 아이가 자신을 위해 합리적으로 선택할 수 있는 기회를 가끔씩 가로막는다. 합리적 선택을 배우는 것은 자신에게 가장 필요한 능력을 배우는 것이다. 이는 건강한 시민사회의 기초를 이룬다.

물론 여러 다른 요인들이 학생들로 하여금 성공적인 삶을 살고 합리적이고 유능한 시민으로 성장하는 데 기여한다. 이를 위해서는 특히 조기에 대화와 선택을 경험하도록 하는 것이 가장 효과가 크다. 진솔한 대화를 나누고 선택을 할 수 있도록 잘 안내하는 양육은 분명 유아교육의 중요한 요소다. 그리고 심지어 우리는 고등학교에서 부모교육을 시행하는 것을 완고하게 거부한다. 우리는 자주 미국 교육이 불평등을 감소시키고 사회적 계급구조를 없애왔다고 주장해왔다. 하지만 이를 위해 가장 효과적일지도 모르는 기술과 태도를 가르치는 것은 거부한다. 우리는 6장 '젠더'에 대한 논의에서 이 주제를 다시 다룰 것이다.

학교에서의 참여 민주주의

학교는 학생들을 연령에 적절한 다양한 형태의 민주적 의사결정에 참여시킴으로써 배려적인 시민으로 성장하도록 도울 수 있다. 학교나 교실에서 문제가 발생했을 때 가능한 상황이라면 문제 해결을 위한 분석과 제안을 학생들이 자율적으로 할 수 있도록 해야 한다. 가령 복도가 소란스럽다는 불만을 누군가 제기했다고 가정해보자. 오늘날 이런 문제 해결의 책임은 흔히 관리자나 교직원에게 부과된다. 그리고 그들은 규칙과 처벌을 통해 문제를 해결하려고 한다. 많은 학교들은 별 효과가 없음에도 '침묵의 복도silent hall'를 설치하기도 한다. '지나친 소란'에 대한 해결책이 왜 '침묵의 복도'뿐이어야만 하는가? 어떻게 아이들로 하여금 해결책을 제안할 수 있도록 가르칠 수 있을까? 아이들이 소음을 줄이는 방법에 대해 이야기할 때, 교사는 일반적인 예절, 합의적 대화, 공동체적 삶에 관해 논의하도록 가르칠 수 있을 것이다. 교육은 '3Rs'*를 가르치는 것을 넘어선다. 그것은 민주적 삶의 훈련이자 다른 사람과 공유된 활동 안에서 충실한 삶을 살 수 있도록 돕는 것이다.

누구도 존 듀이John Dewey만큼 민주주의의 본질에 대해 잘 설명하지 못했다.

> 민주주의는 정부 형태 이상의 것이다. 민주주의는 공동생활의 양식이고, 경험을 전달하고 공유하는 방식이다. 계급, 인종, 영토는 사람들로 하여금 충실하게 살아가는 타인의 삶의 의미와 중요성을 이해하지 못하도록 방해한다. 어떤 것에 관심을 가지고 참여하는 수많은 개인들이 살아가는 공간의 확대는 계급, 인종, 영토를 허무는 것과 같다. 그곳에서 각자는 타인에게 자신의 행위를 설명해야만 하고, 자기 자신의 방향과 초점을 분명히 할 수 있

---

*읽고(Reading), 쓰고(wRiting), 셈하기(aRithmetic).

도록 타인의 행위를 고려해야만 한다.(1916, p. 87)

즉, 민주주의는 사람들이 단지 자유롭게 의견을 표출하고, 투표하고, 논쟁에서 이기고, 비폭력적으로 상대를 패배시키는 정부의 형태가 아니다. 오히려 공유된 목표들, 열린 대화, 편견 없는 자기비판과 관련된 삶의 방식이다. 듀이에게, 그리고 우리에게 민주 공동체는 지속적인 자기 향상으로 이끈다. "민주주의가 가진 변화의 이상은 단지 변화하는 것이 아니라 그 자체의 향상에 있다. 그런 민주주의가 이념 교육에 단순하게 목표를 두는 사회와는 다른 성취 기준과 교육 방법을 가질 것이라는 점은 사실인가?(1916, p. 81)" 그는 계속 말한다. "중요한 문제는 실제 존재하는 공동체 삶의 형태에서 바람직한 자질을 추출하고, 바람직하지 못한 특징을 비판하며 더 나은 것을 제안하기 위해 민주주의를 적용하는 것이다(p. 83)."

4, 5학년 아이들은 시끄러운 복도 문제에 대해 논의하면서, 친근함, 즐거움, 건강한 대화 내용에 관해서 긍정적인 의견을 제시하거나, 언어폭력과 욕설에 대해 비판적인 의견을 제시할지도 모른다. 복도에서의 대화가 주는 친근함과 재미의 긍정적인 점을 계속 누리기 위해 나쁜 말 사용을 금시하거나 밀치고 소리 지르는 등 소음을 만드는 행위를 줄일 방법들을 제안할지도 모른다. 또한 자기 자신이나 반 친구가 잘못을 저질렀지만 여전히 학급 공동체의 구성원이라는 책임감 때문에, 악함을 다루는 방법을 고민해야 할 수도 있다. 규율에 책임이 있는 선도부 아이들은 약속을 위반한 친구들에 대하여 처벌적인 자세를 취할지도 모른다. 권위는 여러 형태를 취할 수 있지만,

정당한 권위는 지속적 향상을 향한 공동체에 최선의 노력을 표현하고 지지하는 것임을 우리는 기억해야 한다. 평화를 유지하기 위해 감시하는 역할을 맡는 학생을 임명하는 것은 교사들에게 매우 유혹적이다. 이 문제에 대한 논의는 차치하더라도, 교사는 그 학생에게 지속적으로 복도에서 친근한 분위기를 유지하도록 책임을 부과할 수도 있다. 이 주제를 마치기 전에, 우리는 오늘날 많은 차터 스쿨charter school*에서 복종, 침묵, 선 따라 걷기 같은 것들을 매우 강조하고 있음을 짚고 넘어가려고 한다. 교실과 교실을 이동할 때 이런 규칙에 수동적으로 복종하도록 가르치는 것이 민주주의 사회에서 독려되어서는 안 된다.

어떤 교사는 학교 민주주의에 대한 제안들을 해석할 때, 특별히 민주적 절차에 강조점을 둔다. 예를 들어, 이런 교사들은 학급 임원 선출을 독려하고, 반장을 임명하며, 정기 학급회의를 운영할 것이다. 이러한 시민적 삶의 형식에 대한 초기 경험은 유용할지 모른다. 그러나 이 책에서 우리가 제안하려고 하는 것은 이러한 것들이 아니다. 듀이와 마찬가지로 우리는 가정에서와 같은 대화에 더 많은 관심이 있다. 가정에서의 대화는 공유된 활동과 책임을 강조한다. 이에 대한 중요성은 학급 관계에 애착 이론을 적용한 메릴린 왓슨Marilyn Watson의 저작에 아름답게 묘사되어 있다. 그녀의 저서에서 도입 부분의 제목은 "모두가 속한 교실(2003, p. 1)"이다. 그리고 그 목표는 개인과 공동체 모두의 충만한 발전을 도모하는 것이다. 더 큰 공동체로 확장된 배려와 신뢰 관계의 안전한 구축은 개인의 자유와 반대 주장을 강조

---

*대안학교의 성격을 가진 미국의 공립학교.

하는 민주적 삶의 방식의 특징인 대립을 예방하거나 혹은 적어도 줄일 것이다.

복종의 위험성

고등학교는 권위에 맹목적으로 복종하는 것이 얼마나 위험한지 주의 깊게 공부하기에 적합한 시기다. 당연히 근현대사에서 나치 독일은 맹목적인 복종의 위험성을 보여주는 가장 분명한 사례다. 여기서 교사는 지식과 덕에 대한 고전적 등식을 면밀히 검토할 수 있는 기회를 갖는다. 만약 진실로 '지식이 덕'이라면, 어떻게 20세기에 가장 잘 교육받은 국민들이 나치즘을 수용할 수 있었겠는가? 교사들은 소크라테스의 경고에 주목해야만 한다. 소크라테스에 따르면, 진실한 지식은 정보로 구성된 것이라기보다는 비판적으로 분석되고 평가된 자료다. 지식으로서 자격을 갖추려면 사실의 집합은 도덕적 비평을 통해 분석되어야만 한다. 마찬가지로, 수많은 삶의 기술들은 어떻게 그리고 왜 사용되는지에 대한 고찰을 바탕으로 덕이나 덕이 아닌지 분별되어야 한다.

2차 세계대전 이전까지, 독일에서는 국민적 자긍심에 대한 강한 요구가 있었다. 당시 많은 독일인들은 "독일과 독일 역사, 그리고 독일 영웅들의 '타고난 우월성'에는 특별한 무언가가 있다(P. Watson, 2010, p. 620)"라고 믿고 주장하였다. 독일의 우월성을 매우 강조했던 나치의 통치 시기에 대한 논의를 통해, 학생들은 오늘날 인기를 얻고 있는 '미국 예외주의American exceptionalism'*를 연상할지도 모른다. 흥미롭게도 초기 독일의 움직임과 현재 미국의 국가 예외주의의 인기는 모두 반지성주의적인 형태의 예시다. 비록 양 국가의 지성적인 성취와 관련한 자긍심의 초점이 다를지라도, 움직임 그 자체는 전체적으로 보았을 때 보수 집단이 이끈다는 데 공통점이 있다. 그들은 흔히 예외주의라는 애국적 요구를 뒷받침하는 데 실패한 보수 지식인들을 스스로 꾸짖는다. 우리는 학생들이 무엇이 미국 예외주의를 선도하는지 생각하도록 도와야 한다.

학생들은 예외주의에 대한 많은 미국인의 헌신이 앞서 듀이가 설명한 바와 같은 참여 민주주의를 약화시키는 신호임을 인지할 수 있을까? 최근 뉴스에서, 몇몇 미국 비평가들은 '미국을 사랑하지 않는' 죄로 고소당했다. 왜냐하면 그들은 감히 우리의 국가 지도자들이 취한 결정과 행위 일부를 비판하였기 때문이다. 하지만 듀이의 관점으로 보면, 이러한 비평가들은 국가를 대단히 사랑한 자로 신뢰받을 것이다. 그들은 과거를 자랑스러워하고, 영광스러운 과거가 현재와 미래로 이어진다고 주장하느라 에너지를 낭비하지 않는다. 오히려 그들은 자신의 국가가 계속해서 더 나은 국가가 되기를 바란다. 그들은 '지속적이고 자기 비판적인 변화'라는 듀이의 이상에 전념한다.

끔찍했던 독일 권위주의 시대에 대해서는 학제적인 연구를 통해 깊이 있게 다루어져야만 한다. 모든 고등학교에서 교직원들이 정기적으로 만나 모든 과목에서 다룰 주제들을 선정하는 학제적 팀을 활성화시켜야 한다(Noddings, 2013, 2015a). 그렇다면 이제 권위에 대한 무

---

*미국이 세계를 이끄는 강력한 리더십을 발휘하는 세계 최고의 국가라는 뜻.

비판적인 복종이 미치는 영향을 고찰함으로써, 교육과정을 통해 우리가 무엇을 할 수 있는지 생각해보자.

나치 이전 시대에 관하여, 미국 학생들은 영어와 사회 수업 시간에 《서부전선 이상 없다All Quiet on the Western Front》*를 읽고 논의할 것이다. 이 책에서 정부와 교사로 대표되는 권위의 거대한 힘은 무비판적인 젊은이들을 전쟁으로 내몬다. 저자는 이들 교사에 대해 말한다. "열여덟 살 우리를 위해 선생님들은 성숙, 일, 의무, 문화, 미래를 향한 진보의 세계를 안내하는 중개자가 되어야만 했다. … 이런 것들이 나타내는 권위에 대한 생각은 더 큰 통찰과 인도적인 지혜를 가진 우리의 마음과 관련 있었다(Remarque, 1982/1929, p. 12)." 하지만 이와는 달리, 너무 많은 교사들은 끔찍한 권위를 찬미했고, 자신의 학생들을 폭력과 죽음으로 이끌었다.

수학 시간에 학생들은 2차 세계대전 시기와 그 이전에 유대인 수학자들에게 벌어진 사건들에 관해서도 읽을지 모른다. 불행하게도 대부분의 고등학생들은 4년 동안 공부하면서 어떤 수학자의 이름도 듣지 못한다. 독일의 유대인에 대한 야만적인 공격은 독일 수학에 파괴적인 영향을 미쳤다.

가우스, 리만, 펠릭스 클라인 등 유수한 수학자들의 고향인 괴팅겐 대학은 200년 동안 수학 세계의 중심이었다. 1934년에 세 번째 나치 독일의 교육부 장관이었던 베른하르트 루스트는 수학자인 다비트 힐베르트에게 괴팅겐 대학에 유대인 수학자들이 떠난 후 어려움이 있는지 물었다. "어려움

---

*독일 작가인 레마르크가 1929년에 출간한 반전 소설로 전쟁의 비극적인 참상을 그렸다.

이요?" 힐베르트는 유명한 대답을 했다. "어려움은 없습니다. 장관님, 더 이상 아무것도 없을 뿐이지요!"(P. Watson, 2010, p. 662)

물론 잘 준비된 교사는 수업 시간에 가우스와 그의 소년시절 수학적 영재성에 대한 일화를 소개하고, 리만과 비유클리드 기하학의 발명에 관해서도 이야기하며, 유클리드 기하학의 엄격한 개정에 대한 힐베르트의 영향도 언급할 수 있을 것이다. 또한 교사는 유클리드의 지적 권위가 매우 오랫동안 너무 강력해서, 칸트와 같은 위대한 철학자도 대안적인 기하학을 상상조차 할 수 없었다고 학생들에게 가르칠지 모른다. 이 모두는 수학자, 유대인 문화, 권위와 관련하여 비극적이었던 역사에 관한 대화의 일부가 될 것이다.

전체주의와 무비판적인 복종의 위험성에 대한 탐구와 더불어, 우리는 도덕성의 정서적 혹은 감정적인 측면을 생각해야만 한다. 학생들은 프리모 레비Primo Levi의 책들을 읽어야 한다. 레비는 그의 책을 통해 나치 강제수용소와 그들의 도덕적·사회적 퇴화 속에서 경험한 신체적 고통 모두를 다루었다. 레비는 수감자들의 타락을 다음과 같이 묘사했다.

우리는 보통의 상황이라면 참지 못했을 쓰레기 더미, 난잡함, 극도의 궁핍과 같은 고통을 견뎌냈다. 이는 우리의 도덕적 척도가 달라졌기 때문에 가능했다. 심지어 우리는 부엌, 공장, 수용소에서, 다시 말해서 '남의 것'을 도둑질했다. … 몇몇은 자기 동료의 빵을 훔칠 정도로 타락하였다. 우리는 단지 우리의 나라와 문화만 잊어버린 것이 아니라 우리의 가족, 우리의 과거, 우리가 상상했던 우리 자신을 위한 미래마저도 잊어버렸다. 왜냐하면 우리는 짐승처럼 현재의 순간에 갇혀 있었기 때문이었다.(Levi, 1988, p. 75)

미국의 젊은이들이 그런 상황, 즉 국가 정부의 명령에 의해 가해진 상황에서 산다는 것은 상상조차 어려울 것이다. 레비는 사려 깊고 관대한 회고를 통해 희생자와 가해자 모두 고통받았음을 지적한다. 몇몇 가해자들은 자신이 살기 위해 단 몇 달일지 모르지만 가학 행위에 협조했다. 하지만 또 다른 가해자들은 히틀러가 건설한 정치적 국가를 신뢰했다. 책의 결론에서 레비는 가해자들이 평범한 개인들이었음을 독자에게 상기시킨다.

평범한 인간 존재, 평균적인 지성, 평균적인 악함은 예외를 만든다. 그들은 괴물이 아니었다. 그들은 우리의 얼굴을 가졌다. 그러나 그들은 악해지도록 교육받았다. 상위 수준에서 그들은 근면한 추종자이자 공무원이었다. 일부는 광적으로 나치즘을 확신했지만 대부분은 무관심하거나 처벌을 두려워하거나 좋은 직업을 바라는 너무도 복종적인 사람들이었다.(p. 202)

특별히 학생들은 레비의 마지막 문장을 주의 깊게 생각해볼 필요가 있다.

정신적 태만, 근시안적 계산, 우매함, 지휘관 히틀러의 국가적 자긍심이라는 '매혹적인 말'을 받아들였던 대다수의 독일인들. 크든 작든 독일인 모두에게 책임이 있음을 분명히 하자. 하지만 그들의 책임을 넘어서 기억해야 할 것이 분명히 있다. 히틀러에게는 운이 좋게도 시작부터 독일인 상당수가 그를 찬성하였고, 양심의 가책이 부족했던 그들은 히틀러를 따라 사라져갔고, 죽음, 고통, 회한으로 고통받았다는 것이다.(p. 203)

의문 없이 권위를 추종하고 받아들이는 위험성에 대해 이보다 더 영향력을 지닌 말을 상상하기란 어렵다.

수업 시간에 몇몇 학생은 요하임 페스트Joachim Fest가 나치 독일에서 자란 이야기를 담은《나는 아니다Not I》(2013)에 관해 발표할 수도 있다. 페스트는 그 당시 고통받았던 아버지의 도덕적 번뇌를 기억한다. 그의 아버지는 나치당 입당을 거부했고, 그리하여 교사로서의 지위를 잃어버렸지만, 나치에 반대하기 위해 [더 적극적인] 무엇도 하지 않았다.

아버지는 정원 울타리 안에서 정권을 저주하고, BBC를 듣고, 희생된 이들을 위해 기도하셨지만, 그건 아무것도 안 하는 것과 마찬가지였다! "그래!" 아버지는 말씀하셨다. "나는 아무것도 하지 않고 있단다. 다른 모든 사람들과 마찬가지지! 하지만 나는 이제 안단다. 현재의 상황 아래서는 선과 악의 구분이 없다는 것을. 분위기는 전염되지. 우리 모두는 전염된 거야!" (Fest, 2013, p. 242)

많은 선한 독일인들처럼, 페스트의 아버지는 나치즘에 항복하는 국민들 앞에서 무기력함을 느꼈다. 그는 그의 가족을 보호해야만 했다. 그리고 이를 위해 그는 히틀러를 반대하기 위한 어떤 행동도 취할 수 없었다. 하지만 그는 결코 적극적으로 히틀러와 나치당을 지원하지 않았다. 1940년대 후반의 (그리고 오늘날까지도) 독일인들이 자신의 나라에 무슨 일이 일어났는지 이해하기 위해 싸우고 있었다는 페스트의 지적은 설득력이 있다. "아직까지도 계속되는 질문은 어떻게 나치즘이 그렇게 오래 문명화된 국가를 정신이 나가도록 몰고 갈 수 있었는가 하는 점이다. 어떻게 국가 사회주의 운동의 지도자들은 거의 저항을 받지 않고 헌법적인 안전장치를 뚫을 수 있었는가?(Fest, 2013, p. 386)"

물론 교사와 부모는 젊은 세대가 정당한 권위를 존중하고 그것에 복종하기를 바란다. 훌륭한 시민은 우리가 맹세한 법의 권위를 수용하고 지켜야 한다. 그리고 교사와 부모는 그 **권위**가 믿을 만하며, 법의 이상을 대변한다고 확신하도록 꾸준히 젊은 세대를 가르쳐야 한다. 또한 젊은 세대가 이를 이해할 수 있도록 도와야 한다. 하지만 그 권위에 무언가 문제가 생긴다면 우리는 어떻게 해야만 하는가?

시민 불복종

시민사회는 대개 한 사회를 구성하는 자발적인 연합의 거대한 집합으로써 정의된다. 국가와 (특별히 독립체로서) 가정은 시민사회에 해당되지 않는다. 왜냐하면 국가와 가정은 그 구성원들이 자발적으로 연합하여 생겨난 집단이 아니기 때문이다. 따라서 민주주의는 우리로 하여금 어떻게 국가와 시민사회가 건강한 관계를 유지할 수 있을지 계속해서 고민할 것을 요구한다. "민주주의는 공동생활의 양식이고, 경험을 전달하고 공유하는 방식(1916, p. 87)"이라는 듀이의 진술은 민주주의를 가장 잘 설명한다. 민주적인 국가는 개인의 자유와 시민사회 집단 사이의 자유로운 소통 모두를 지지한다. 만약 시민사회의 구성원이나 집단이 국가가 정의를 지켜야 하는 임무를 저버렸다고 확신하게 된다면, 법과 정의의 이상을 수호하고 개선하기 위해서 의도적으로 부도덕한 법을 어겨 처벌을 받거나, 주의를 끌기 위해 교통법이나 집회에 관한 법률 등 관련 없는 법을 어길 수 있다. 이것이 바로 시민 불복종civil disobedience이다. 시민 불복종은 더 상위의 법을 수호하기 위해 국가가 만든 법에 대한 복종을 거부하는 것이다.

다양한 집단이나 개인과 대화하다 보면 우리는 자주 '시민 불복종'에 관해 심각한 오해가 있음을 발견한다. 예를 들어, 표준화된 시험에 반대하는 몇몇 교사들은 학생이 부정행위를 할 수 있도록 도움으로써 시민 불복종을 한다고 생각하기도 한다. 그러나 이는 시민 불복종이 아니다. 그것은 단지 법을 어기는 것이다. 만약 그 교사들이 학생들의 부정행위를 도울 것이고 그에 따른 처벌을 받겠다고 세상에 공표했다면, 비로소 시민 불복종을 했다고 할 수 있다. 진정한 의미에서 시민 불복종은 국가 권위에 대한 최대한의 존경을 나타낸다. 시민 불복종은 폭력적이지 않으며, 국가 권위가 [헌법에] 명시된 이상을 준수하도록 하는 데 목표를 둔다. 헨리 데이비드 소로Henry David Thoreau는 어떤 사회에서 권위주의적 학대가 일어날 때 시민 불복종은 훌륭한 시민의 **의무**라고 여겼다(소로의《시민 불복종On the Duty of Civil Disobedience》(1849)을 참고해보자).

법에 불복종한 사람이 그 대가로 처벌을 감수해야 한다는 요구는 사람들이 섣불리 시민 불복종에 참여할 가능성을 줄인다. 인종적 정의를 위해 마틴 루서 킹 주니어Martin Luther King, Jr.가 이끈 시민권 운동Civil Rights Movement은 지난 세기 이래 가장 두드러진 시민 불복종의 예다. 마틴 루서 킹 주니어와 그의 동지들은 마하트마 간디와 넬슨 만델라가 그랬던 것처럼 그들의 영웅적인 투쟁으로 인해 교도소에서 고통받아야 했다.

시민 불복종은 양심적 거부와는 다르다(Rawls, 1971, p. 368). 후자의 경우는 법을 전적으로 바꾸려고 시도하지 않는다. 다만 법의 적용 대상에서 면제받기 위해 자신의 권리를 주장할 뿐이다. 예를 들어, 어떤 종교 집단은 '국기에 대한 맹세'를 암송하지 않을 권리를 주장해왔다. 또한 많은 병역거부자들은 징병 그 자체가 불공정하지는 않지만, 종교적 신념에 따라 면제받을 수 있다고 주장해왔다. 이 쟁점들은 애국심을 다룬 11장의 평화주의와 관련하여 논의할 거리가 많다. 하지만 여기서는 도입을 돕기 위해 고등학생들에게 흥미 있을 만한 이야기를 하나 하려고 한다. 시인 로버트 로웰Robert Lowell은 2차 세계대전 때 징병을 거부했다. 미국과 동맹국들이 민간인에게 폭력을 행사하고 있다고 판단했기 때문이다. 그는 그 대가로 감옥에 갔다. 그의 감방 동료였던 악명 높은 갱스터는 그에게 이렇게 말했다고 한다. "나는 살인을 해서 여기에 왔지. 당신은 무슨 일로 여기에 왔지?" 로웰은 이렇게 대답했다. "오, 나는 살인을 거절해서 여기에 왔지(《진실True》, 1995, p. 80)."

요즘 학생들은 1960년대 당시의 불공정한 투표법과 인종차별을 겨냥한 시민 불복종에 대해 관심이 있을 것이다(Zinn, 1968). 우리는 당시에 대한 논의를 통해 학생들이 오늘날 벌어지고 있는 흑인에 대한 경찰의 인종차별을 반대하는 시위의 확산을 이해할 수 있도록 도와야만 한다. 이때 요즘 미디어에서 자주 등장하는 인종, 종교, 젠더 등에 대한 혐오 표현의 만연에 대해 논의해야 할 것이다. 언론의 자유가 중요하다고 해서 우리가 언론의 질質에 대해서까지 책임질 필요가 있을까?

민주적인 시민사회의 건강함은 그 사회와 국가 안에서의 지적인 상호작용에 달려 있다. 이 장에서 간략하게 살펴본 주제들은 세상 모든 책들의 주제다. 우리의 목적은 이 주제 모두를 포괄적으로 검토하려는 것이 아니다. 그보다는 교육에서 그 주제들을 논의하는 것이 얼마나 중요한지 강조하길 바랐다. 나아가 우리는 교사가 어떻게 그 주제들을 가르칠 수 있는지 설명하려고 했다. 선택은 참여 민주주의의 핵심이다. 그러므로 모든 학교교육의 수준에서 연령에 적합한 선택의 기회를 제공해야 한다. 학급회의 역시 모든 학년에서 실시되어야 하며, 배려하며 대화할 수 있도록 주의를 기울여야 한다. 어렸을 때부터 학생들은 권위를 존중하고 따르도록 배워야 하지만, 이와 더불어 권위에 대하여 심사숙고하고 의문을 제기하도록 안내되어야 한다. 가능하면 언제든지, 문제 제기는 정중하고 신중하게, 학교 권위의 절차와 관행에 따라 이루어져야 한다. 또한 학생들은 자신의 학교 기풍에 더 많은 책임감을 가져야 한다. 이를 효과적으로 수행하기 위해서는 비판적으로 사고할 수 있어야만 한다. 다음 장에서 우리는 이 주제에 관하여 논의할 것이다.

3장

비판적 사고

비판적 사고는 단지 논쟁에서 이기기 위해서가 아니라, 논쟁을 이해하기 위해 중요하다. 그리고 자율적인 의미 부여를 통해 종국적으로 자신의 개인적, 시민적 성장에 기여하기 위해 중요하다.

이전 장에서 우리는 어떻게 하면 아이들이 권위에 문제를 제기하도록 권장할 수 있는가에 대해 살펴보았다. 학생들은 성숙한 시민으로서 이러한 문제 제기를 효과적으로 적용하기 위해서 비판적 사고력을 향상시킬 필요가 있다. 물론 비판적 사고는 권위에 대하여 문제를 제기하는 것뿐만 아니라 여러 다른 목적을 위해서도 필요하며, 오늘날 그 필요성은 더 폭넓게 인식되고 있다. 실제로 비판적 사고는 현재 전 세계적으로 교육의 중요한 목표로 강조되고 있다. 이번 장에서는 비판적 사고를 여러 측면에서 살펴볼 것이다. 그리고 비판적 사고력이 공동선을 위해 필요하다면, 도덕적 헌신에 의해 안내되어야 한다고 주장할 것이다.

기초 향상시키기

교사는 항상 학생들에게 평가에 앞서 비판적인 시각으로 자신의 과제를 점검해보라고 말한다. 이는 적어도 약간의 비판적 사고를 요구한다. 학생들은 영어 시간에는 철자, 구두점, 문법, 문단 나누기, 가독성을, 수학 시간에는 계산, 도형에 이름 붙이기, 기호의 사용, 계산 과정에서 빠뜨린 부분을 검토해야 한다. 이미 검토할 것을 말해두었기 때문에 교사가 "다시 풀어오세요"라며 시험지를 돌려주는 일은 거의 없다. 아쉽게도 대부분의 교사들은 채점한 시험지를 돌려줄 뿐이다. 만약 교사가 첨삭해서 시험지를 돌려준다면, 그래서 학생들이 이를 다시 한 번 검토하여 다음 과제를 보다 잘 수행할 수 있다면 바람직할 것이다. 하지만 경험상, 점수가 아니라 교사의 첨삭을 눈여겨보는 학생은 매우 드물다. 만약 비판적 사고를 중요하게 여긴다면, 학생들이 공부한 것을 스스로 되짚어보도록 가르치는 것이 좋은 방법일 것이다.

모든 수행 단계에서 비판적 사고는 의미에 대한 탐구와 연관이 있다. 가장 단순한 수준에서, 만약 우리가 어떤 문장의 의미를 이해하기 위해서는 단어의 의미를 먼저 파악해야 한다. 비판적 사고를 통해 우리는 "빛이었다 붉은 하늘은"이라는 문장이 틀렸음을 단번에 안다. 아주 어린아이조차도 "하늘은 붉은 빛이었다"라고 금방 고칠 수 있다. 그런데 만약 이 문장이 "하늘은 주색 빛이었다"라고 한다면, 우리는 그 뜻을 이해하기 위해 **주색**vermillion의 의미를 찾아보아야 할 것이다. 단어와 문장의 의미를 이해할 수 있도록 가르치는 것은 유아

교육의 기본적인 목표다. 아이들은 기호와 소리를 짝짓고, 소리를 기호로 변환하고, 받아쓰거나 읽는 것을 배운다.

아이들은 지시를 이해하고 따르기를 배워야만 한다. 또한 자신이 과제를 옳게 수행했는지 확인하기 위해 비판적으로 검토하도록 훈련해야 한다. [수학 시간은 특히 더 그렇다.] 여기 재미있는 이야기를 함께 살펴보자. 《이상한 나라의 앨리스Alice's Adventures in Wonderland》에 보면 하트 잭에 대한 재판에서 왕은 배심원들에게 증인이 언급한 3월 14일, 15일, 16일 세 날짜를 석판에 적으라고 한다. 이 세 날짜로 무얼 할까? [자신의 이름을 바보라고 베껴서 적을 정도로 머리가 나쁜] 배심원들은 세 날짜를 열심히 더해서 실링*과 펜스로 환산해놓았다 (M. Gardner, 1963, p. 146). 이 이야기를 읽고 실소할지 모르겠지만, 교사들은 수학 시간에 비슷한 상황을 자주 접한다. 학생들은 숫자에만 집중하여, 무엇을 풀어야 하는지 이해하는 대신 단순하게 숫자들을 더하거나 뺀다. 문제가 명확하게 지시하는 나누기는 너무나 어렵기 때문에 두 수를 더해버리는 학생이 많다는 것을 수학 교사라면 알 것이다. 객관식 문제에서 이러한 오답은 대개 선택지 안에 포함된다. 그리고 이는 학생의 잘못된 성향을 교정하기보다는 부추긴다.

의미에 대한 것으로 논의를 확장하기 전에, '비판적 사고'는 거의 항상 국어 시간에 다룬다는 점을 언급해야만 할 것 같다. 사실 비판적 사고는 대개 진술을 정확하게 평가하는 것으로 좁게 정의된다 (Ennis, 1962). 이 책에서 이 문제를 계속 논의하지는 않겠지만, 우리는 독자들이 단어가 아닌 대상으로 비판적 시선을 돌릴 수 있음을

---

*영국에서 1971년까지 사용되던 주화. 구 화폐제도에서 12펜스에 해당한다.

유념하기 바란다. 학교는 기술자, 도구 개발자, 설립자, 수리공, 장인이 만든 대상들에 대해서도 더 많은 관심을 기울여야 한다(Matthew B. Crawford, 2009; Noddings, 2006을 참고해보자). 그러나 이러한 교육 활동에서조차도 단어 분석, 독해, 소통의 적절성, 결과에 대한 변호는 필요하다. 모든 수준에서 비판적으로 사고하는 사람은 자신이 보고 듣고 시도하고 평가하고 제안하는 것의 의미에 관해 질문할 것이다.

의미 탐색의 심화

오늘날 미국의 공통핵심성취기준에서는 비판적 사고를 매우 강조한다. 그러나 비판적 사고가 무엇이고, 우리가 이를 어떻게 가르쳐야 하는지에 관한 설명은 거의 없다. 오늘날 비판적 사고를 단순히 진술의 옳음에 대한 판단으로 설명하는 사람은 거의 없을 것이다. 몇십 년 전, 철학자와 교육 이론가들은 비판적 사고를 하나의 과목으로 가르칠 수 있는지, 혹은 윤곽이 명확한 특정 교과목의 맥락에서 다루어야만 하는지에 대해 논쟁했다(Noddings, 2006, 2015b). 우리 대부분은 비판적 사고 기술을 '분석', '해석', '예상'과 같은 일반적인 용어로 설명하는 데 동의한다. 반면에, 우리는 특정 주제에 대한 지식 없이 이러한 기술을 훈련할 수 없다는 사실에도 동의한다. 예를 들어, 당신이 다음과 같은 진술의 정확성을 판단해야 한다고 가정해보자. 12진법에 기초해서, 3×6=16이다. 만약 당신이 10진법 이외의 진법에 대해서 모른다면(그리고 진법의 원리에 대해서 모른다면), 당신은 화가 나서 쿵쿵거리며 3×6=18이라고 주장하고 무시해버릴 것이다. 우리가 의미를 파악하고 정확함을 판단하기 위해서는 어떤 진술이 나타내는 주제나 맥락에 대한 지식을 알아야만 한다.

상론한 바와 같이 국어 교과의 핵심기준은 독해를 매우 강조한다. 예전과 다르게 요즘 학생들은 소설보다 기록물을 읽는 데 더 많은 시간을 쏟고 있다. 기록물로부터 비판적 사고를 끌어내려면 집필 배경에 대하여 학생들이 얼마나 알아야 할까? 예를 들어, 〈독립선언〉을 생각해보자. 〈독립선언〉을 이해하기 위해서 학생들은 시대적 배경과 작성자, 서명자들에 대해 알 필요가 있다. 이는 학제적인 탐구를 위한 좋은 기회다. 국어와 사회 교과 교사들은 독해에 필요한 역사적, 문학적 의미를 설명하기 위해 협업할 수 있다.

그러나 비판적 사고를 끌어내기 위해서는 더 깊이 있는 연구가 필요하다. 분명 〈독립선언〉 서명자들은 비판적으로 생각하는 데 능숙했을 것이다. 그들은 왕과 영국의 권위에 도전하기 위해 역량을 발휘하였다. 그들은 자신들의 불만과 대안을 구체적인 용어로 제시하였다. 그런데 여기서 잠깐, 〈독립선언〉에 나타난 몇몇 진술의 의미에 대하여 몇 가지 질문을 해보기로 하자. 〈독립선언〉의 다음 구절은 우리 모두에게 친숙하다.

우리는 다음과 같은 것을 자명한 진리라고 생각한다. 즉, 모든 사람은 평등하게 태어났고, 조물주는 몇 개의 양도할 수 없는 권리를 부여했으며, 그 권리 중에는 생명과 자유와 행복의 추구가 있다.

〈독립선언〉의 주 저자인 토머스 제퍼슨Thomas Jefferson은 어떤 의미로 "모든 사람은 평등하게 태어났다"라고 했던 것일까? 그가 말한 '사람men'은 누구를 의미했는가? 다른 서명자들과 마찬가지로, 제퍼슨은 노예 소유주였다. 분명 그는 흑인이 백인과 동등하다거나 자유에 대한 양도 불가능한 권리를 가진다고 암시할 의도가 없었을 것이다. 모든 사람은 평등하게 **태어났지만** 인종, 계급, 가족의 지위 때문에 탄생과 거의 동시에 불평등이 생겨난나고 말하고 싶었던 것일까? 또 그가 말한 '사람'은 무슨 의미였을까? 수 년 동안 'man'은 '남성인 인간 존재'가 아니라 '인간 존재'로서 정의됐었다. 예를 들어, 여성은 **인류**로 명명된 계급에 포함된 존재로 널리 수용되었다. 과연 제퍼슨은 여성과 흑인을 'men'의 개념 안에 포함시킬 의도가 있었을까? 건국의 아버지들이 '모든 사람'과 '평등'을 언급했을 때, 그들은 상대적으로 배타적인 집단을 언급했던 것 같다. 기나긴 역사 속에는 학생들이 비판적 사고를 훈련할 수 있는 강력한 기회들이 있다. 작성 당시 기록물은 어떤 의미였을까? 그리고 오늘날 우리에게 어떤 의미를 부여하는가?

의미를 탐색할 때, 우리는 같은 구절의 의미를 두고 작가(혹은 연설가)의 의도와 **우리**의 해석 사이를 자주 오락가락한다. 우리는 그 혹은 그녀의 글에 동의할 수도 동의하지 않을 수도 있다. 우리는 그 글을 수정하거나 첨가하기를 원할지도 모른다. 때때로 우리는 토론을 할 때 반대 입장에 서기 위해서 다른 이가 말한 것을 이해하려고 한다. 우리는 그 혹은 그녀의 주장을 반박하기 위해서 타인의 진술을 이해하려고 한다. 그러나 여기서 우리는 〈독립선언〉의 첫 문장이 자세히 상술되기를 원한다. 〈독립선언〉의 첫 문장을 자세히 상술한 예로, 엘리자베스 캐디 스탠턴Elizabeth Cady Stanton의 여성 참정권을 위한 노력을 떠올려보자. 1848년 세니커폴스에서 그녀는 제퍼슨의 선언문을 수정한 자신의 〈감성선언서Declaration of Sentiments〉*를 낭독했다. "이러한 진실들은 자명하다고 생각한다. 모든 남성과 여성은 평등하게 태어났고…(Oakley, 1972, p. 11)." 이와 같은 수정이 사람들에게 기꺼이 수용되기까지는 오랜 시간이 걸렸다. 건국의 아버지들은 단지 몇 년 만에 대영제국으로부터 독립을 얻어냈다. 그러나 미국 여성들은 스탠턴이 죽은 지 십수 년이 지난 1920년에야 비로소 투표권을 얻었다. 이와 같은 논의는 다음 사실에 관한 것으로 이어져야 한다. 비록 흑인이 합법적인 투표권을 여성보다 훨씬 빨리 얻었을지 모르지만, 투표권을 행사하기 어려웠고, 오늘날조차도 차별 때문에 가진 자로부터 고통받고 있다는 사실이다(예를 들어, Coates, 2014의 설명을 참고해보자).

교사는 **평등**과 **인간** 모두에 대한 논의 시간을 확보해야 한다. 인간에 관한 문제에서, 일반적으로 저자들은 불특정 개인을 언급할 때 'his'라고 쓴다. 그러나 이제는 'his or her' 또는 'their'라고 사용하는 것이 바람직하다는 것을 학생들은 깨달을 수 있어야 한다. 어떻게 우리는 이러한 변화를 우리의 글쓰기에 반영할 수 있을까? 복수뿐만 아니라 단수에서도 'they'를 쓰는 것이 수용 가능할까? 우리는 글을 쓸 때, 어설픈데도 항상 'his or her' 그리고 'he or she'라고 써야 하는가?

교사는 필연적으로 비판적 사고를 가르치는 문제에 주목한다. 그

---

*19세기 미국 여성의 인권 신장에 기여한 문서로, 미국 여성 운동의 시초가 되었다.

러나 교사는 비판적 사고를 통해 자신의 전문성을 발휘할 수 있도록 동료 교사와 협력하는 데에도 신경 써야 한다. 요즘 교사들에게 '**평등** equality'과 '**평등한**equal'의 의미를 논의하는 것은 특별히 중요하다. 모든 아동이 동등한 교육을 받아야 한다고 주장할 때, 이는 무엇을 의미하는가? 오늘날 모든 학군에서 대부분의 고등학생은 평등 교육 혹은 '평등한 기회'라는 명분하에 대학입시를 준비하기 위한 학문적 교육과정을 거치고 있다. 우리 모두는 학생들에게 대학입시 준비 프로그램을 **선택**할 권리가 있음이 옳다는 것을 안다. 그런데 우리 중 일부는 그런 프로그램에 학생들을 강제로 배치하는 것에 관해 진지하게 의문을 제기한다. 우리는 교육에서의 '평등한 기회'를 어떻게 정의하고 해석하는가? 어떤 사람들은 '평등한 기회'를 모든 학생에게 동일한 교육과정을 부여하는 것으로 정의한다(Hirsch, 1987, 1996). 다른 이들은 학생의 다양한 재능과 흥미를 드러내는 데 실패했기 때문에 그런 획일적인 방식을 반대한다. 여기 공학에 소질이 있는 한 소년이 있다고 가정해보자. 만약 학문적인 프로그램을 강제적으로 선택해야 한다면, 그 소년은 자신의 재능을 전혀 향상시킬 수 없고 이에 대해 불평등을 느낄지 모른다. 과연 우리는 학생들에게 평등한 기회를 제공하고 있는가? 우리는 글뿐만 아니라 사물과 기관에 대해서도 비판적 사고를 날카롭게 적용할 수 있음을 부정하려 하는가? 우리는 10장에서 평등에 대한 주제로 돌아가 정의와 자유에 대한 논쟁을 살펴볼 것이다.

훌륭한 비판적 사고가인 교사라면 현재 교육 상황에 도전할 수 있는 많은 아이디어들을 찾아낼 수 있을 것이다. 예를 들어, 고등학생은 반드시 프로그램 또는 강좌를 들어야만 하는가? 혹은 잘 안내된 선택을 하도록 교사가 제한해야 하는가? 고등학교 수준에서도 다양한 프로그램들이 필요한가? 우리는 그 선택이 실제 '잘 안내되었다'고 확신할 수 있는가? 만약 확신할 수 있다면, 고등학교 교육과정에서 어떤 부분이 보편적으로 필요한가? 오늘날 교육에서 평가가 얼마나 큰 역할을 해야 하는가? 그러한 평가는 규준 지향적이어야 하는가? 혹은 목표 지향적이어야 하는가? 교사 재임 기간은 없어져야 하는가? 교사 향상을 위한 계획이 교직원 내부에 마련되어야 하는가? 연방 정부의 역할을 축소해야 하는가? 물론 우리는 이러한 문제들을 여기서 깊이 다룰 수 없다(이 주제들에 관한 나딩스, 2015a의 논의들을 참고해 보자). 그러나 교사는 자신의 전문성을 위해 비판적 사고를 적용해야 한다는 것을 계속해서 기억해야 한다.

이제 우리가 앞서 언급한 비판적 사고를 가르칠 때 일어나는 몇몇 문제들을 간략하게 다루어보기로 하자. 상술하였듯이 비판적 사고는 주로 글과 말의 상징과 구절에서 의미를 찾을 때 필요하다. 그다음 형식적인 적절성에 대해 자신과 타인의 문장을 평가할 때 필요하다. 교사는 학생이 이 정도 수준의 비판적 사고는 적용할 수 있기를 기대한다. 더 향상된 수준에서, 우리는 학생들이 의도, 근거, 일관성, 명확성에 대해 진술을 분석하고 평가하도록 안내한다. 이러한 사고의 목적은 때때로 반대를 표명하고, 논쟁에서 다른 사람을 패배시키기 위한 것이다. 그러나 당연히 공통핵심성취기준은 타인을 이해하기 위한 보다 기본적인 목표를 강조한다. 물론 이러한 이해는 경우에 따라서 누군가에 대한 반대 입장을 강화하기 위해 사용할 수 있다. 하지만 동료 간의 협력적인 프로젝트를 위해서도 사용할 수 있다.

　교사는 학생들이 의미를 탐색하고 이해하려고 할 때 참을성과 인내를 갖도록 도와야 한다. 예를 들어, 교사는 철학을 가르칠 때 어떤 특정 시대에 대한 특정 저자의 글을 '읽고 믿도록' 안내한다. 이는 모든 글의 권위를 수용해야 함을 의미하는 것이 아니다. 오히려 우리가 섣불리 그 작품에 도전하기 전에 일정 수준 이상 적절하게 이해하고 있어야 함을 의미한다. 이러한 방식에서 글을 **믿는 것**은 하나의 전략이다. 그럼에도 학생들은 처음부터 바로 도전적인 질문을 하도록 배우는 경우가 흔하다. 하지만 이는 실수를 범하도록 조장하기 쉽다. 섣부른 비판적 사고는 독자로 하여금 편견을 갖게 하고, 저자가 무엇을 말하고 싶어 하는 것인지에 대한 이해의 문을 닫게 한다. 일반적으로 글을 이해하기 위해 유도 질문을 하는 것은 당연하다(예를 들어, **존재론**은 무엇을 의미하는가?). 그리고 그런 질문을 끌어내고 답하는 것이 교사의 일이다. 저자의 의도는 무엇인가? 그 혹은 그녀를 움직이게 한 동기는 무엇인가? 관련된 주제에 대하여 그 혹은 그녀는 어떻게 말할 것 같나? 이 단락은 글 전체 논의에서 얼마나 중요한가? 그 혹은 그녀는 왜 이 언어를 택하였는가? 누구를 향한 비판적인 논평인가? 개방적인 자세는 더 깊이 있는 이해를 돕고 이와 같은 질문들에 대한 대답을 가능하게 한다. 또한 숙독熟讀은 질문을 분명히 더 날카롭게 할 것이다. 현명한 교사라면 학생들이 더 깊이 있는 수준에서 이와 같은 점들을 수긍할 수 있도록 자주 지도해야 한다.

　여기서 제안한 접근법은 이해를 더 넓힐 뿐만 아니라 정교하게 만들고 동료 간 협업을 위한 다리를 놓는다. 타인의 입장과 그 입장을 뒷받침하는 논의를 이해할 때, 우리는 그 혹은 그녀와 타협할 방법을 찾을 가능성이 높다. 작가(혹은 연설가)가 자신의 신념을 쉽게 버리지 않음을 알지만, 몇몇 쟁점에 대해서 그 혹은 그녀는 타협에 열려 있고 진실한 협력을 위해 나설 수도 있다.

여기서 논의된 이해의 수준에 도달하는 것은 어려울 수 있다. 학생은(혹은 누구든) 왜 그 정도로 깊이 이해해야 하는가? 왜 학생은 비판적 사고자가 되기 위하여 노력해야 할까? 그 대답은 명시되었든 아니었든 간에 전통적으로 논쟁에서 이기는 데 있었다. 너무 자주 사람들은 타인과 효과적으로 협업하기보다는 상대를 패배시키는 것을 강조해왔다. 우리는 이러한 동기가 완전히 금지되어야 한다고 제안하는 것은 아니다. 종국적으로 논쟁에서 이기기 위한 인간의 이러한 노력은 거의 모든 분야에서 진보를 이끌어내기도 했지만, 다른 한편으로 다툼과 불필요한 피해를 야기하기도 했다. 논쟁에서 이기는 것 자체는 도덕적 선도 아니고 비판적 사고도 아니다. 우리는 도덕적 헌신에 의해 안내되는 비판적 사고를 원해야 한다.

어떤 측면에서 보면, 과학에서 비판적 사고의 활용은 도덕적 헌신과 보다 긴밀하게 연결되어왔다. 과학자들은 단순히 논쟁에서 이기기 위해서가 아니라 더 깊이 있는 진리 탐구로 나아가기 위해 각자의 연구에 도전한다. 이는 다른 사람의 주장뿐만 아니라 자신의 주장을 향한 질문에도 반드시 답해야 한다는 것을 의미한다. 비판적인 사고는 도덕적 헌신에 대한 요구 안에서 진리 추구와 인간 복지를 위해 사용되어야만 한다.

비판적 사고와 도덕적 헌신

반복해서 말하지만 비판적 사고는 그 자체로 도덕적 선이 아니다. 즉, 비판적 사고에 기술적으로 아주 능숙한 악한 사람들이 있다. 그들은 악한 목적을 위해 비판적으로 사고한다. 소설《셜록 홈스Sherlock Holmes》에서 홈스의 숙적인 극악무도한 모리어티 교수를 떠올려보자. 오늘날 우리는 금융계에서 교육받고 숙달된 비판적 사고자가 종종 남의 것을 훔치고 막대한 이득을 얻기 위해 때때로 불법적이고 도덕적으로 의구심이 드는 방법을 사용했다는 소식을 접한다. 교사들은 도덕적 동기가 비판적 사고를 안내해야만 한다는 점을 학생들이 기억하도록 이끌어야 한다. 더 높은 점수를 얻기 위해 비판적으로 사고하는 것과 더 효과적인 부정행위를 위해서 비판적으로 사고하는 것은 완전히 다르다. 교사들 역시 부정행위의 유혹을 느끼기 쉽다. 최근 애틀랜타 공립학교의 교사와 관리자들이 표준화된 시험에서 부정행위를 공공연히 조장했다는 부끄러운 뉴스가 보도된 바 있다. 이 사건은 비판적 사고를 직업적 삶에 적용한 또 다른 사례를 보여준다. 학생들이 더 높은 점수를 거둘 때 교사들이 [이에 대한 보상으로] 과연 금전적인 대가를 받아야만 하는가?

우리는 비판적 사고를 요구하는 많은 사회적·정치적 문제들을 떠올릴 수 있을 것이다. 그러나 때때로 우리의 사고는 잘못된 방향을 가리키기도 한다. 예를 들어, 시민으로서 우리 모두가 비판적 사고를 통해 사형제도의 폐지를 고려할 때, 과학자들은 사형제도의 집행을 보다 인간적인 방법으로 시행할 수 있는 방법을 찾도록 권유받을 수 있다. 미국 정부는 민간인 살상을 피하기 위해 폭탄 투하용 드론의 사용을 통제하려고 애쓰고 있다. 하지만 민간인 거주 지역에 어떠한 종류의 폭격이든지 그것을 정말로 실행해야 할지 고려하기 위해서는 비판적 사고를 활용해야 할 것이다. 우리는 이와 같은 많은 사례들을 고려하고 논의해야만 한다.

이러한 대부분의 논의 과정에서 교사들은 교육적으로 중립적인 자세를 취해야 한다. 즉, 학생들에게 무엇이 옳거나 그른지 말해서는 안 된다. 그 대신 학생들이 각 쟁점에 대해서 비판적으로 생각하고 반대 측의 관점을 주의 깊게 듣도록 독려해야 한다. 그런데 교육적으로 중립적인 자세를 취해야 한다는 이 제안조차도 비판적으로 다루어져야 한다. 당연히 교사들이 공식적으로 도덕적 자세를 **취해야만 하는** 쟁점이 있다. 부정행위가 그런 쟁점의 예일 것이다. 그러나 대부분의 논쟁들은 도덕적으로 방어할 수 있는 하나 이상의 입장들을 포함한다. 만약 우리가 이러한 쟁점들에 대한 교육적 중립성을 받아들이지 않는다면, 우리는 그것들을 전혀 논의할 수 없을 것이다. 어떻게 우리가 학교에서 종교와 관련한 문제에 다가갈 수 있을지 생각해보자. 학교에서 우리는 진화에 관한 정치적 논쟁을 다루어야만 하는가? 다이앤 래비치Diane Ravitch는 다음과 같이 제안한다. "교육 당국은 과학을 가르치는 것을 종교를 가르치는 것으로부터 분리해야만 한다. … 과학 수업은 학문적으로 타당성이 입증된 것으로서 과학을 가르쳐야만 한다. 그리고 종교 수업은 종교를 가르쳐야만 한다 (2010, p. 234)."

하지만 이러한 접근은 논쟁 전체를 무시하는 것이다. 만약 어느 수업에서는 X를, 어떤 논의도 없이 또 다른 수업에서는 X가 아닌 것을 가르친다면, 학생들이 어떻게 결론을 내릴 수 있겠는가? 물론 이 문제의 일부는 사실과 사실 주장의 근거 자료를 다룰 때 집중되는 오래된 방식에 기인한다. 교사는 그 자료들을 학생들이 믿거나 기억하기를 원한다. 하지만 비판적 사고력의 발달적 관점에서 볼 때, 과학에 대하여, 종교에 대하여, 그리고 이 둘 관계의 다양한 논쟁에 대하여 가르치는 것이 바람직하다. 나아가 언급한 자료들은 이러한 접근을 통해서 생생하게 살아나며, 학생들은 그 자료로 공부하는 요지를 통찰할 수 있다. 많은 논쟁적인 쟁점들에 관해서 교사는 모든 합리적인 입장들을 보여주어야 한다. 진화론적 입장을 표명하는 학생이 있다면, 교사들은 그 학생의 입장에서 상세히 설명해주어야 한다. 만약 학생들이 요구한다면 교사는 자신의 의견을 표현해야 한다. 하지만 그 의견을 모두가 수용해야만 하는 공식적인 입장으로 표현해서는 안 된다. 만약 교사가 이런 식의 접근을 공정하고 민감하게 조절한다면, 학생들은 자신의 결론을 끌어내는 데 자유롭다고 느끼게 되겠지만, [이와 동시에 토론의 마지막 단계에서] 교사는 학생들이 자신의 결론을 논리적으로 방어할 수 있도록 도와주어야 한다.

교육적으로 중립적 자세를 취해서는 안 되는 문제들이 있는가? 이에 대해 또다시 다양한 의견이 있을 수 있지만, 분명 이런 문제들이 있다. 교사라면 누구도 오늘날 나치즘, 인종주의, 노예제, 학대를 옹호하도록 가르쳐서는 안 된다. 그러나 비판적 논의를 위해 어떤 주제를 활용해야 하는가에 관한 문제는 그 자체로 비판적 검토의 대상이다. 훔치는 것이 정당화된 적이 있는가? 부정행위는 어떠한가? 법을 어기는 것이 도덕적으로 정당화될 수 있는가? 앞서 우리가 논의하였던 시민 불복종을 떠올려보자. 어떤 법을 불공정한 것으로 판단할 때 우리는 시민 불복종을 도덕적 의무로서 옹호해왔다.

계속해서 말한 바와 같이 선한 목적뿐만 아니라 악한 목적을 위해서도 우리는 비판적으로 사고할 수 있다. 제인 롤런드 마틴Jane Roland Martin(1992)의 경고처럼, 비판적 사고는 행위로 이어지지 않는 잘 추론된 결론 역시 내릴 수 있다. 비판적으로 사고하는 사람은 '방관자 신드롬' 때문에 괴로워할 수 있다. 즉, 무엇이 옳고 그른지 알고 어떻게 해야 할지 알지만, 아무것도 하지 않고 괴로워할 수 있다. 부상자를 옮겨야 할 때처럼, 우리는 어떤 경우에 자신의 행동 때문에 사태가 악화될까 두려워한다. 하지만 두려움이 방관을 정당화하지는 않는다. 마틴이 염려하는 사례들에서 방관자들은 훌륭하게 사고할 줄 알지만, 그것이 단순하게 행동으로 이어지지는 않는다. 여기서 이 문제에 관한 데이비드 흄의 위상을 상기해보자. 그는 1장에서 간략하게 논의한 바와 같이, 이성 단독으로가 아니라 **감정**이 우리를 움직인다고 설득력 있게 주장했다.

> 존경할 만한 것, 공정함, 성장, 고결함, 관대함은 우리의 감정을 사로잡는다. 그리고 우리로 하여금 그 감정을 수용하고 유지하도록 고무시킨다. 명료함, 명백함, 개연적인 것, 진리는 단지 냉정한 이해를 돕고, 사색적인 호기심을 만족시키며, 연구자들에게 결론을 내려줄 뿐이다.(1983/1751, p. 15)

만약 흄의 생각이 맞고, 우리가 흄을 제대로 이해한 것이 맞다면,

우리는 학생들의 이성뿐만 아니라 마음과 감정을 교육해야만 한다. 이것은 우리가 교실에서 논쟁적인 쟁점을 다루어야 하는 또 다른 좋은 이유다. 대면하고 있는 문제에 대해 어떤 감정을 갖기 때문에, 학생들은 사고하고 주장하도록 동기화된다. 그리고 만약 비판적으로 도달한 결론에 수반하는 감정에 의해 마음이 움직인다면, 그들은 더 적극적으로 행동하도록 동기화될 것이다. 오늘날 우리는 학생들에게 너무 자주 좋은 점수, 좋은 대학의 입학 허가, 좋은 직장, 많은 돈을 위해서 공부하고 학습하며 논쟁하도록 조장한다. 물론 이러한 동기들이 없어져서는 안 된다. 그러나 우리는 더 높은 수준의 것을 원해야 한다. 우리는 보다 충만한 삶에 대한 도덕적 헌신과 보다 건전한 사회에 대한 비전에 눈뜨기 위해서 비판적 사고의 지평을 확장할 필요가 있다.

미디어 위협

오늘날 많은 청년들이 인터넷에서 보고 들은 것에 큰 영향을 받고 있다. 여기서 우리는 국내 뉴스에서 점차 많이 보도되고 있는 한 문제를 간단하게 다루려고 한다. 극단적인 이슬람 단체들은 그들이 보기에 부정의하고 불경하며 신을 무시하는 세계를 제거해야 한다고 설득하며 세계적인 전투에 가입하도록 청년들에게 손을 내밀고 있다. 이 문제에 대해 학교에서 학생들과 대화를 나누는 것은 분명히 적절하고, 인터넷으로부터 젊은이들이 받고 있는 정보와 메시지에 대해 비판적으로 생각하는 것은 합리적이다. 그 메시지는 일관적인가? 논리적인 모순을 포함하고 있지는 않은가? 반드시 다루어져야 될 진정한 도덕적 문제들을 학생들이 인식하고 있는가? 그 메시지들을 다루기 위한 도덕적이고 합리적으로 수용할 만한 방법들이 있는가? 미국 시민으로서 우리가 적절하게 다룰 수 있는 방법이 있는가? 이 [극단적인 이슬람] 단체의 초대(그리고 호소)는 흥미로운가? 우리들을 흔들리게 할 정도로 흥미롭고 모험적인가? 왜인가?

교사들은 어떻게 이러한 문제에 접근할지 교육과정을 가지고 서로 대화할 필요가 있다. 이 문제의 어떤 부분을 각자의 수업에서 논의할 수 있는가? 예를 들어, 수학 시간에 무엇을 다룰 수 있는가? 정규 수업과 과외 활동 모두에서 소외감을 느낄 학생이 있는가? 그들을 포함시키기 위해 무엇을 할 수 있는가? 우리는 교사로서 우리의 직업이 사실적인 자료를 보여주고 평가하는 것에 국한되지 않음을 유념해야만 한다. 교육의 임무는 더 나은 사람을 배출하는 것이고, 우리는 이러한 상위의 목표를 무시해서는 안 된다.

우리는 비판적 대화가 고압적인 훈화보다 더 낫다고 제안한다. 그리고 이슬람 단체에 관련된 위험들에 대한 비판적 대화는 (학교가 아닌 다른 기관에서 다루어야 한다는 식으로) 책임을 떠넘기고 단순히 무시하는 것보다 더 강력하고 좋은 방법이 될 것이다. 교사들 간에 그리고 고등학교 교실에서의 비판적인 대화는 [다음과 같은] 적어도 두 가지 중요한 교육적 목적에 도달하기 위한 것이어야 한다. 즉, 중요한 도덕적·정치적 쟁점에 관해 학생들이 진지하게 사고할 수 있어야 하고, 이만큼 중요한 것으로서 참여 민주주의 사회의 구성원이라는 확신을 불러일으킬 수 있어야 한다.

이러한 중대한 문제에 대해 우리는 종교에 대한 다음 장, 그리고 미디어와 애국심에 대한 후속 장에서 다시 논의할 것이다.

4장

종교

모든 학교 교과는 종교에 관한 대화를 위해 장을 마련할 수 있고, 기여해야 한다. 영원, 인간의 기원, 삶의 의미, 도덕, 아름다움, 자유의 본성을 바라보는 방식의 차이는 모든 교과에서 찾을 수 있다.

이 책에서 논의하고 있는 모든 주제들 중 그 어떤 것도 종교보다 더 논쟁적이지는 않을 것이다. 공교육에서 우리는 종교를 가르쳐야만 할까? 오늘날 미국의 모든 교육과정은 세계 종교에 관한 과정을 인정하고 있다. 하지만 종교에 내재된 믿음의 모순을 다루는 것은 대개 피하려고 한다. 예를 들어, 학생들은 종교가 신 혹은 신들에 대한 생각과 관련되어 있음을 안다. 하지만 감히 우리가 '신은 존재하는가?', '신은 어떤 모습인가?'와 같은 질문에 대한 다양한 접근들을 논의할 수 있을까?

교사 대부분은 섣불리 무신론에 대한 고찰을 독려하지는 않을 것이다. 그리고 미국 건국 아버지들의 자연신교deistic* 경향에 대해서나

---

*신을 우주 저 멀리에 초월해 있는 인격적인 것에서 찾지 않고 이성과 과학적인 방법을 통해 우리 곁에 펼쳐져 있는 자연 속에서 찾고자 하는 관점.

노예제에 대한 종교의 뿌리 깊은 차별적 규준에 대해 비판적으로 주목하는 교사도 거의 없을 것이다. '종교를 가지라는 것religions'이 아니라 '영성을 가지라는 것spiritual'은 무엇을 의미하는가? 신비주의 mysticism*는 무엇인가? 기도와 명상은 같은 것인가? '나는 왜 존재하는가?'와 같은 논쟁적인 주제들을 학교 교육과정에 포함시킬 수 있는 방법이 있는가? 그리고 교화에 의존하지 않는 다른 방법이 있는가? 그리고 이처럼 기초적인 철학적 질문들에 대해 종교는 어떤 대답을 시도하는가?

너무나 논쟁적인 이러한 주제들을 표준 교육과정에 얼마나 포함시킬 수 있을지 의구심이 들지만, 이 주제들은 분명히 인간 삶의 중심에 놓여 있다. 우리는 머리말에서 설명했던 '4년 과정의 사회교과 프로그램' 안에 이러한 주제들이 고려되고 발전될 수 있으며, 모든 교과에서 적절한 논의를 통해 보충될 수 있다는 점을 제안하고자 한다. 즉, 이러한 주제를 포함하도록 결정하고, 지역 교육가와 시민이 관리하는 적절한 자료를 개발해나가야 한다. 이 과정에서 구체적으로 진술된 학습 목표, 평가 방식, 성적 처리방법 등은 마련하지 않을 수도 있다. 전체적인 목표는 참여 민주주의를 위해 사려 깊고 유능한 시민을 육성하는 데 있기 때문이다.

매우 논쟁적인 주제를 개발하는 것은 학제적인 시도로도 적절하다. 종교와 같은 특정 주제가 표준 교육과정에 특별한 항목으로 포함되지 않는다고 하더라도, 관련 요소들은 기본적인 교과목들 안에 충분히 녹여 넣을 수 있다. 각각의 교과목들은 종교에 대한 이해를 돕

---

*절대적 실재와 하나가 되는 신비적 일치 내지 합일의 경험을 가리키는 말.

는 필수적인 요소들을 가르치는 데 기여할 수 있어야 한다. 그리고 우리는 이 장을 통해 몇 가지를 제안하고자 한다. 분명한 점은 이러한 프로그램이 성공하기 위해서는 각 교과 교사들이 충분히 준비해야 한다는 점이다.

종교 연구의 중심에 있는 기초적인 주제를 가지고 이 장의 논의를 시작해보자. 그 주제는 믿음과 불신이다.

믿음과 불신

많은 학생들은 자신의 종교적인 믿음에 한 번도 질문을 해보지 않은 채 고등학교에 입학한다. 일부 학생들의 경우에는 [자신이 가진] 종교적 전통에 따라 사색적인 불신적 사고조차도 금지된다. 물론 이러한 기초적인 태도에 도전하는 것이 교사의 일은 아니다. 그러나 오히려 학생들이 그들 자신의 믿음과는 다른 넓은 범주의 관점들을 깊이 느끼고 이해할 수 있도록 도와야 한다. 모든 학생들이 무신론, 불가지론, 자연신교에 대하여 어느 정도 이해할 수 있도록 배울 필요가 분명히 있다. 적어도 이러한 개념들은 어휘 수업 시간에 다루어져야만 한다. 종교인과 비종교인, 기독교인과 무신론자 사이에는 도덕적·윤리적 가치에 대한 깊은 동의가 존재한다. 학생들은 이러한 설명에 대한 일반적인 접근으로부터 공부를 시작해야 할 것이다. "지적인 종교인과 지적인 비종교인은 사고와 정신적인 측면에서 지적인 종교인과 지적이지 않은 종교인보다 더 가까운 경우가 많다(Noddings,

1993, p. xiii)."

불행하게도 무신론은 냉전시대 이후 공산주의와 밀접하게 연관되어왔다. 또한 오늘날까지도 공산주의를 정치적으로 추종하는 많은 사람들은 기독교인들이다. 우리는 여기서 무신론이 공산주의에서 비롯하지 않았음을 분명히 하고 논의를 시작해야 할 것이다. 사람들은 항상 신 혹은 신들의 존재에 의문을 제기해왔고, 신성한 존재가 아닌 무언가를 설명하기 위해 **신**이라는 용어를 사용했던 사려 깊은 사상가들이 있었다. 예를 들어, 존 듀이는 다음과 같이 말했다.

> 그러나 하나님 혹은 신에 대한 이러한 생각 역시, 더 나은 이상을 위해 노력하는 인간과 인류 공동체 모두를 포함한 자연적인 힘과 조건들 모두와 연관되어 있다. … 우리는 '실존에서 완전하게 구현된 이상'뿐만 아니라 '단순히 근거 없는 꿈, 환상, 유토피아'의 이상이 있는 곳에서 살아가지 않는다. 이상을 제공하고 지원하는 자연과 사회의 힘이 있기 때문에 … 내가 '신'이라 이름 붙인 것은 이상과 실재 사이의 이러한 **역동적인** 관계 때문이다.(1989/1934, p. 34)

흥미롭게도 듀이의 《평범한 믿음A Common Faith》에 대해 어떤 사람들은 듀이가 마침내 하나님에 대한 믿음을 고백했다고 믿으며 안도했고, 보다 영악한 다른 사람들은 듀이가 무신론을 확신했다고 인식했다.

마찬가지로 신학자인 파울 틸리히Paul Tillich는 "유신론적 신을 초월한 신(1952)"을 증명했다. 이러한 논쟁 때문에 틸리히는 종종 무신론자로 간주되었지만, 듀이의 경우처럼 틸리히가 무신론자가 아니라는 믿음에 매달린 사람들도 있었다. 기술적인 측면에서 무신론자라는 꼬리표는 틸리히에게 적절했다. 그는 개인적으로 유신론적 신을 믿지 않았다. 또 앨프리드 노스 화이트헤드Alfred North Whitehead와 랠프 월도 에머슨Ralph Waldo Emerson과 같은 많은 사려 깊은 사람들이 하나의 존재 혹은 사람으로서 하나님의 존재를 부정했지만, '선善의 힘'*에 대한 열렬한 애착을 표현했다. 학생들은 이러한 사실을 논의의 시작부터 이해해야만 한다.

그러므로 무신론에 대한 간략한 탐구를 통해 분명히 해야 할 첫 번째 사실은 이 문제를 악이나 어떤 특정한 정치적 관점과 동일시해서는 안 된다는 것이다. 그러나 교사들은 몇몇 평판 좋은 사상가들조차 선보다 악을 종교와 더 밀접하게 연관시켰다는 점을 학생들이 알도록 가르쳐야 한다. 예를 들어, 버트런드 러셀Bertrand Russell은 "공평한 방식으로 과거 역사를 조사한 사람이라면 누구라도, 종교는 박해받았을 때보다 수용됐을 때 세상에 더 심한 고통을 야기했다고 결론 내릴 것이다(1963, p. 201)"라고 자신의 생각을 밝힌 바 있다. 마찬가지로 여성 권리의 강한 옹호자이면서 동시에 강한 노예제 반대론자였던 존 스튜어트 밀John Stuart Mill 역시 종교는 도덕적 악의 근원이라고 주장했다. 무신론자인 그의 아버지에 관해 말하며 밀은 다음과 같이 썼다. "아버지는 악으로 가득한 이 세계가 완전한 선과 옳음을 무한한 힘과 결합시킨 어떤 작가[즉, 신]의 작품이라는 것을 믿을 수 없음을 깨달았다(2007, p. 58)."

＊세상에서 선을 증진시키는 존재 혹은 사람.

그러나 교육자는 종교가 악의 근원이라는 생각에 찬성하지 않도록 주의해야 한다. 우리는 종교를 타파하기 위한 조직적인 시도로서가 아니라, 인격신person-God*에 대한 믿음의 거절로서 무신론에 대해 설명하고자 하였다. 우리는 이러한 목표를 추진하는 무신론자들과 무신론적 조직이 있다는 사실을 인정해야 하지만, 여기서 우리의 목표는 사려 깊은 유신론자와 무신론자가 공유하는 많은 생각들을 강조하는 데 있다. 실제로 이 두 진영 모두는 이 세계를 보다 나은 곳으로 만들기를 원한다.

공유된 생각과 편견 없는 대화의 한 사례로서, 우리는《사이언티픽 아메리칸Scientific American》에 게재된 수학 칼럼의 저자이고, 루이스 캐럴Lewis Carroll이 쓴《이상한 나라의 앨리스》에 대한 평론인《주석 달린 앨리스》로 잘 알려진 마틴 가드너를 언급할 수 있을 것이다. 가드너는 그의 책《왜 - 철학 쓰기The Whys of a Philosophical Scrivener》에서 솔직한 무신론자인 러셀에 동의하면서 다음과 같이 첫 문장을 시작한다.

내가 종교적인 믿음을 말할 때 이는 신과 사후세계에 관해서 논리나 과학이 뒷받침되지 않는 하나의 믿음을 의미한다. 버트런드 러셀은 더 넓은 의미에서 믿음을 '증거가 없는 무언가에 대한 확고한 믿음'이라고 정의했다. 만약 '증거'가 이성과 과학이 제공하는 근거의 부류를 의미한다면, 신과 불멸에 대한 증거는 없다. 러셀의 정의는 나에게 간결하고 감탄할 만한 것이다.(1983, p. 209)

---

*살아 있는 인간처럼 지·정·의를 갖추고 행동한다고 여겨지는 신.

비록 가드너가 구약성서의 하나님에 관해 거의 모든 것을 해체시켰음에도 불구하고, 그는 인격신과 불멸성 모두에 대한 믿음을 단언했다.

종교에 대한 어휘 수업에 포함시켜야 할 적어도 두 개 이상의 단어가 있다. 신의 존재나 부재를 증명할 방법이 없고, 이로 인해 믿음과 불신 모두를 거절하는 것이 적절하다고 말하는 사람들을 우리는 '불가지론자'라고 부른다. 유명한 무신론 옹호자인 리처드 도킨스 Richard Dawkins(2006)는 [스스로를 불가지론자로 규정하지만] 유신론 theism을 전적으로 거부하는 것을 내켜하지 않는다는 이유에서 **불가지론**의 입장 또한 [일정 정도] 비판한다.* 그에 따르면, 우리가 하나님이 존재하지 않음을 증명할 수 없을지라도, 증거들은 압도적으로 무신론을 지지한다. 그러나 도킨스는 인격신의 측면에서 볼 때 분명한 무신론자이지만 '창조주(혹은 신들)가 있음을 인정하는 불가지론자'와 '인격신의 가능성을 열어둔 불가지론자'를 충분히 주의 깊게 구분하지 않았다. 사실상 창조주 신이 있다는 첫 번째 불가지론자들은 이신론에 가깝다. 그들은 창조주로서 신에 대한 믿음에서 우유부단함을 남긴다.

이신론은 무신론과 유신론 모두와 다르다. 이신론은 인격신을 가정하지 않지만, 무언가 초월적인 지성 같은 것을 인정한다. 이신론의 신은 기도하는 자에게 응하지 않거나 인간 존재의 매일의 사건에 어떤 방식으로든 간섭하지 않는다. 그 신은 우주를 창조하고 순조롭게

---

*도킨스는 "100퍼센트 무신론은 유신론과 같이 믿음의 영역이기에 나는 7분의 6.9 정도 무신론으로 기울어진 불가지론자이다"라고 자신의 입장을 밝힌 바 있다. 이 말로 인해 오해를 많이 받기도 했다.

계속해서 진행시킬 뿐이다. 어떤 사람들은 이신론을 우주의 법과 동일시한다.

흥미롭게도 미국의 많은 설립자들은 이신론자였다. 그리고 엄격히 말해서 미국은 기독교 국가로서 건국된 것이 아니라는 점을 학생들은 알아야 한다. 미국 초창기 대통령들인 조지 워싱턴, 존 애덤스, 토머스 제퍼슨, 제임스 매디슨은 이신론자로 널리 알려져 있다. 그리고 제퍼슨과 매디슨은 무신론자라는 주장도 있었다(Jacoby, 2004; Kruse, 2015). 학생들은 "우리는 하나님을 믿는다In God We Trust"라는 구절이 남북전쟁 전까지 미국 화폐에 없었고, "우리는 하나님 아래 있는 국가다one nation under God"라는 구절도 1954년에 비로소 '국기에 대한 맹세'에 추가된 것이라는 사실을 분명하게 배워야 한다. 국기에 대한 맹세 그 자체는 1945년에 공식적으로 채택되었다. 관심이 있는 학생들에게는 1950년대에 공산주의 위협에 대응하여 부분적으로 지지되었던 종교적인 부흥을 더 가르쳐줄 수 있을 것이다.

종교, 노예제, 여성의 권리

에드워드 뱁티스트Edward Baptist에 따르면, "복음주의 개신교의 출현과 함께 미국에서는 노예제의 광활한 팽창이 일어났다(2014, p. 200)." 1800년 이전까지, 정기적으로 교회에 다니는 사람들은 상대적으로 드물었으며, 미국의 설립자들은 교회와 국가의 분리에 대해 확고했다. 그러나 "1850년대에 이르면 모든 백인 미국인의 반 혹은 그 이상이 교회에 정기적으로 다니게 되었다(Baptist, 2014, p. 200)." 이러한 성장의 주요 원인은 아마도 새로운 지역에서 영속적인 감정을 얻고 새로운 관계를 맺고자 했던 사람들의 요구 때문이었을 것이다. 게다가 변경에 세워진 교회가 거의 없었기 때문에 순회하는 복음 설교자가 그들에게 다가가는 것은 자연스러운 일이었다.

뱁티스트 등이 지적해왔듯이, 노예제와 복음주의의 동시적인 성장은 쉽게 설명되지 않았다. 복음주의 예배는 신체적인 움직임, 고함, 반실신semi-fainting과 같은 아프리카의 관습을 받아들였지만, 노예제는 하나님이 정하신 관습으로 받아들였다. 복음주의자들은 노예를 해방시키려는 노예제 폐지 운동가의 헌신에 대해 정작 흑인들은 관심이 없으며, 기독교인들은 그 당시에 지배적이었던 노예제를 남부와 서부에서 지지한다고 믿었다. 이와 같은 믿음으로부터 복음주의자들은 노예제를 찬성하였다. 우리의 현행 역사 교과서는 노예제를 지지하는 종교의 역할을 충분히 강조하지 않는다.

학생들은 종교와 노예제 유지 사이의 연관성에 대해 생각하고 대화를 나눌 필요가 있다. 오랫동안 지속된 노예제의 영향과 종교적 정당화는 여전히 우리와 함께 있다. 오늘날 많은 공동체에서 흑인들은 백인들보다 훨씬 자주 경찰들로부터 의심을 받고 수난을 겪는다. 이에 따라 미국 수감자들 중 흑인 비중은 높다. 흑인과 범죄의 불공정한 연관성은 노예제 시대와 종교인들의 합리화 역사로 거슬러 올라간다. 타네히시 코츠Ta-Nehisi Coates는 말한다.

흑인 노예제를 옹호하는 지성인들은 '신의 명령'과 '기독교인의 승인'으로 정당화하려고 노력했다. 1860년에 〈뉴욕 헤럴드The New York Herald〉는 캐나다에 거주하는 도주 노예들의 삶에 관한 공문서를 기사에 실었다. 보고서는 "흑인 수감자들이 없다면 범죄 소송 사건표에는 구형이 없을 것이다"라고 주장했다. 노예제를 벗어난 흑인들은 '타락한 흑인 특유의 야만적 잔인성'을 가진 부류로 재빨리 변모되었다.(2015, p. 69)

코츠는 흑인을 위한 사회정의에 대하여 다음과 같이 강하게 질문을 제기하면서 글을 마친다.

> 그 어느 때보다 시급하다. 흑인의 경제적·정치적 한계는 실제로 그들이 범죄 정책의 무게를 견뎌왔음을 분명히 보여준다. 그 범죄 정책을 닉슨 대통령의 측근들은 스스로 '거짓말bullshit'이라고 불렀다. … 그리고 범죄율이 또 증가하면 흑인, 흑인 공동체, 흑인 가족들은 거대한 목구멍을 위해 또다시 사육될 것이라고 믿을 수밖에 없다. 사실상 집단 감금의 경험, 인간 수용소, 국가의 한 구획 전체의 박탈 … 은 단지 백인 중심의 옛 미국의 딜레마 —'과거 불평등한 대우'의 문제, '손해 배상금' 청구의 어려움, 보상에 대한 문제 — 를 강화해왔다.(2015, p. 84)

코츠가 설명한 문제를 해결하기 위해서는 종교와 교육을 포함한 우리 사회의 모든 구성요소 간의 협력과 결단이 필요할 것이다. 미국인들은 종교와 교육을 선善의 힘으로 여겨왔다. 우리는 종교와 교육의 긍정적인 기여를 부인해서는 안 된다. 하지만 종교와 교육이 악惡과 불의를 지지해왔다는 사실 역시 인정해야만 한다. 냉철한 비판적 사고와 이에 따른 결론을 행동으로 옮기려는 도덕적 헌신은 반드시 필요한 첫 단추다.

또한 종교는 여성의 복종에도 기여해왔다. 엘리자베스 캐디 스탠턴은 여성의 참정권을 위해 투쟁하는 동시에 종교의 변화를 요구하면서 주목을 이끌어냈다. 그녀의 동지들은 전통적인 기독교 신앙과 맞선 싸움으로 인해 지지자들이 떨어질까 걱정했다. 그러나 그녀는 단념하지 않았다.

남성의 뇌에서 나온 생각 없음은 너무나도 신성시되어서 수정하기 어려웠다. 미국 헌법은 열다섯 번 개정되었고, 영국 법체계는 진보하는 문명과 발맞춰 여성에 대한 관심을 두고 본질적으로 수정되었다. 이제 교회법과 기도서, 예배, 성경 … 을 개정하고 수정할 때가 왔다. 이 시기 여성의 중대한 의무는 교리, 사회적 관례, 성서 및 헌법의 철저한 개정을 요구하는 것이다.(Ward & Burns, 1999, p. 9)

그러나 종교적 교리와 신성한 글들은 그렇게 쉽게 수정되지 않는다. 미국 헌법을 수정하는 것은 어렵지만, 성경을 고치는 것은 거의 불가능하다. '하나님의 말씀'으로 간주된 글은 구체적인 시간 속에서 살아가는 인간 존재가 해석한 것이다. 어떤 일이 '하나님의 말씀'으로 수용될 때, 어떤 본질적인 변화라도 이러한 이해에 뒤따르는 것이어야 한다. 이러한 이해는 비평과 수정을 독려하지만, 그런 일은 거의 일어나지 않는다.

펄 벅Pearl Buck은 보수적인 목사의 아내였던 자신의 어머니가 중국

에서 겪은 고통을 생생하게 묘사했다.* 그녀는 충만한 인간성에 대한
인식을 찾기 위해 분투하였다.

그때 이후로 나는 어머니의 표정이 어두워지는 것을 보았고, 성 바울을
진심을 다해 싫어하게 되었으며, 모든 진실한 여성은 그를 싫어해야만 한
다고 생각했다. 자유로운 여성으로 태어난 것을 자랑스럽게 여겼지만, 여성
스러움 때문에 저주받았던 캐리[펄 벅의 어머니]에게 일어났던 일들이 바울
때문이라고 생각했기 때문이다. 나는 어머니를 위해 성 바울의 힘이 이 새
로운 날들에 사라졌음을 기뻐했다.(1936, p. 283)

그러나 물론 성 바울의 힘은 그 이후에도 사라지지 않았으며, 오늘
날까지도 커다란 흔적으로 남아 있다.** 엘리자베스 캐디 스탠턴은 성
바울에 대한 사람들의 태도와 관련하여 냉소적인 웃음을 지을 것이
다. 대개 신학자들은 성 바울의 여성에 대한 가부장적인 논평을 개탄
하고 규탄하는 대신, 성 바울이 진짜 이러한 편견의 근원이 아니라는
근거를 찾기 위해 골몰했다. 그러나 일부의 지적처럼, 성 바울은 분
명히 비난받아야만 한다(Daly, 1974). 그러는 동안에도 종교적인 문제
에서 남성의 지배력은 지속됐다.

스탠턴을 걱정했던 동료들이 어떤 면에서 옳았다는 것을 학생들
은 알 수 있을 것이다. 여성들은 종교의 근간을 흔들지 않고 직업과
공적인 삶에서 상당한 진보를 이뤄냈다. 그러나 교육자들은 우리가

---

*펄 벅의 아버지는 중국에서 선교 활동을 하였다. 어느 해 극심한 가뭄이 들자 동네 사람들은 그 원인
이 여성인 펄 벅의 어머니 때문이라며 죽이려고 몰려온 일이 있었다.
**여성을 비하하는 성경 구절 때문에 성 바울은 페미니스트의 표적이 되었다.

종종 억지로 모순된 삶을 살아야 한다는 점에 대해 염려해야만 한다. 우리는 교사들에게 비판적 사고 교육을 요구하지만, 가장 논쟁적인 과목 중 하나인 종교에 대해 비판적인 토론을 이끄는 것을 권장하지 않는다. 분명하게도, 사려 깊은 종교적 헌신은 비판적 사고에 의해 훼손되지 않을 것이다.

진화론

진화론은 논쟁의 중심에 있는 사례다. 비록 과학 수업에서 진화론을 거부하거나 무시하는 지역이 아직 있을지라도, 잘 교육받은 사람들 대부분은 진화와 종교가 반드시 상충하지 않는다는 것을 이해한다. 진화론은 성경의 창세기에 도전한다. 그러나 물론 그와 같은 도전을 위해 유신론을 거부할 필요는 없다. 학생들은 그들의 종교를 유지한 종교 진화 과학자들에 대해서도 배워야 한다. 진화 고생물학자인 사이먼 콘웨이 모리스Simon Conway Morris는 진화 연구와 창조주 하나님에 대한 믿음의 양립 가능성에 대한 서론에서 다음과 같이 적는다.

만약 당신이 '창조 과학자'*이고 이 책을 상당량 읽었다면, 나는 정중하게 이 책을 책장에 다시 넣으라고 제안할 것이다. 이 책은 당신에게 전혀 도움이 안 될 것이다. 진화는 진실이다. 세상이 존재하는 방식이다. 그리고 우

---

*신이 우주를 창조했다는 기독교 창조론이 과학적 근거를 갖는 역사적 사실이라고 주장하는 학자.

리 역시 그 결과의 일부다.(2003, p. xv)

    유용한 정보가 풍부하게 담긴 이 책의 말미에서 그는 사람들에게 '색안경을 벗고', 진화론의 지구와 신이 창조한 지구가 대립하지 않음을 보라고 촉구한다. 그러면서 "삶의 해법의 복잡성과 아름다움은 분명 놀랄 만한 것이다. 진화론과 창조론 중 어느 것도 신의 존재를 단독으로 증명하지 못하고 상정하지도 않으며, 둘은 함께 나아갈 수 있다(2003, p. 330)"라고 역설한다.

    여기서 가장 핵심적인 요지는 유신론자와 무신론자 사이에서 벌어지는 논쟁의 경멸적이고 지저분한 비난을 중단해야 한다는 것이다(그 일례로 캔자스 전투에 대한 토머스 프랭크Thomas Frank의 2004년 설명을 참고해보자). 진화와 창세기에 대한 글자 그대로의 해석이 양립하지 않는다는 것은 진실이다. 그러나 학생들이 그런 양립 불가론을 분석하고 결론을 끌어낼 수 있도록 배우는 과정을 모든 학교교육의 일부로 포함해야 한다. 이 논쟁이 욕설, 비난과 연결될 필요는 없다. 우리는 은유적인[혹은 비유적인] 설명으로부터 배울 수 있고, 진화론과 창조론을 문자 그대로 받아들이지 않으면서 그것들이 가진 아름다움과 지혜 모두를 칭송할 수 있다.

    교사는 학생들에게 마틴 가드너의 책을 소개할 수도 있다(숙제로 읽으라는 것이 아니다). 가드너는 문자 그대로의 성경 해석을 대부분 거부했음에도 자신이 왜 무신론자가 아닌지 설명했다. 가드너는 노아, 자신의 아들을 제물로 바치려고 한 아브라함, 희생적으로 딸을 바친 입다Jephthah의 이야기에 대한 개인적인 두려움을 표현한 후에 설명했다. "구약성서의 하나님, 그리고 하나님에 대해 '믿음'을 지 녔던 많은 사람들이 믿을 수 없을 만큼 잔인한 괴물로 그려지는 것 같다. 어떤 종교적 전통 밖에서 [가드너 그 자신과 같은] 철학적 유신 론자는 여호와보다 하나님의 모델을 더 잘 구성할 수 있다(1983, p. 211)." 이처럼 가드너는 기독교의 모든 교리를 실제적으로 거부하였 다. 그럼에도 불구하고 그는 히브리서 11장 1절 "믿음은 바라는 것들 의 실상이요 보이지 않는 것들의 증거니"에 대해서는 동의와 칭송을 표현했다. 그는 불멸과 보이지 않는 하나님 모두에 대한 믿음을 고백 했다.

성경을 읽은 가드너가 명백하게 그 문학적 아름다움의 진가를 인 정하였다는 점에 주목하자. 거리낌 없는 무신론자인 도킨스 역시 학 교는 성경을 문학으로서 읽혀야 한다고 제안했다. 그는 "속담에서 잡 담까지, 매우 시적인 것에서 진부한 표현까지 문학이나 구어에서 공 통적으로 나타나는(2006, p. 341)" 성경의 영향을 받은 용어와 구절로 가득 찬 두 페이지를 목록에 올렸다. 성경에 대한 친숙함은 미국 문 화를 이해하기 위한 기초다. 이러한 점은 우리가 반드시 가르쳐야 하 는 비판적 사고와 토론을 위한 단초를 제공한다. 비판적 사고 기술을 가르치는 우선적인 이유는 타인을 이해하는 데 있음을 기억하자.

사람들은 연대와 민주적인 대화를 위해 학교가 무엇을 가르쳐야 하는지 논의해왔다. 그리고 종교라는 거대한 영역의 다른 여러 주제 들과 마찬가지로 진화에 관한 논의를 제한해왔다. "진화는 사실이다" 라는 콘웨이 모리스의 말이 분명 옳다고 믿지만, 우리의 목적은 학생 들에게 진화론을 주입하거나 반대하도록 하려는 것이 아니다. 우리의 목적은 비판적 사고와 참여 민주주의를 특징짓는 개방적인 논의를 학생들이 할 수 있도록 독려하는 것이다. 교사는 기회가 생길 때마다 학생들이 이러한 논의를 할 수 있도록 도와야 한다. 현재 4년 과정의 사회교과 프로그램은 확실히 이러한 논의를 주요 논제로 포함해야 한다. 그러나 표준 교과과정 역시 이를 다루어야만 한다. "과학 수업은 과학을 가르쳐야만 한다. 그리고 종교 수업은 종교를 가르쳐야만 한다(2010, p. 234)"라는 래비치의 제안과는 다르게, 비판적 사고력을 기르기 위한 민주주의 교육은 종교와 과학 그리고 다른 연구 영역들을 가로지르는 논쟁에 대해 논의할 수 있도록 학생들을 북돋아 주어야 한다.

모든 교과는 신에 관한 질문을 논의할 수 있다. 예를 들어, 수학에서는 수학이 발견된 것인지 발명된 것인지에 관한 매력적인 논쟁을 계속해왔다. 몇몇 수학자들은 수학을 신의 정신에 내재된 것으로서 발견된 훌륭한 진리의 본체라고 말한다. 호전적인 무신론자인 고드프리 H. 하디Godfrey H. Hardy와 같은 다른 사람들도 심지어 질서와 아름다움의 우주를 종종 언급하곤 했다. 신의 정신에서 수학의 기원과 보편성을 찾는 믿음은 비유클리드 기하학의 발견(혹은 발명)으로 강하게 도전받게 되었다. 그러나 그전에도 수학의 기원과 본성은 의심을 받아왔다.

교사는 피타고라스학파가 콩 먹기나 콩밭 밟기를 종교적인 이유로 반대한 이야기를 학생들과 공유할 수 있을 것이다. 성경의 연대기를 증명하려 한 뉴턴의 시도, 악마와 결탁한 신을 용서하려는 라이프니츠의 철학적인 연구, 태양계를 설명하기 위한 라플라스의 '신의 존재에 대한 가설' 거부, 신이 정수를 창조하였고 인간이 나머지 모두를 만들었다는 크로네커Kronecker의 선언, 크로네커의 억압된 구조에 반대하여 "수학의 본질은 그 자유로움에 있다(Bell, 1965/1937, p. 579)"라는 게오르크 칸토어Georg Cantor의 매력적인 논평과 같은 이야기들 역시 그 예다.

학생들은 수학을 비롯한 모든 지식의 관점에서 예시된 것[괴델과 아인슈타인의 사례]과 같은 극적인 차이를 인식할 수 있도록 안내받아야 한다. 모든 지식의 출발점으로서 확실하고 신이 부여한 절대적인 무언가가 있다고 믿는 그런 사람들이 있다. 이와는 달리, 만족할 만한 해결책을 찾기 위해서는 실제적인 문제로부터 이런저런 방법으로 연구를 시작해야 한다고 믿는 사람들도 있다. 수학자인 쿠르트 괴델Kurt Godel과 물리학자인 알베르트 아인슈타인Albert Einstein의 우정과 공동 연구가 바로 이러한 이분법의 사례에 해당한다.

괴델에게 수학 방정식은 상식적인 기준에 반대되는 것으로서, 우리를 약속된 새로운 통찰의 지평으로 안내하였다.* 반면, 아인슈타인에게 수학 방정식은 수학자가 무엇을 제공해야만 하는지 보여주는 상식이자 기준이었다.(Yourgrau, 2005, pp. 16 - 17)

이 철학적 관점의 기초적인 차이를 우리는 반복적으로 다시 논의할 것이다.

---

*괴델은 불완전성의 정리를 통해 아주 간단한 산술 체계에서조차도 그 체계에 포함된 규칙만으로는 옳고 그름을 증명할 수 없는 진술이 있을 수 있다는 사실을 보여주었다.

자유, 선택, 그리고 헌신

우리는 일반적으로 **자유**를 '어떻게 살고, 무엇을 할 것인지' 스스로 결정할 수 있는 조건으로 여긴다. 대부분의 미국인들은 개인적, 국가적 자유 모두를 중요하게 여긴다. 그러나 우리의 선택은 비록 다른 사람의 눈에는 자유로운 것으로 비춰지더라도, 우선하는 도덕적 헌신에 의해 미리 결정되어 있는 경우가 있다는 점을 앞서 지적한 바 있다. 그러한 경우에 누군가 "나는 선택의 여지가 없어"라고 말하는 것을 흔히 듣게 된다. 가족에 대한 의무나 이미 맺은 약속, 매우 깊게 자리한 도덕적·종교적 믿음에 의해 우리의 선택은 흔히 구속된다. 그러나 이러한 구속의 경험을 보통 자유의 상실로 해석하지 않는다.

사실 깊은 종교적 헌신을 통해 때때로 자유의 궁극적인 경지를 느낄 수 있다. 예를 들어, 기독교도뿐만 아니라 불교도, 스님이나 수녀들은 타인이 경험하는 많은 걱정들로부터 벗어나 경이로운 자유를 느낄지 모른다. 그들의 기본적인 선택은 매일매일의 선택들에 대해 [의식적으로] 주인 노릇을 하지 않도록 해준다. 그들에게는 언제 무엇을 먹고, 언제 누구와 대화할 것인지, 옷을 어떻게 입고, 어떻게 낮과 밤을 보낼지 선택할 필요가 없을 것이다. 대부분의 사람들에게 그런 제한된 삶은 전반적인 자유의 상실을 의미한다. 반면, 그러한 삶을 선택하고 헌신하는 이들에게 그 느낌은 일상의 지속적인 방해 없이 신을 알고 사랑할 수 있는 열광적인 자유의 일종이다. 그러나 이러한 종류의 헌신을 가볍게 선택해서는 안 된다. 대부분의 종교 조직은 초심자가 자신의 수도에 대해 깊이 생각할 수 있도록 일정 기간의 수행을 요구한다.

보다 약한 수준에서, 모든 좋은 부모들은 자신의 아이가 거짓말, 도둑질, 부정행위, 타인에게 해를 끼치는 모든 형태의 행위를 거부하도록 가르친다. 그러나 가장 효과적으로 가르치더라도, 이러한 방법으로는 간신히 유혹을 몰아낼 수 있을 뿐이다. 적어도 부모는 아이들이 유혹에 저항하기 위해 굳은 결심을 할 수 있도록 도와야 한다. 종교든 사랑이 담긴 부모의 안내든 간에 도덕적 행위를 동기화하는 효과적인 방법은, 비도덕적 선택을 허용하는 무질서한 자유를 제거하고, 선한 삶을 아이들이 추구하도록 돕는 형태의 자유를 북돋우는 것이다.

그러나 이런 식의 자유는 무조건적인 복종이 아니라 지속적이고 비판적인 경계를 필요로 한다. 우리는 앞서 권위에 대해 주의 깊게 검토할 필요가 있음을 논의했다. 그리고 무언가 절박한 상황인 경우, 심지어 도덕적 의무로서 시민 불복종에 참여해야 할 고민의 필요성에 대해서도 논의했다. 마찬가지로 우리는 기독교 교리와 이야기에 도전하고 그것들을 수정하려는 엘리자베스 캐디 스탠턴의 충고를 언급했다. 11장에서 우리는 어떻게 학생들이 애국심에 관한 주제에 비판적 사고를 적용할 수 있을지 살펴볼 것이다.

교사는 학생들이 종교와 관련된 문제에 관해 비판적으로 사고하도록 가르쳐야 한다. 이러한 요구에 기초하여, 교사들은 종교적 자유를 지지하는 것과 종교와 관련한 문제를 무시하고 학생들을 내버려두는 것 사이에는 커다란 차이가 있다는 것을 이해해야만 한다. 이러한 무시는 종교적 주제에 대해 비판적으로 사고하는 것을 불가능하게 만들거나 이를 죄악으로 여기게 한다. 우리는 교육의 목적을 어떤 관점을 주입하는 것이 아니라, 학생들이 서로 다른 관점을 가지고 비판적이고 비평적인 대화를 할 수 있도록 장을 마련하는 데 두어야 한다. 우리는 학생들이 다른 사람을 이해할 수 있도록 가르쳐야 한다.

공상과학 소설과 판타지는 공교육에서 논의하기에 힘들 수도 있는 도덕적 논쟁을 현재의 쟁점에 대한 은유를 통해 추상적 혹은 대안적, 가상적 환경에서 탐색하는 것을 허락한다. 이는 어떤 면에서 종교적 쟁점이나 믿음을 건드리는 것으로 받아들일 수 있는 [민감한] 쟁점을 다루는 데 도움이 될 수 있다. 이러한 맥락에서 고려할 수 있는 책들로, 도교적 무정부주의자인 어설라 K. 르 귄Ursula K. Le Guin의 《말The Telling》, 기독교 옹호자인 클라이브 S. 루이스Clive S. Lewis의 《나니아 연대기Chronicles of Narnia》, 로이스 로리Lois Lowry의 《기억 전달자The Giver》와 《별을 헤아리며Number the Stars》를 들 수 있다. 이들 세 작가는 공통적으로 나와 다른 존재들을 이해하거나 그것과 관련된 쟁점들을 다룬다.

이 장에서 우리는 종교에 관해 비판적 사고를 촉진할 수 있는 몇몇 방법들을 탐색했다. 우리는 **유신론, 무신론, 불가지론, 이신론**과 같은 단어들을 소개한 것이 문제가 되지 않기를 바란다. 이러한 단어들에 대한 논의를 통해 우리는 교사들이 구체적인 전기나 자료들로부터 유신론자와 무신론자가 공유한 많은 이상ideals과 이해를 찾아볼 것을 제안한다. 이러한 논의의 주된 목표는 능동적인 민주시민이 될 준비가 되어 있는 계몽 시민을 양산하기 위함이다. 민주주의에 효과적으로 참여하기 위해서 우리는 자신과 타인의 행위를 이해하기 위해 노력해야 한다.

잘 교육받은 학생이라면, 정직하고 사려 깊은 사람들이 생각한 신과 영성에 대한 개념이 매우 다를 수 있다는 점을 알아야만 한다. 전형적으로 기독교인은 인격신을 믿는다. 즉, 기독교인은 누구의 소리든 듣고 누구에게나 말할 수 있는 사람으로서 신을 믿는다. 대조적으로 세속적인 기독교도, 이신론자, 불가지론자는 '하나님'을 우주 질서를 보장하는 보편적인 힘으로 여긴다. (요구가 아니라 초대에 의한) 클라이브 S. 루이스, 마틴 가드너, 버트런드 러셀, 존 듀이, 미겔 데 우나무노Miguel de Unamuno, 윌리엄 제임스William James, 길버트 K. 체스터턴Gilbert K. Chesterton이 쓴 책들을 통해, 학생들은 무신론자와 유신론자가 인류의 선함을 공통적으로 구한다는 데 놀랄지도 모른다. 이들의 생각은 사람들을 서로 협력시키려고 하지, 서로를 분리하고 위아래로 나누려 하지 않는다. 모든 학생은 잘 교육받은 유신론자와 무신론자 모두가 진화와 기초적인 과학적 진리에 대해 믿음을 공유한다는 사실을 분명히 배워야만 한다.

이는 특별히 무신론자뿐만 아니라 유신론자들 역시 성경 이야기의 많은 부분을 거부할 것이라는 점을 학생들이 배우는 데 도움이 될 것이다. 예를 들어, 우리는 신이 엄청난 홍수로 인류 대부분을 의도적으로 없앴다는 것을 믿어야 하는가? 그의 아들인 이삭을 살해하라고 지시했다거나 혹은 신성한 향로를 잘못 다루었다는 이유로 아론의 아들을 살해했다는 것을 믿어야만 하는가? 어떤 부류의 신이 그런 일을 하는가? 이러한 이야기들의 친숙함은 모두 문학교육의 일부가 되어야 한다. 하지만 이런 이야기들에 대한 해석은 믿음의 폭과 깊이에 따라 극적으로 다르다는 것을 이해해야만 한다.

결론적으로, 교사는 대체로 선을 위한 힘으로 인식된 종교가 때때로 악을 촉발한다는 점을 학생들이 깨달을 수 있도록 가르쳐야 한다. 종교가 수세기 동안(그리고 어느 정도는 오늘날조차도) 강력하게 노예제를 지지했고 여성의 종속을 찬성해왔다는 것이 비밀이 되어서는 안 된다. 인간의 사고와 행위의 다른 모든 영역과 마찬가지로 종교는 비판적으로 분석되고 평가받아야 한다.

5장

인종

인종차별로 고통받아온 이들을 위해서, 우리는 그 고통을 기억해야 한다. 하지만 또한 우리는 선한 사람조차도 종종 한 사회로 침투한 악한 생각에 의해 변화될 수 있다는 점을 기억해야 한다.

이번 장에서는 '인종적 쟁점에 대한 미국의 역사 직면하기', '오늘날의 인종적 쟁점들 이해하기', '인종과 교육'이라는 세 가지 주요 범주로 나누어 인종과 관련한 논쟁적 쟁점들을 살펴보려고 한다.

우리의 역사 직면하기

미국인은 어릴 때부터 국가와 국가 원리에 대한 거대한 자부심을 교육받으며 자란다. 그런 미국인들이 인종차별에 대한 공포, 그리고 특별히 노예제와 그것이 미국 역사에서 중심적 역할을 차지했다는 것을 인정하기는 어려울 것이다. 자신이 사랑하는 국가가 저지른 잘못을 알았을 때, 많은 학생들은 깊은 수치심과 냉소와 같이 교육된 절망감으로 괴로워한다. 애국심을 다룬 11장에서는 이에 관해 논의하면서 노예제를 다시 다룰 것이다. 이 장에서 우리는 미국 역사에서 노예제가 차지하는 중요성과 그것의 핵심적인 역할에 미국인이 반드시 직면해야 함을 주장하려고 한다. 이 우울한 역사를 직면하지 못하는 것은 현재 미국인들의 태도를 거짓으로 꾸미는 일이며, 또한 미국인의 화합을 더 어렵게 만들 것이다. 에디 글로드Eddie Glaude는 만약 우리가 이 문제를 잘 다루지 못한다면 미국인은 위태로워실 것이라며 다음과 같이 지적한다. "망각은 끔찍한 문제[상실]를 완전히 덮어버린다. 뿐만 아니라 미국인 스스로의 규범적 인격을 왜곡한다. … 망각은 우리의 [어려운] 현재 상황을 위해 특별히 유용하다는 생각이 들게 만드는 말이다. 망각은 적극적인 잊음이다(2016, p. 47)."

학생들은 노예제가 전 세계적으로 긴 역사를 가진다는 것을 알아야만 한다. 미국의 경우 노예제는 우선적으로 남부에 국한되어 있었다. 에릭 포너Eric Foner는 다음과 같이 지적한다.

> 17세기 초 네덜란드는 대서양 노예무역을 지배했다. 당연한 일이지만, 그들은 미국 북부 식민지인 뉴네덜란드New Netherland(뉴욕)에 노예를 소개했다. 1650년대 뉴네덜란드의 노예들은 500명으로 그 수는 적었지만 버지니아주와 메릴랜드주의 노예들보다 많았다.(2015, p. 28)

반면, 북부는 노예제를 반대했고, 이러한 목소리는 남부보다 더 강하고 더 빠르게 성장하였다. 이와 관련하여 학생들은 미국노예제폐지협회American Anti-Slavery Society, 노예해방협회Manumission Society, 퀘

이커교Quakers, 뉴욕자경단위원회New York Vigilance Committee에 대해 배워야 한다.

학생들은 남북전쟁 이전 기간에 대해 공부하면서 북부를 자유의 땅으로, 남부를 노예제의 고집스러운 옹호자로 생각할 수 있을 것이다. 그러나 비록 남부가 목화농사에 노예를 더 방대하고 더 직접적으로 이용했을지라도, 북부는 선박과 노예사냥, 목화에 의존한 거대한 섬유산업으로 이익을 거뒀다는 사실을 학생들은 알아야 한다. 사실 노예제는 미국의 경제적 성공을 이끌어내는 가장 강력한 요인 중 하나였다(Baptist, 2014; Wood, 2011). 노예를 소유하고 있지 않았던 북부 거주자들은 노예 교역으로 이익을 얻었다.

노예제 연구는 최근의 인종차별 때문에 방해받는 일이 많다. 학생들은 노예제가 여전히 우리에게 영향을 미치고 있다는 점을 이해하는 것이 중요하다. 최근 몇몇 문학작품을 노예제와 연결 짓고 살펴보는 것은 이를 가르치기 위한 좋은 출발점이다. 그리고 이러한 도입 방법으로 전체 급우가 참여하는 독서활동이나 모둠별 독서 프로젝트를 적용할 수 있다. 덧붙여 말하면, 우리가 읽은 글은 우리가 쓰는 글에 많은 영감을 준다. 게다가 우리는 많이 읽는다! 모녀 관계인 필자들은 요리, 원예, 교육뿐만 아니라 독서에도 함께 열정을 쏟았었다. 여기서 우리는 데니스 루헤인Dennis Lehane의《운명의 날The Given Day》에 등장하는 시대로 돌아가 최근의 인종사에 대한 얘기를 시작해보려고 한다. 이 역사 소설은 두 세계대전 사이에 보스턴을 주 배경으로 두 남자의 뒤얽힌 삶을 통해 1919년 보스턴 경찰 파업을 이끌었던 사회적 풍조를 탐색한다. 이 두 남자는 흑인 루터 로렌스와 스스로 자수성가한 아일랜드 이민자인 경찰대장의 아들 데니 콜린이다. 이 책은 역사 소설의 훌륭한 예다. 여러 도덕적 딜레마에 직면한 가공의 역사적인 인물들의 삶과 상호작용을 통해 시대를 녹여낸다. 그 인물들 중 몇몇은 특정 시간과 장소에 속했고, 더 많은 다른 이들은 [시공간적 특수성을 갖지 않는] 일반적인 경우에 속했다.

이 장의 주제는 인종과 인종 관계다. 학생들은 《운명의 날》과 관련한 보고서를 읽거나 들은 후, 다음과 같은 주제들을 국어나 사회 수업 시간에 탐구할 수 있을 것이다.

- 오하이오 시골에서 기계 고장으로 인해 예상치 못하게 기차가 정차해 있는 동안 베이브 루스 팀이 흑인들과 비공식 게임을 했을 때, 메이저리그 백인 동료들의 부정행위를 사실대로 말했다면 어떤 일이 발생했거나 발생할 수 있었는가?*
- 메이저리그 야구가 통합되었을 때 최초의 흑인 메이저리그 선수는 누구였는가? 이와 연관된 자유 활동 혹은 방과 후 활동을 하게 된다면, 이런 사건을 다룬 최근 영화 〈42〉를 감상할 수 있다.
- 흑인들의 자존감을 높이고 흑인 청중을 위해 오락을 제공하는 데 '니그로negro' 리그는 어떤 역할을 하였는가?
- 전미유색인종지위향상협회NAACP는 언제 어떻게 시작되었는가, 그리고 왜 그 초기 지도자들은 대부분이 백인이었는가?
- 1917년 동부 세인트 루이스 폭동의 원인은 무엇이었는가? 그리

---

*비공식 게임에서 흑인 팀에게 밀리자 백인 팀은 아웃인 상황을 세이프라고 우겼다. 베이브 루스는 진실을 알았지만 동료들의 편을 들었다.

고 《운명의 날》 결말 부분에서 그린우드, 오클라호마의 인물들에게는 1921년에 어떤 일이 일어났을까?

미국에서 인종 간의 긴장은 시간 간격을 거쳐 존재해왔다. 학교에서 이런 긴장은 어떤 식으로 논의되어야만 하는가? 교사는 최근에 일어났던 사건을 소개하고 이 사건들의 원인과 결과적인 반작용을 두 세계대전 사이에 벌어졌던 인종 폭력 사건들과 비교하고 대조할 수 있다. 이러한 방법은 최근 사건의 주제를 다루는 훌륭한 방법이 될 것이다. 역사적 맥락에서 현재 사건들에 대한 이해를 돕기 위해, 우리는 노예제가 어떻게 다루어졌는지 계속 논의할 것이다. 그런 다음, 오늘날에도 발생하고 있는 인종 문제들을 다루기 위해 미국 학교들이 어떻게 노예제를 다루는지 초점을 옮기려고 한다.

누가 역사를 쓰는가? 우리가 역사로 여기는 많은 사실들은 위대한 사람들이 말한 것으로서 위대한 사람들의 이야기로 구성된다. 윈스턴 처칠Winston Churchill은 "역사는 내 편일 것이다. 왜냐하면 내가 그 역사를 쓰기 때문이다"라고 재치 있게 말한 바 있다. 그리고 그는 실제 역사를 썼다. 그러나 역사는 위대한 인물, 승리한 전쟁, 혹은 문명사회의 흥망성쇠에 대한 연구 이상의 것이다. **역사**라는 단어는 '탐구'를 의미하는 그리스어 'historia(ιστορια)'에서 유래했다. 오늘날 역사는 "과거의 사건뿐만 아니라 기억, 발견, 수집, 조직, 진술, 사건의 정보에 대한 해석(Wikipedia)"을 아우른다. 그것은 필름이나 다른 미디어, 저술, 박물관 전시품과 기념물 혹은 낭독, 노래나 다른 전통을 통해 한 세대에서 다음 세대로 전수된 것으로 표현될 수 있다. 역사는 그것이 작성된 혹은 전시된 시대의 문화와 철학뿐만 아니라, 저자나 전시자의 믿음과 편견을 반영한다. 그러므로 과거의 행위로부터 배운, 혹은 가르쳐야 할 도덕적 교훈에 대한 논평을 포함할 수 있다. 역사는 사람들과 그들의 과거 생각과 행동들에 대한 것이다. 이런 점에서 우리는 인간 존재가 완벽하지 않다는 점, 역사가 숭상해온 사람들이 항상 옳지 않았을 수 있다는 점, 그리고 시대가 사람을 만든다는 점을 기억할 필요가 있다. 우드로 윌슨Woodrow Wilson 내통령의 인종차별 혐의를 두고 최근 벌어진 프린스턴 대학에서의 논쟁은 역사의 이러한 측면을 보여주는 좋은 예다. 우리는 그가 인종차별주의자이기 때문에 기념비에서 그의 이름을 지워야 하는가? 아니면 우리는 다른 모든 인간 존재처럼 그도 실수할 수 있다는 걸 인정한 채, 이 쟁점에 대한 논의를 하고 있는가? 그의 이름을 삭제하는 것이 바람직하지 않은 '망각'에 영향을 미칠 수 있는가? 역사가는 과거를 탐구함으로써 과거의 생각과 행동을 명료하게 한다. 그러나 역사가와 위대한 사람들은 똑같이 역사를 은폐할 수 있고, 역사적 인물들과 그들의 행동을 기억으로부터 지울 수 있다. 가령, 역사책에서 홀로코스트에 대한 언급마저 지우려는 사람들이 그 예일 것이다.

학생들은 위대한 모험 이야기를 좋아할 것이다. 알렉상드르 뒤마 Alexandre Dumas의《몬테크리스토 백작The Count of Monte Cristo》과《삼총사The Three Musketeers》는 아이티에서 귀족 백인 아버지와 흑인 노예 어머니 사이에서 태어난 작가 아버지의 삶에 영감을 받은 작품이었다. 나폴레옹 보나파르트는 키가 크고 멋있었으며 성공한 알렉스 뒤마Alex Dumas 장군에 대한 질투와 의심으로 그의 모든 기억을 지우기 위해서 최선을 다하였다. 저널리스트이자 역사가인 톰 라이스 Tom Reiss는 《검은 백작The Black Count》을 통해 이 멋진 검술을 펼치는 검객을 복원시킴으로써 프랑스사의 적절한 위치로 그를 복귀시킨다 (2012). 교사는 아직 알려지지 않은 소수자의 성공, 기득권층이 자랑스러워하지 않을 행동에 대한 억압의 사례로 박물관, 공원, 기념비와 같은 지역 자원을 탐색해야만 한다. 역사 연구는 살아남은 사람들이나 인류 활동의 기록일 수 있지만, 그 결과는 항상 탐구자의 해석과 동기에 영향을 받고 수정되는 경향이 있다.

역사의 수정에 있어서, 플로리다의 역사는 과거에 대한 반복된 재조사와 사실 및 신화에 대한 재해석과 관련한 가장 좋은 사례다. 최근 〈플로리다 주립 공원 소식지-특별판〉은 필자(브룩스)로 하여금 이 점을 알게 해주었다. 이 소식지는 2016년 2월 플로리다 주립 공원에서 개최된 다양한 '흑인 역사의 달' 축제를 소개하였다. 여기서 강조한 여섯 개의 행사 중 세 개는 남북전쟁에 대한 재연이었다. 다른 둘은 당시 스페인이나 영국령 지역의 흑인 노예들의 자유를 향한 비행을 기념하는 것이었고, 나머지 하나는 실버스프링스에 있는 한 흑인 공원의 운영을 기념하는 박물관 전시였다. 당시 이 흑인 전용 공원은 1870년대 이후 백인을 위해서만 운영하였던 놀이기구들 근처를 흐르던 강 하류 부근에 있던 것으로 20년(1949~1969년) 동안 운영되었다. 이러한 행사는 '흑인 역사의 달'을 맞아 공부할 수 있는 훌륭한 주제일 수 있지만, 그들 중 누구도 플로리다가 가진 인종의 다양성을 고려하여 이를 장점으로 제시하지 않는다. 우리가 자랑스러워해서는 안 되는 과거에 대하여 공부할 때 교사는 주의해야만 한다.

학생들에게 조상들이 잘했던 점뿐만 아니라 현재의 과정을 가르침으로써 특별히 그들이 절망감이나 좌절감에 빠지지 않도록 주의해야 한다.

필자는 남북전쟁 유적지 중 하나가 전에 읽은 책의 장소임을 알게 되었다. 2013년에 플로리다로 잠시 이사했을 때, 나는 막 출판된 올맨T. D. Allman의《플로리다 발견하기: 선샤인주의 진짜 역사Finding Florida: The True History of the Sunshine State》를 우연히 읽게 되었다. "명확화Disambiguation"라고 제목 붙여진 이 책의 한 챕터에서, 올맨은 목격자의 설명과 오늘날 '올러스티 전쟁 역사 주립공원Olustee Battlefield Historic State Park'을 있게 한 가공된 승리의 역사에 기초해서 올러스티 전투 이야기를 들려준다.

플로리다에서 남북전쟁 중 벌어진 일에 대해 자세히 설명할 필요는 없지만, 왜곡된 해석이 제기됨에 따라 남북전쟁의 정의는 계속 번복되었다. 남북전쟁 당시의 폭력성보다 번복되는 정의로 인해 스스로에 대한 미국인들의 이해는 더 꼴사납게 되었다. 소설 같은 남북전쟁으로부터 스스로 자유로워지기 전까지, 미국인은 결코 국가적인 노예, 인종주의, 위선, 부정, 부정직의 유산으로부터 벗어나지 못할 것이다.(Allman, 2013, p. 223)

남부여성연합The Daughters of the Confederacy*은 1909년 플로리다 최초의 주州 역사기념물 건립을 주도함으로써 올러스티 전투를 기렸다. 올러스티 전투에서 남부연합은 비슷한 규모의 북부연방을 기

---

*남부연합 군인들을 기리고 그들의 기념물들을 세우는 것을 목적으로 하는 단체.

습 공격하여 승리를 거뒀다. 설명에 따르면, "이 전투에서 남부는 그들 자신의 힘을 초월하여 완벽하게 승리하였다(Allman, 2013, pp. 232 - 233)." 그러나 슬픈 진실은 다음과 같다. 사실 그 지역의 지리를 잘 아는 5200명의 지원병으로 구성된 남부연합군은 실제로 5500명에 달하는 도망간 북부연방군을 추격하여 승리를 완수해야 했지만, 그들은 그렇게 하지 않았다. 왜냐하면 남부연합의 한 장교의 증언에 따르면, 그들은 '깜둥이를 쏘느라' 너무 바빴기 때문이다. 총을 맞은 그 '깜둥이들'은 부상을 입은 북부 흑인 병사들이었다. 아카데미 수상작인 1989년작 〈영광Glory〉을 보면, '54번째 매사추세츠 자원보병연대' 소속의 아프리카계 미국인을 포함한 1000명 이상의 흑인 병사들은 북부연방을 위해 올러스티에서 싸웠다.

오늘날 플로리다의 역사는 재해석되고 있다. 그리고 과거에 무시되었거나 억압받았던 주제들이 다시 탐색되고 있다. 현재 '올러스티 전쟁 역사 주립공원' 홈페이지는 '54번째 매사추세츠 자원보병연대'의 전투 참가를 설명하며, 공원에서 촬영된 영화 속 장면을 안내하고 있다. 그리고 미국의 가장 치열했던 전투 중 하나이며 플로리다에서 벌어진 가장 큰 전투라고 소개한다. 여기서 흑인 부상병에 대한 총격을 언급하지는 않지만, 남부연합군의 승리라고 칭하지도 않았다. 2015년에 이슬라모라다의 '주요 역사 및 발견 센터Keys History & Discovery Center'는 '하이웨이맨Highwaymen'의 풍경 그림 특별 전시회를 주최했다. 하이웨이맨의 회원들은 독학으로 그림을 공부한 아프리카계 미국인 화가들로 1950년대와 1960년대 미국의 1번 고속도로를 따라다니며, 자신들의 그림을 관광객에게 팔았다(게리 먼로Gary

Monroe가 쓴 《하이웨이맨: 플로리다의 아프리카계 미국인 풍경 화가들The Highwaymen: Florida's African-American Landscape Painters》을 참고해보자). 현재, 스페인 상선 아토차Atocha에서 발견된 보물 전시로 가장 잘 알려진 키웨스트Key West에 있는 '멜 피셔 마리타임Mel Fisher Maritime' 박물관은 2층의 절반을 할애하여 보물들을 전시하고 있을 뿐만 아니라 순회전을 하며 노예무역선 '헨리에타 마리Henrietta Marie'의 문화유물들과 노예제의 역사를 중심적으로 보여주고 있다. 노예제는 우리 논의의 다음 주제다.

미국 사회교과는 수업을 통해 노예제를 적절하게 다루고 있는가? 16명의 미국 초기 대통령들이 노예 소유주였거나 동조자였다는 것을 학생들은 알고 있는가? 분리 정책과 그 효과에 관해서 우리는 어떻게 생각해야만 하는가? 이런 질문들은 대부분의 현행 교과서들이 잘 다루지 않는 까다로운 주제들이다. 그러나 교실에서 이러한 주제들에 관하여 열린 논의를 시작하기 위한 많은 방법들이 있다. 가령 범교과 교육과정을 통해 서로 다른 교과들이 이러한 주제를 다룰 수 있다. 이를 위해서는 주도면밀한 계획과 참여적인 교사들 사이의 논의가 중요하다. 또는 인종과 인종 관계에 관한 특별 과정을 통해 다룰 수도 있다. 이 모두를 탐색해보자.

범교과 맥락에서 전통적인 역사나 사회 교과과정을 보충하거나 특별한 사회적·정치적 쟁점 포럼을 만들 것을 앞서 제안한 바 있다. 노예제는 많은 교과 영역에서 다룰 수 있는 주제다. 생물학이나 환경과학, 경제학 교과과정을 통해 교사는 노예무역에 있어 미국 북부가 해왔던 역할을 설명할 수 있다.

17세기 상업 항구 세일럼Salem을 주제로 한 박물관 건립을 준비하면서, 국립공원 공무원들은 혹시 있을지 모를 공격에 대비하기 위해 조심스럽게 선적 자료들을 확인했다. 그리고 어떤 세일럼 배에서도 노예 기록을 발견할 수 없어 안도했다. 하지만 그들은 섣불리 안도해서는 안 된다. 왜냐하면 노예 매매는 대개 은밀하게 이뤄졌고, 중요한 초점을 놓친 채 기록물이 조사되는 경우가 많기 때문이다. 얼마나 많은 배들이 실제로 노예들을 실었는지 여부와 상관없이, 혹은 얼마나 많은 뉴잉글랜드 상인들이 아프리카인들을 사거나 팔았는지와 상관없이, 뉴잉글랜드는 생선(대구) 무역을 통해 노예제에 매우 깊이 관여하고 있었다. 왜냐하면 그들은 [노예를 먹이기 위한 가장 값싼 생선을 가지고] 플랜테이션 시스템을 공급했을 뿐만 아니라 아프리카인 교역을 가능하게 했기 때문이다. 서아프리카에서는 소금에 절인 대구를 가지고 노예를 구매할 수도 있었다. 서아프리카에는 지금까지도 소금에 절인 대구와 말린 대구를 사고파는 시장이 있다.(Kurlansky, 1997, p. 82)

뉴잉글랜드 역시 수출을 위해 카리브해의 노예들이 만든 당밀로부터 럼주를 만들었다.

19세기 초에 설립된 보스턴의 럼주 회사인 '펠턴 앤 컴퍼니Felton & Company'는 1936년 럼주 광고에 교역 루트를 매우 적나라하게 묘사했다. "선주는 서인도제도로 노예를 실어오는 교역 사이클을 개발했습니다. 이 화물은 그 섬에서 보스턴과 다른 뉴잉글랜드 항구에 이르는 블랙스트랩 당밀 선적이었으며, 마침내 아프리카에 럼주를 선적했습니다."(Kurlansky, 1997, p. 89)

요약하자면, 아프리카에서 현금, 소금에 절인 대구, 혹은 럼주로 노예들을 구입할 수 있었다.

생물학이나 환경과학 수업에서 다양한 식용작물이나 외래종의 원산지를 논의할 때, 교사는 사탕수수로 만들어지는 당밀의 생산과정을 제시할 수 있다. 〈뉴욕 타임스New York Times〉가 선정한 베스트셀러, 에이미 스튜어트Amy Stewart의 《술 취한 식물학자The Drunken Botanist》는 어떻게 중국과 인도의 야생화가 교배한 잡종 형태의 식물(사탕수수)이 여러 나라로 퍼지고 아시아와 유럽에서 활발하게 재배되었는지 보여준다. 콜럼버스는 이 식물을 카리브해로 가져왔다.

사탕수수는 새로운 세계에 도착하자 미국인에게 럼주뿐만 아니라 노예제를 안겨주었다. 16세기 초부터 유럽 교역선은 서아프리카와 카리브해의 설탕 플랜테이션 농장을 오갔다. 그들은 무역 파트너에게 인간 화물을 소개하면서 미국 역사에서 가장 끔찍한 장면 중 하나를 열었다. 사탕수수밭의 노동은 고통 그 자체였다. 화상을 입을 만큼 뜨거운 태양 아래서, 사탕수수는 거대한 칼을 든 손으로 잘려졌고, 강력한 분쇄기 안에서 압축되고, 굉장히 뜨거운 주전자 안에서 끓여졌다. 밭에는 뱀, 쥐, 해충 등 온갖 종류의 생명체가 있었다. 그곳에서의 노동은 위험하고 소모적이며 등골을 휘게 만드는 힘든 것이었다. 이런 일을 사람에게 시킬 수 있는 단 한 가지 방법은 그들을 납치해서 생명을 위협하며 강요하는 것뿐이었다. 이는 정확하게 일어난 사실이다. 몇몇 유럽인과 초기 미국인에게 노예제는 혐오스러웠다. 예를 들어, 영국의 노예제 폐지론자들은 차에 설탕 넣기를 거부하며 그것이 제조된 방식에 대해 항의했다. 하지만 럼주를 거절하는 사람은 거의 없었다.(2013, p. 97)

노예제는 담배와 목화 같은 현금작물* 수확을 위해 미국 남부로도 퍼졌다. 많은 이들이 의도적으로 남북전쟁을 주州의 권리와 연방 정부의 간섭이 부딪힌 싸움으로 쓰고 있지만, 남북전쟁의 핵심 원인은 사우스캐롤라이나주, 미시시피주, 조지아주의 탈퇴 선언문에 명시된 바와 같이 노예제였다. 미시시피주 선언문의 두 번째 단락은 연방 탈퇴의 이유를 다음과 같이 설명한다.

우리는 세계에서 가장 위대한 물질적 이권인 노예제를 포기할 수 없다는 입장을 철저하게 고수한다. 노예제를 통해 노동자들은 상품을 공급한다. 그 상품들은 세계 상업시장에서 가장 크고 가장 중요한 비중을 차지한다. 이러한 상품들은 열대 지역에 근접한 기후에서만 잘 자란다. 그러므로 전제적인 자연의 법칙에 따라, 다른 누구도 아닌 흑인만이 열대 태양을 견딜 수 있다. 이러한 상품들은 이제 세계의 필수품이 되었다. 그러므로 노예제가 타격받으면 전 세계 상업과 문명이 타격받는다. 오랫동안 노예제를 겨냥해왔던 공격이 이제 완성의 도달점에 있다. '노예제 폐지 명령에 복종' 혹은 '타락한 연방에서 탈퇴' 이외의 다른 선택지가 우리에게는 없다. 연방정부의 원칙들은 우리를 파멸시키기 위해 타락하고 있다.

이와 같은 선언들을 읽는 것은 흥미롭다. 사우스캐롤라이나주의 선언은 〈독립선언〉, 연합규약Articles of Confederation, 각 주의 헌법과 미국 헌법을 참고하여 법적인 쟁점을 다뤘다. 조지아주의 선언은 북부 제조업 이윤의 연방 보조금 의존성, 1846년 워커 관세법Walker

---

*생계유지보다는 시장을 위해 재배되는 농업작물.

Tariff Act을 통한 남부 농업 이윤 확대에 대한 국제적인 간섭을 언급하여 경제적 쟁점을 다뤘다. 9장 '돈, 계층, 빈곤'에서 우리는 미시시피주와 조지아주의 선언이 제기하는 문제에 관해 더 살펴볼 것이다. 미국인들은 오늘날까지도 국가 경영에 있어 건국의 아버지들이 작성한 초안 자료들에 의존한다. 이러한 측면에서 남부연합의 선언문들은 인종과 관련한 도덕적 쟁점을 둘러싼 논쟁의 이해와 토론을 위해, 역사나 시민 수업에서 훌륭한 읽기 자료가 될 수 있다.

지금까지 우리는 노예제와 관련해서 다룰 수 있는 토론 주제와 과학, 경제, 역사, 시민 수업에서 제시할 수 있는 도덕적 쟁점들을 살펴보았다. 그러나 국어나 예술과 미디어, 음악 수업에서도 다룰 수 있는 풍부한 자료들이 있다. 노예제 시기의 아프리카계 미국인의 민속예술품과 공예품, 흑인의 영성을 담은 로큰롤과 랩의 진화, 블루스의 바탕인 노예노동요, 노예제와 남북전쟁을 소재로 한 많은 영화와 자료들은 예술, 미디어, 음악 수업에서 혼합해서 다룰 수 있는 것들이다. 여기서는 이 정도만 간단히 언급하고, 문학에 초점을 맞춰 살펴보고자 한다. 노예제를 다룬 문학작품들은 연구를 위해 세 개의 범주로 나눌 수 있다. '노예가 쓴 노예제와 노예 경험에 관한 문학', '노예가 아닌 이들이 쓴 노예제에 관한 문학', '노예제와 관련은 없지만 아프리카계 작가들의 인간성과 재능이 강조되는 노예들이 쓴 문학'이 있다. 이 모든 작품들은 문학이나 국어 수업 시간에 공부하기에 적절하다. 그래서 각 범주의 작품들, 작품들에 대한 문학비평, 각 작품에 대해 제기된 쟁점들을 비교, 대조하는 풍부한 논의가 수업의 중심을 이룰 수 있다. 예를 들어, '레무스 삼촌Uncle Remus 이야기'나《(협잡꾼) 거미 아난시Anansi》*에 관한 아프리카계 민간설화에 담긴 교훈과 《이솝우화Aesop's Fables》의 교훈을 비교하는 '부모되기 수업'을 할 수 있다. 또한 18세기 후반, 아프리카에서 태어난 노예가 출판한 시를 배우는 것은 학생들에게 흥미로울 것이다. 필리스 위틀리Phillis Wheatley는 일곱 살 때 서아프리카를 떠나 미국으로 왔다. 그녀의 이름은 자신을 데려온 배의 이름(The Phillis)과 주인의 성(Wheatley)을 따서 지은 것이다. 그녀는 주인의 딸 메리를 따라 열네 살부터 시를 짓기 시작했다. 메리는 영어뿐만 아니라 그리스어와 라틴어도 그녀에게 가르쳤다. 1772년에 위틀리는 존 행콕John Hancock과 매사추세츠 주지사 등 보스턴 지도자들을 포함한 조사단 앞에서 자신의 시에 대한 저작권을 지키려고 했다. 사람들은 흑인 여성 노예가 그런 작품을 쓸 수 있다는 것을 믿고 싶어 하지 않았다.

은혜롭게도 이교도의 땅에서부터 실려와
미개한 나의 영혼이 가르침을 받고
하나님이 계시고, 구세주 또한 계시다는 것을 알게 되었네.
한때 나는 구원을 간구하지도, 알지도 못했으니
어떤 사람들은 우리 흑인을 경멸하는 눈초리로 본다네.
"저들의 피부색은 악마의 색이다"라고
기억하라, 기독교인들이여, 흑인은 '카인'처럼 참담하지만
깨끗함을 받고 천사의 반열에 오를 수 있나니.(Wheatley, 1773)

---

*가나 아산티족의 설화를 바탕으로 만든 동화.

또한 교사는 노예 서사와 노예의 삶을 묘사한 현대 소설을 비교하고 대조할 수 있다. 노예의 삶을 묘사한 현대 소설은 많지만 여기서는 세 권의 책을 소개하려고 한다. 우선 토니 모리슨Toni Morrison의 《빌러비드Beloved》다. 1988년 퓰리처상을 수상한 이 소설은 딸과 함께 농장을 탈출한 노예 세서가 딸의 유령에 시달리는 이야기다. 세서는 딸을 노예로 되돌려 보내느니 차라리 죽이는 편이 낫다고 생각하고 딸을 살해한다. 또 다른 퓰리처상 수상작인 2006년작 제럴딘 브룩스Geraldine Brooks의 《마치March》의 경우, 루이자 메이 올컷Louisa May Alcott의 《작은 아씨들Little Women》에서 전쟁에 나간 것으로 등장하는 아버지와 한 노예 사이의 사랑 이야기를 담고 있다. 그는 남부를 떠돌며 외판원으로 일하는 동안 만난 노예와 사랑에 빠진다. 마지막으로 마거릿 윙클Margaret Wrinkle의 2013년작 《워시Wash》는 흑인 노예 워시의 이야기를 들려준다. 테네시주에서 주인은 노예 재고를 확보하기 위해 자손을 낳는 '여행하는 검둥이' 워시를 빌려왔다. 이러한 이야기들과 인물들이 직면하는 많은 도덕적 쟁점들은 노예들이 직접 쓴 이야기들과 대조해볼 수 있다. 그중 잘 알려진 네 개의 작품을 1987년 헨리 루이스 게이츠 주니어Henry Louis Gates, Jr.가 편집한 전집 《고전적인 노예 이야기The Classic Slave Narratives》에서 찾을 수 있다. 이 전집은 올라우다 에퀴아노Olaudah Equiano, 메리 프린스Mary Prince, 프레더릭 더글러스Frederick Douglass, 해리엇 제이콥스Harriet Jacobs의 삶에 대한 자전적 이야기들을 담고 있다. 노예제 폐지론자인 해리엇 비처 스토Harriet Beecher Stowe가 쓴 19세기 베스트셀러 소설 《톰 아저씨의 오두막Uncle Tom's Cabin》은 같은 시대 그리고 앞서 언급한 최근 소설 작품들의 노예 이야기와 대조하여 살펴볼 수 있다.

오늘날의 인종

역사와 문학을 통해 인종 관계를 파악해가는 동안 우리는 "망각은 적극적인 잊음(2016, p. 47)"이라는 글로드의 경고를 명심해야 한다. 오늘날 모든 나라에서, 특별히 미국 남부에서 여러 단체들은 특정 인물과 집단을 기리는 조각물과 의식을 없앨 것을 요구하고 있다. 이들 인물과 집단은 한때 존경받았지만 지금은 인종주의로 경멸되고 비판받는 대상들이다. 우리는 이보다 더 논쟁적인 쟁점을 상상하기 힘들다. 학생들은 기억의 제거가 미국인의 참회와 양심의 가책에 대한 적절한 대응인지 혹은 적극적인 잊음의 일례인지 논의해야 한다. 영예를 부여하지 않거나 우리가 깊이 후회하는 인종적 불의에 맞서면서도 역사를 기억할 방법이 있는가?

남북전쟁 이전 미국 대통령들의 인종적 태도를 우리가 어떻게 다룰 수 있는지 먼저 생각해보자. 그들 대부분은 노예 소유주였거나 동조론자였다. 우리는 조지 워싱턴, 토머스 제퍼슨, 제임스 매디슨, 제임스 먼로, 앤드루 잭슨의 기념물을 철거해야 하는가? 우리 대부분은 이에 동조하지 않을 것이다. 물론 이들을 기억해야 하는 훌륭하고 도덕적으로 정당한 이유들이 있다. 우리는 그들의 기여를 부정해서도, 그들의 인종주의를 간과해서도 안 된다. 사람들이 칭송하고 혐오하는 행동에 이들이 동시에 연관될 수 있다는 사실은 분명 우리를 당황스럽게 한다. 여하튼, 우리는 모두를 인지하고 기억해야만 한다. 미국의 많은 학교와 대학들은 지금 이 문제에 직면하고 있다.

피터 갤루츠카Peter Galuszka는 "남부의 반란 역사나 다른 당황스러운 함축과 밀접한 관련이 있는 학교들은 동상, 건물, 경기장과 같은 인종주의자의 상징물을 얼마나 바꿔야 하는지 딜레마에 직면한다. 그들은 자신이 전통으로 여기는 상징물을 바꾸고 싶지 않지만, 만약 그렇게 하지 않는다면 낮은 평점을 받을 것이기 때문이다(2016, p. 12)"라고 지적한다. 그런데 여기서 당황스러운 함축은 남북전쟁 시대에 제한되지 않는다. 우드로 윌슨의 경우처럼, 인종주의를 옹호한 증거가 잘 기록되어 있을 때, 학생들과 시민들은 그를 기념하는 모든 것을 제거하라고 시끄럽게 요구할 것이다. 학생들은 이러한 문제에 어떻게 지혜롭게 대처할 수 있을지 논쟁할 수 있다. 윌슨은 우리가 존경하거나 감사할 만한 일을 무엇도 하지 않았는가? 선과 악 모두를 기억할 방법이 있는가? 시대적 문제와 우리가 시대의 영향을 벗어날 수 없다는 점을 동시에 가르칠 수 있는 방법이 있는가? 웨이트 롤스 Waite Rawls는 "기념물은 그 역사의 일부다. 우리는 역사도 기념물도 지워버려서는 안 된다(Galuszka, 2016, p. 13)"라고 제안한다. 이는 현재의 사회문제들을 다룰 때 시대적 맥락을 함께 설명해야 하며, 학생들이 비판적 사고를 하도록 도와야 함을 의미한다. 윌슨, 제퍼슨, 잭슨의 삶에서 어떤 부분이 칭송받아야 하는가? 무엇이 비난받아야 하는가? 그리고 우리는 어떻게 이 모두를 공적인 논의에서 다룰 수 있는가?

학생들이 배워야만 하는 많은 인종 관련 쟁점들이 있다. 그중 대개 흑인들이 백인보다 (불균형적으로) 소득 불평등, 주거 차별, 체포와 투옥으로 고통받는다(Desmond, 2016; Glaude, 2016)는 쟁점에 대해서는 논쟁이 심하지 않다. 무엇을 해야만 하고 왜 해야만 하는지에 대해 우리가 논의를 시작할 때 논쟁이 일어나기 때문이다.

확인된 문제에 대한 해결책을 찾는 데 누가 참여해야 하는지 물을 때 주된 논쟁은 일어나며, 반복된다. 3장에서 우리는 현명하고 책임감 있는 아이들로 기르기 위해 대화와 선택이 얼마나 중요한지 논의했다. 그러나 표준화된 시험과 지시적인 교수법이 중요해진 이 시대에, 십 대와 함께하는 우리는 너무 자주 대화와 선택을 부차적인 것으로 미루고 잊어버린다(Noddings, 2006, 2015a). 보다 큰 사회 범주에서 책임감이 있는 좋은 위치에 속한 사람들이 있다. 그러나 그들은 자신이 '돕고 있는' 사람들의 활발한 참여를 이끄는 데 실패함으로써 사태를 악화시킨다. 예를 들어, 알리시아 가자Alicia Garza*는 다음 문장을 통해 사회정의를 위한 백인 '조력자'의 태도에 대한 그녀의 실망을 표현한다. "샌프란시스코는 나의 마음을 아프고 또 아프게 했다. 백인 진보주의자들은 공동체를 위해 최선이 무엇인지, 지금 이 갈등을 빚지 않기 위해서는 어떤 선택이 최선이었을지 판단할 권리에 대해 우리와 실제로 논의할 수도 있었다(Cobb, 2016, p. 35)." 여기서 인용된 젤라니 코브Jelani Cobb의 이 글은 소통의 실패가 적어도 사회정의 프로그램의 잦은 실패의 원인들 중 하나가 될 수 있음을 지적한다. 사실 불평등이 주된 문제로 떠오를 때마다 우리는 이러한 불평을 반복적으로 들어왔다.

---

*흑인 운동가이자 편집 작가다. 그녀는 흑인 인권 보호를 위한 국제 운동 및 프로젝트인 '흑인의 목숨도 소중하다'의 공동 창립자이고, 미국 가사 노동자들의 존엄성 보장과 공정성 확보를 위한 단체인 전미 가사노동자연맹National Domestic Workers Alliance에서 적극적으로 활동하고 있다.

교사는 사회경제적 수준의 차이를 가로지르는 소통의 실패 문제에 관해 학생들과 대화함으로써 그들이 협력과 타협에 관해 생각할 수 있도록 북돋아야 한다. 이 책의 후반부에서, 우리는 역사학자 고든 우드의 관찰을 설명할 것이다. 그에 따르면, 미국인은 너무나 자주 '이것 아니면 저것(all-or-nothing)'인 사람들이 돼버린다. 우리는 하나의 완벽한 해결책을 선택하기를 원한다. 그 해결책이 실패했을 때, 혹은 실패할 것 같을 때, 우리는 그것을 포기하고 또 다른 '완벽한' 해결책을 구한다. 하지만 그런 해결책은 속임수일 수 있다. 모든 가능성을 탐구하고 시도해본 후 가장 전망 있는 조각들을 선택해야 한다. 교사는 학생들이 주요 쟁점의 모든 측면을 고려하도록 가르쳐야 한다. 또한 학생들이 자신과 다른 생각을 가진 사람을 비판할 때, 상대가 가진 선한 동기를 이해하고 인정할 수 있도록 교육해야 한다.

예를 들어, '흑인의 목숨도 소중하다Black Lives Matter'*는 운동의 목표에 우리가 전체적으로 동의한다고 가정해보자. 그리고 그때 누군가 "모든 삶들이 중요하다!"라고 말한다면 우리는 어떻게 대응해야 하는가? 안타깝게도 너무 많은 사람들은 분노로 대응한다. 이런 식의 대응은 초점을 전체적으로 놓쳐버린다. 사람들의 언성은 높아진다. 분노에 찬 대응은 심지어 인종주의로 비난받고, 그 비난이 정당화될 수도 있다. 그 결과 사회정의에 헌신한 한 유망한 조직은 쉽게 붕괴해버릴지 모른다. 논쟁의 참여자는 비난을 멈추고, 비판적으로 생각하며 듣고 다시 소통을 시도하는 방법을 배워야만 한다.

*2012년 비무장 흑인 소년을 죽인 백인 방범요원이 이듬해 무죄판결을 받고 풀려나면서 시작된 흑인 인권 운동이다. 2016년 댈러스 시위에서 흑인 총격범에 의해 백인 경찰 다섯 명이 사망하고, 흑인 총격범은 폭탄 로봇에 의해서 폭살되면서 논란이 커졌다.

방금 논의한 소통은 또 다른 중요한 논쟁적 쟁점을 설명해준다. '흑인의 목숨도 소중하다' 회원들은 **흑인**으로서 존중받고 평등하기를 원한다. 물론 그들의 **목숨**은 중요하다. 그러나 그들의 정체성 또한 중요하다. 그들은 흑인으로서 충만한 시민성을 구한다. 이는 마치 특권층인 백인 다수와 그들이 다르지 않다고 단순히 인정하는 것으로 끝나지 않는다. 이보다는 흑인이 백인 동네에 이사 온다면 이웃으로서 함께 지낼 수 있음을 뜻하며, 나아가 전형적인 백인들처럼 대개의 흑인 이웃들이 안전해지고 부유해져야 함을 의미한다. 통합은 틀림없이 칭찬받을 만한 목표지만, 단지 억압받은 흑인들의 삶을 향상하기 위한 수단으로서 강제적으로 추진된다면 갈채를 받을 만한 일은 아니다. 자신의 삶을 향상시키기 위하여 흑인은 백인들의 회사에 들어가야 하는가? 흑백 학교통합의 추진 방식 때문에 상처 입은 흑인 학생들을 심각하게 걱정해본 미국인은 거의 없다. 백인 학교로 배정된 흑인 학생들은 자신들의 롤모델인 흑인 교사의 상실로 고통받고, 문화적 혼란을 느끼며, 목소리의 상실을 경험하고, 자신이 열등하거나 도움이 필요한 존재라고 느끼며 시달린다(Milner, Delale-O' Connor, Murray, & Farinde, 2016). 사려 깊은 비평가들은 이러한 점을 우리에게 이야기하려고 시도해왔다. 교사는 이처럼 매우 논쟁적인 쟁점을 학생들이 탐구하도록 함으로써 미국인을 통합하고 흑인들의 존엄성을 보장할 수 있는 방법을 제안할 수 있도록 가르쳐야 한다. 흑인 대학의 역사를 언급하는 이 장의 마지막 절에서 우리는 이러한 쟁점을 다시 한 번 살펴볼 것이다.

이제 이 장의 첫 번째 절에서 다루었던 문제, 즉 인종주의자로 밝혀졌거나 의심이 가는 인물에 대한 추모의 글과 기념물을 어떻게 처리해야 할지 간략하게 짚고 넘어가자. 공공장소에서 그들의 이름을 삭제하는 것은 글로드가 '망각'이라고 부른 것을 감행하는 것이다. 인종차별로 고통받아온 이들을 위해서, 우리는 그 고통을 기억해야 한다. 하지만 또한 우리는 선한 사람조차도 종종 한 사회로 침투한 악한 생각에 의해 변화될 수 있다는 점을 기억해야 한다. 만약 우리가 우드로 윌슨의 이름을 프린스턴 대학과 국가 기념물에서 삭제한다면, 토머스 제퍼슨의 것들도 삭제해야 하는가? 아니면 우리는 제퍼슨의 걸출한 국가적 기여를 알기 위해 노력해야 하는가?(Onuf & Gordon-Reed, 2016) 아니면 무거운 마음으로 노예 소유주로서 그의 삶을 기억해야 하는가? 이를 통해 보듯 사회적·도덕적 논쟁은 너무나도 어렵다. 그리고 이러한 사실에 대한 인정은 비판적 사고가 주된 교육적 목표여야 한다는 필자의 논지를 뒷받침한다. 비판적 사고는 단지 필자가 결정한 교육의 목표여서가 아니라 타인의 삶과 믿음에 대한 깊은 이해를 돕기 때문에 중요하다. 조이스 킹Joyce King은《교육연구원Educational Researcher》에 게재한 자신의 논문 결론에서 '비판적 공동연구'를 강하게 주장한다. 비판적 공동연구는 타인에 대한 깊이 있는 이해를 돕고, 그에 따라 우리 모두를 위해 더 나은 삶을 목표로 둔다(2016, p. 169).

 이 장을 집필하는 도중, 프린스턴 대학이 윌슨의 이름을 삭제하지도 기념물을 철거하지도 않기로 결정했다는 소식이 들려왔다. 그리고 그 대신 대학과 국가를 위해 그가 기여한 **긍정적**인 측면을 강조하기로 결정했다고 한다. 하지만 염려되는 부분이 있다. 과연 그들은 공공 전시를 통해 윌슨에 대한 이야기 모두를 제시할 수 있는 방법을 찾을 수 있을까? 이 딜레마에 대한 남부 사람과의 논의는 누군가에 게 괴로운 일이 될 수 있을 것이다. 남부 사람들은 남부연합을 위해 싸운 사람들을 기리는 기념물 보존을 정당화할 수 있는가? 우리는 이러한 쟁점의 두 측면에 대해 사람들이 품는 격한 감정들을 이해할 수 있는가?

오늘날 학교에서의 인종

이 절에서는 통합에 대한 논의를 이어가려고 한다. 필자는 통합에 대한 모든 이론과 노력에도 불구하고, 오늘날 미국 학교들이 40년 전 보다도 더 분리되었다고 느낀다. 평등의 정신과 공동의 시민적 관심 은 당연히 통합되어야만 한다. 그러나 사람들은 대부분 이를 흑인 학 생의 이득을 위해 어떤 조치를 취해야 하는 것으로 생각한다. 모든 인 종에 대해 통합이 긍정적인 효과를 가진다면, 어떤 부정적인 효과를 예상할 수 있는가? 흑인 아이들은 교육받기 위해 백인 아이들과 함께 학교를 다녀야 하는가? 우리는 문화적 뿌리로부터 떼어졌을 때 흑인 아이들이 겪는 고통과 혼란을 앞서 언급한 바 있다. 우리는 동등한 수 의 백인 아이들을 흑인 학교로 옮기는 것에 대해서 고민해보았는가?

흑인 교육의 역사는 모든 미국 교육의 일부로 포함되어야 한다. 흑 인계 대학Historically Black Colleges and Universities, HBCU이 역사적으 로 어떤 기여를 했는지 함께 배우는 것은 모든 학생들에게 이해되어야 하며, 흑인 학생들에게 자부심의 원천이 되어야 한다(Glaude, 2016; Siddle Walker & Snarey, 2004). 그러한 공부는 흑인**이자** 시민으로서 충만한 흑인들을 인정한다. 그리고 통합교육의 상호적인 이득을 강조한다. 또한 학생들은 현재 재정적인 어려움을 겪고 있는 많은 흑인 대학들의 상황에 대해서 비판적으로 사고해야 한다. 글로드는 스펠만Spelman, 모어하우스Morehouse, 하워드Howard, 터스키기Tuskegee, 햄프턴Hampton 대학은 생존할 수 있었지만, 많은 다른 흑인 학교들이 강제로 문을 닫아야 할지 모른다는 사실에 주목한다(2016, p. 135). 흑인 학생들이 전통적인 백인 학교에 입학할 수 있게 되었다는 점은 분명 좋다. 그러나 흑인 교육 기관을 위한 특별한 장소는 없는가? 이것은 비판적 사고를 기르고 논의하기 위한 중요한 쟁점이다.

흑인 역사에 관한 강좌나 생물학 수업에서, 학생들은 케네스 매닝Kenneth Manning이 쓴 어니스트 에버렛 저스트Ernest Everett Just(1883-1941)의 전기를 읽을 수 있다. 그는 선구적인 아프리카계 미국인으로 생물학자이자 교육자였다. 저스트는 1883년에 태어난 흑인 남성이 받을 수 있는 모든 형태의 교육을 경험했다. 사우스캐롤라이나주에 흑인들을 위한 최초의 실업학교를 세운 그의 어머니는 그가 열두 살이 될 때까지 집과 학교에서 그를 가르쳤다. 그 후 그는 열세 살에 '유색인종을 위한 일반, 산업, 농업, 공업 대학(후에 HBCU인 사우스캐롤라이나 주립대학)'에 입학하였다. 이 대학은 "분리하되 평등하다"는 '**플레시 대 퍼거슨 사건**'의 판결* 결과로 생겨난 학교였다. 이 교육

---

*인종분리정책에 따라 백인 열차 칸에 탄 유색인종인 플레시가 적발된 사건에 대해 내린 1896년의 판결로 1954년에 폐기되었다.

기관에서 그는 사우스캐롤라이나주의 **흑인** 공립학교에서 가르치는 것을 허가하는 교사자격증을 받았다. 그러나 당시 열여섯 살이었던 그는 아직 가르칠 준비가 안 되어 있었고, 여전히 더 많은 지식에 굶주려 있었다. 그는 이후 4년을 뉴햄프셔 메리던에 있는 '킴벨 유니온 아카데미'에서 보냈다. 여기서 그는 졸업할 때까지 유일한 흑인 학생이었다. 이후 그는 뉴햄프셔의 하노버로 이주했다. 그리고 여러 상을 수상하는 동시에 다트머스 대학을 준최우등으로 졸업했다. 이후 그는 하워드 대학에서 영어를 가르치기 시작했고, 1910년에 생물학 부교수가 되었다. 1909년부터 1915년까지 그는 '우즈홀 해양 연구소'에서 연구원으로 매해 여름을 보내며 연구를 완성하였다. 이후 시카고 대학에서 박사학위를 받기 위한 1년의 거주를 허가받았다. 이 시기까지 그는 하워드 의과대학 학장이었다. **그러나 여전히 흑인 교육기관 이외의 곳에서 교직에 지원하는 일조차 적극적으로 방해받았다**(Manning, 1983).

흑인 학교들의 긍정적인 특징과 역사적 공헌에 대한 강조는 모두의 이익에 이목을 집중시킴으로써 통합을 위한 우리의 노력에 힘을 불어넣을 수 있다. 오늘날 많은 '통합' 학교의 흑인 학생들은 점심 식탁에서, 운동장에서, 사회적인 행사에서 스스로를 분리시키는 경향이 있다. 이러한 현상은 우리가 통합의 목적을 왜곡시켜온 결과일 수 있다. 흑인 학생들의 자기 분리는 모든 학생들이 '도움을 받는' 집단에 대한 존중을 쌓아감에 따라 줄어들 것이다. 그때 다시 우리는 흑인 학생들의 '무리 짓기'가 어떤 이익이 되는지 탐색할 수 있다. 흑인 학생들의 '무리 짓기'는 긍정적인 특징을 가지는가?

흑인들의 자부심과 상호 연대는 고립을 넘어서 부정적인 측면을 가질 수 있다. 이 책에서 계속해서 논의해왔듯이, 흑인의 삶과 정체성에 대한 전반적인 인정은 참여 민주주의의 번영을 위해 긍정적이면서도 필수적이다. 반면에, 우리는 몇몇 흑인 사상가와 작가들에 의해 표현된 분리 지지에 대한 분노를 걱정해야 한다. 대릴 핀크니 Darryl Pinckney(2016)는 타네히시 코츠의 충고에 주목한다. 코츠는 계속되는 백인들의 인종주의에 대한 저항을 멈추고, 스스로를 위해 자부심을 지키며, 분리된 삶을 살고, 흑인만의 공동체를 세울 것을 흑인들에게 충고해왔다. 흑인이든 백인이든 미국의 고등학생들은 이에 어떻게 응답할 것인가?

이쯤에서 간략하게, 인종과 인종주의 주제만을 다루는 강좌에 대한 견해를 다시 생각해보자. 로런스 블룸Lawrence Blum은 매사추세츠주 케임브리지의 '공립 케임브리지 린지 앤드 라틴 학교'에서 그런 강좌를 가르쳐왔다. 그는 또한《고등학교, 인종, 미국의 미래High Schools, Race, and America's Future》(2012)에서도 이러한 강좌에 대해 글을 쓴 바 있다. 이 책에서 그는 강좌명과 교재 목록뿐만 아니라, 그 과정과 성과에 대해 깊이 있는 시각을 우리에게 제공한다. 그는 노예제에 관한 단원들을 다루기 위해 수업 시간의 상당 부분을 할애하였다. 하지만 그의 강좌들은 인종과 인종주의에 대한 도덕적 토론을 위한 다른 주제들을 위해서도 좋은 자료들이다. 우리의 현재 논의와 관련하여 주목할 점은, 이러한 강좌들이 신중하게 선택된 공립학교의 인종 통합교실을 대상으로 우등 과정*으로서 적용된다는 사실이다. 블룸

---

*보통 개개의 연구에 종사하는 독립 과정.

은 우리에게 다음과 같이 말한다. "교육과정 과목으로서 인종과 관련된 강좌를 인종 통합교실에 적용한다면, 이는 매우 특별한 조합이다 (2012, p. 185)."

다른 인종의 또래들과 대화하면서 정중하게 서로를 대할 때, 학생들은 인종적 분리를 가로질러 자신을 표현하고 상대의 이야기를 듣는 법을 배우게 된다. 이것은 도덕적 진보이고, 그들의 성품을 비옥하게 하는 것이다. 학생들은 종종 존중을 방해하는 경계를 뛰어넘음으로써 타인을 존중하는 법을 배운다. 학생들은 타인을 적대하거나 두려워하며, 편견의 눈빛으로 바라보고, 화내기보다는 차이를 수용하고, 환영하며, 감상하는 법을 배운다. 이는 단순한 관용 이상의 것을 의미한다. 나의 학생들은 단지 나와 다른 누군가에 대하여 참는 것이 아니다. 존중과 인정은 핵심적인 도덕적 자세다. 그리고 특별히 인종과 같이 갈등을 자주 일으키는 잠재적 차이에 직면하여, 존중과 인정은 미국 학교들이 학생들에게 가르쳐야 하는 관용보다 더 높은 도덕적 기준을 정의한다.(pp. 185-186)

블룸은 교육과정의 시민적 측면, 그리고 비판적 사고 및 도덕적 헌신과의 관계를 계속해서 설명한다.

나는 교실에서 도덕적 토론을 할 때, 그리고 워커나 제퍼슨에 대해 과제를 낼 때 비판적 사고의 차원을 강조해왔다. … 비판적 사고는 시민들이 사회현상을 분석하고 공공 현상과 관련된 정책 제안을 평가할 수 있도록 돕는다. 뿐만 아니라 다른 시민적 역량 또한 필요한데, 이를 위해서는 혼합 교실과 교육과정 모두 중요하다. 미국에서 인종은 여전히 교육, 건강, 사회적 지위가 높은 직업, 수입, 좋은 이웃이 곁에 있는 집을 비롯한 삶의 여러 측면들에 존재하는 불평등의 중요한 근원이다. 따라서 (여러 다른 것들 중에서) 시민 참여가 모든 미국 시민의 많은 부분을 개선하고 보다 공정한 사회를 만들기 위한 것이라면, 인종 문제에 대한 이해와 동료 시민과의 지적이고 생산적인 토론이 절대적으로 필요하다.(2012, p. 186)

앞으로 논의하겠지만, 다양한 혼합 교실과 적절한 교육과정을 통해 동료 시민과의 지적이고 생산적인 토론 능력을 향상시키려는 생각은 젠더 및 사회경제적 다양성에도 적용될 수 있다. 여기서 우리는 주목해야 한다. 이러한 토론은 교실과 학교 프로그램들을 가로질러 공유되어야 하며, 우등반에만 제한시켜서는 안 된다.

여기서 살펴보아야 하는 매우 논쟁적인 마지막 쟁점은 언어와 관련된다. 잘 교육받은 미국인은 다른 외국어를 대하듯 흑인 영어를 존중하도록 배워야 하는가, 아니면 모든 학생들이 표준 영어를 숙달하도록 요구해야 하는가? 이 주제는 이 책의 몇몇 군데에서 다루었지만 이 절에서 특별히 더 적절하다. 우리는 스스로 흑인 영어를 인정하고 존중해야 하는가? 우리는 모든 학생들이 표준 영어를 배우고 사용하도록 계속해서 독려할 수 있는가?

필자(브룩스)가 펜실베이니아주의 피츠버그로 이사했을 때, 나는 그 지역의 사투리 때문에 날카로워진 내 자신을 발견한 적이 있다. 이 지역에서는 "이것은 세척이 **필요하다**(This *needs* washed)"처럼 특별히 조동사 'need'를 많이 쓴다. 나는 내 아이들에게 우리 집에서는

'피츠버그 사투리Pittsburghese'를 사용하지 않아야 한다고 가르쳤다. 그 후, 뉴저지주의 뉴어크에서 일할 때, 나는 **'애스크**ask**'를 '액스**axe**'** 라고 발음하는 흑인 동료들 때문에 짜증을 내는 자신을 발견했다. 왜 이러한 사소한 문제가 우리를 불편하게 하는가? 그리고 우리는 어떻게 대응해야 할까? 나는 사투리가 나에게 공격적인 것으로 느껴지는 것을 알았지만, 말의 뜻을 알기 위해 사투리 단어와 발음을 배웠다. 자신의 편견을 이해하고 직면하는 것과 반대로 모든 사람에게 표준 영어를 말하도록 요구하는 것이 과연 옳거나 유일한 해결책인지 나는 확신할 수 없다. 그럼에도 불구하고 취업 인터뷰, 교실 참여 및 기타 첫 만남에서는 첫인상이 중요하다! '애스크'를 '액스'라고 발음하는 것에 대한 나의 공포는 계속해서 바뀌고 있다. 제프리 디버Jeffery Deaver의 미스터리 소설《열두 번째 카드The Twelfth Card》(2005)에 등장하는 할렘을 걸으며 나누는 아빠와 딸 사이의 대화는 이 쟁점을 아름답게 비춘다.

"내가 그 안[감옥]에 있을 때," 그는 설명했다. "나는 고등학교 학력을 취득하고, 대학 1년 과정에 대한 수료를 인정받았지."

그녀는 아무 말도 하지 않았다.

"나는 보통 읽기와 어휘를 공부했지. 그게 나에게 직업을 주진 않았지만 나를 이끈 무언가였어. 너도 알겠지만 나는 항상 책과 물건을 좋아했어. 네가 매우 어렸을 때부터 책을 읽힌 사람이 바로 나였지. … 나는 표준어를 공부했어. 그러나 나는 사투리[흑인 영어]도 공부했지 … 나는 흑인 영어에서 어떤 문제점도 발견하지 못했지."

"아빠는 흑인 영어를 쓰지 않잖아요?" 그녀는 날카롭게 지적했다.

"어릴 적 나는 흑인 영어를 사용하지 않았어. 프랑스어나 만딩고*로도 말하지 않았지."

"나는 사람들이 '렘미 액스 유 어 퀘스천(Lemme axe you a question)'이라고 말하는 것을 듣는 게 신물이 나요."

그녀의 아빠가 어깨를 으쓱거렸다. "'액스(axe)'는 'ask'의 단지 옛 영어 버전이란다. 왕족도 그렇게 발음하곤 했단다. 하나님께 자비를 '요구하는 (axing)' 것에 관해 이야기하는 성경 번역이 있단다. 그러니까 '액스'는 사람들이 말하는 것처럼 흑인의 것이 아니란다. s와 k가 연달아 나올 때 발음하기 어렵지. 바꾸어 말하는 것이 더 쉽단다. 그리고 'ain't'는 셰익스피어 시대 이래로 영어에서 사용되는 거란다."

그녀는 웃었다. "흑인 영어로 말해서 일자리를 좀 구해 봐요."

"글쎄다, [흑인이 아니라] 프랑스나 러시아 출신인 사람이 같은 일자리를 구하면 어떻게 될까? 영어를 좀 다르게 말할지라도, 그들이 열심히 일할 뿐만 아니라 영리하다는 소문을 듣는다면 사장은 그들에게 기회를 주지 않을까? 아마도 문제는 사장이 고용하지 **않을** 이유로 그가 사용하는 언어를 이용한다는 데 있지." 그는 웃었다. "빌어먹을 뉴욕에서 차후 몇 년간은 스페인어와 중국어를 할 수 있는 것이 나을 수도 있어. 왜 흑인 영어는 안 되지?"

그의 논리는 그녀를 더욱 격노하게 했다.

"지니야. 나는 우리 흑인의 말을 **사랑해**. 흑인 영어는 나에게 자연스러울 뿐만 아니라 나를 집에 있는 것처럼 느끼게 하지. 보렴. 너는 내가 한 짓에

---

*아프리카 서부 지역 부족의 말.

대해 나에게 화낼 모든 권리를 가졌어. 하지만 내가 누구인지나 우리가 어디로부터 왔는지에 대해서는 아니야. 여기는 집이야. 그리고 너는 이 집으로 무엇을 할지 알고 있지, 그렇지 않니? 너는 변화해야만 하는(oughta) 것을 변화시키고, 네가 할 수 없는 것에 대해서 자부심을 느끼도록 배우렴."
(2005, pp. 469-470)

여기서 중요한 두 개의 초점이 있다. 첫째, 아버지 잭스는 그가 사투리라 부르는 것과 표준어의 차이를 인정하는가? 각각을 사용할 때 의식적으로 선택하는가? 두 번째 초점은 토론할 만한 논쟁적인 쟁점이다. 우리는 왜 영화 〈슈퍼배드Despicable Me〉*의 그루Gru처럼 동유럽인 악센트를 가진 비문법적인 영어를 말하는 사람과 사투리를 말하는 사람을 다르게 받아들이는가? 나는 사위에게 누군가가 '애스크' 대신 '액스'라고 말하는 것을 들을 때 어떤 생각이 떠오르는지 물어봤다. 그는 "그렇게 말한 사람은 교육을 받지 않았거나 언행이 불량하거나, 그리고 너무 격식을 차리지 않는, 아마도 아프리카계 미국인이겠죠"라고 적극적으로 대답했다. 우리는 문화적·언어적 쟁점에 관하여 9장 '돈, 계층, 빈곤'에서 더 논의할 것이다.

만약 우리가 [아프리카계 미국인 저명 저술가인] 코츠와 몇몇 다른 흑인 비평가들의 비관론을 받아들인다면, 우리는 표준 영어를 어떻게 말하고 쓰는지 배우도록 흑인 아이들을 가르치는 것을 단순히 포기해야 할지 모른다. 그러나 코츠 자신은 명백하게 언어를 숙달하였

---

*달을 훔쳐 세계 최고의 악당을 꿈꾸는 그루가 세 아이를 입양하며 점차 따뜻한 사람으로 변해가는 모습을 보여주는 장편 애니메이션.

고 직업 작가로서 성공하였다. 비관론을 바탕으로, 그는 글을 쓰는 데 있어서 그의 성공이 흑인과 검은색을 향한 백인의 태도를 변화시키지 않을 것이라고 주장할지 모른다. 우리는 이러한 문제를 두 측면에서 대처할 수 있음을 학생들이 알도록 가르쳐야만 한다. 우리는 흑인 영어를 존중하도록 가르치기 위해 노력할 수 있고, **또한** 모든 학생이 표준 영어를 숙달하도록 도울 의무가 있다. 표준어를 배워서 흑인 학생이 무엇을 할 것인지는 그들에게 맡겨야 한다. 불행하게도, 우리는 코츠와 같이 "그들에게 **맡겨야만 한다**"는 식의 반응을 기대할 수밖에 없다. 하지만 아직은 아니다. 우리 자신으로부터 인종주의를 걷어내기 위해서는 갈 길이 멀다.

6장

젠더와 공적인 삶

공적 세계에서 여성에 대한 평등한 대우를 정당화하는 목표와 원칙들에
대해서는 별로 이견이 없다. 진정한 어려움은 어떻게 여성을 평등하게
대우하고 무엇이 그러한 대우를 방해하는지에 관한 것이다. 실제 인류
역사에서 여성의 인권 문제가 '더딘 진보'를 보였던 원인을 찾기 위해,
여성 인권의 역사를 공부하는 것은 유용하다.

지난 수십 년 동안 여성의 삶은 공적 분야에서 상당히 개선되어 왔다. 비록 유사한 임무를 수행하는 남성의 임금보다 여성의 임금이 여전히 뒤처져 있지만, 현재 많은 여성이 전문직업인으로서 성공적인 삶을 살고 있다. 그럼에도 불구하고, 계속 남는 중요한 질문이 있다. 우리는 남성이 정의한 공적 세계에서 여성들이 얼마나 잘하고 있는지를 기준으로 양성평등을 판단한다. 이것에 과연 문제가 없는가? 전통적인 사회적 관심과 여성의 도덕적 지향을 통합하기 위해 우리는 남성이 정의한 공적 세계를 수정해야 하는가? 점점 더 목소리가 높아지고 있는 성소수자LGBTQ*의 요구와 바람을 수용하는 것은 극단적인 남성성과 여성성 모두가 주는 최선의 것을 우리로 하여금 기

---

*레즈비언Lesbian, 게이Gay, 양성애자Bisexual, 트랜스젠더Transgender, 성적 지향에 의문을 가지고 있는 사람들Questioner을 합쳐 부르는 말.

르도록 돕는가?

5장과 6장의 순서는 의도적으로 배열되었다. 흑인 남성은 1870년, 열다섯 번째 헌법 개정으로 투표권을 갖고 미국 시민으로서 완전하게 그것을 행사하였다. 반면, 여성은 50년 후인 1920년 열아홉 번째 헌법 개정으로 투표권을 갖게 되었다. 2008년에는 미국 최초로 아프리카계 미국인이 대통령으로 선출되었다. 그러나 다른 많은 나라들이 정부나 국가의 수장으로 여성을 선출하거나 임명하고 있다는 사실에도 불구하고, 미국은 아직까지 여성 대통령을 선출해본 적이 없다.

프랑스, 대부분의 아랍 국가, 멕시코 및 러시아처럼 소수의 국가만이 아직까지 여성을 대통령으로 선출한 적이 없다. 비록 러시아는 예카테리나 여제가 있긴 했지만, 미국과 비슷한 처지의 국가들을 찾는 것은 어려운 일이 아니다. 어째서 우리는 여성 리더십이 가질 수 있는 차별성을 연구하지 않는가? 미국 건국의 아버지들은 노예제와 함께 여성의 독립과 정치 참여를 억압하는 데 기여했다. 미국 교육과정 관련 문서에는 "모든 사람men이 평등하게 태어났다"는 문구를 여성도 고려해서 해석해야 한다는 의미의 포괄적 진술이 없다. 지적 재능과 신중함을 가진 사람으로서 토머스 제퍼슨은 너무나 많은 문제를 처리해야 했기 때문에, 노예보다 더 많은 여성을 생각할 여유가 없었다.

1790년에 토머스 제퍼슨은 커피를 달게 마시기 위해 50파운드의 단풍나무 설탕을 구입했다. 이것은 정치적인 결정보다 그다지 중요하지 않은 조리법에 대한 결정이었다. 그의 친구이자 〈독립선언〉의 서명자인 벤저민 러시는 노예 노동에 의존했던 사탕수수 설탕 대신 단풍나무 설탕을 사용하라고 제퍼슨을 종용해왔다.

　　노예 소유자였음에도 불구하고 제퍼슨은 이러한 생각에 숨은 현명함을 보았다. 그는 영국의 외교관인 벤저민 본에게 보내는 글에서 이렇게 썼다. 미국의 일부 지역은 그 전체가 상상하면 상상하는 만큼 모두 "설탕 단풍나무로 덮여 있습니다", 단풍나무를 수확하는 것은 "성인 여성과 소녀가 할 수 있을 정도로 쉬운 일이어서 다른 노동력이 필요 없습니다. … 흑인 노예가 반드시 필요한 것으로 보는 설탕을, 어린이조차 할 수 있는 노동 정도만 필요한 설탕으로 대체한다는 것은 얼마나 큰 축복입니까?"(Stewart, 2013, p. 257)

　　교사는 학생들이 미국 민주주의 초기의 여성 지위와 보편적 선거권 획득을 위한 투쟁을 더 깊이 탐구할 수 있도록 도와야 한다.

　　이 장의 목적을 이루기 위해, 필자들은 대개 **남성성**masculinity과 **여성성**femininity으로 불리는 남성과 여성의 사회적, 문화적 특성을 지칭할 때 '**젠더**gender'라는 용어를 사용할 것이다. **성**sex이라는 용어는 사람의 생물학적 외형이나 성적 지향sexual orientation*을 가리킬 때 사용할 것이다. 용어와 용어 사용은 그 자체로 오늘날에 논쟁이 많은 문제다. 오늘날 많은 대학들에서는 입학 절차의 하나로 공통지원서 Common Application 양식을 사용한다.

　　올 여름부터 학생들은 '출생 시 기록된 성별'을 명시하는 공통지원서를 사용해야 합니다. 이 지원서에는 학생이 자신의 젠더 정체성을 기술할 수

---

*상대방에 대한 지속적인 감정적, 성적 친근감 또는 이끌림을 뜻한다. 일반적으로 이성적, 양성적, 동성적 취향으로 나뉜다.

있는 자유기술란도 있습니다.

지난주 공통지원서 위원회가 공고한 이 변경은, 성별에 대해 묻는 표준화된 양식을 어떻게 변경할지에 관한 학생과 옹호자의 요청에 따른 것입니다. 현재 지원자는 '남성' 또는 '여성'을 선택해야 합니다.

많은 대학들이 이와 같이 변경한 것은, 최근 트랜스젠더에 대한 사회적 시각이 바뀌면서 전통적인 남성과 여성의 성격에 부합하지 않는 성 정체성을 가졌거나 출생증명서에 기록된 내용과 일치하지 않는 학생들의 삶을 개선하기 위해서입니다.('Common Application', 2016, p. A20)

(가위와 달팽이, 강아지 꼬리로 만든) **남성성**과 (설탕과 양념 및 모든 좋은 것들로 만든) **여성성**이라는 용어를 정의하기 위해 미국에서 문화적·사회적인 특성을 조사할 때, 우리는 즉각 남성 혹은 여성이라는 이분법적인 지칭에는 부족함이 있음을 발견할 수 있다.* 일반적이지는 않지만 분명 존재하는 어느 범주에도 맞지 않는 염색체 및 기타 변종이 있다. 그러므로 이 용어는 생물학적 가능성의 전체 범위를 설명하기에는 불충분하다. 성적 취향과 지향에 관해서, **남성**과 **여성**이라는 용어는 더욱 혼란을 야기한다. 대학 (또는 직업) 지원 절차에 관해 교실 토론을 할 때 학생들은 다음 사항을 고려해야 한다.

- 대학(혹은 고용주)은 다양성을 고려하고, 숙박(기숙사, 주택, 화장실)을 계획하기 위해 왜 젠더를 물어야 하는가? 다른 목적이

---

* "아이는 무엇으로 만들었지?"라는 미국 전래동요에 따르면, 남자아이는 '가위, 달팽이, 강아지 꼬리'로, 여자아이는 '설탕과 양념, 모든 좋은 것들'로 만들어졌다.

있는 것은 아닌가?

- 첫 만남에서 남성인지 여성인지 확인해줄 것을 요청받았을 때, (LGBTQ에서 'Q'를 사용하는) 학생이 자신의 정체성에 대해서 아직 묻고 있는 중이거나 이상하거나 화가 나는 느낌을 받았다면 어떻게 하는가? 이 질문은 학생들이 나이, 인종, 경제적 위치 또는 기타 개인의 역사를 공개하도록 요청받는 것에 대해 어떻게 생각하는지에 관한 좀 더 일반적인 토론의 일부로서 매우 일반적인 용어로 다루어져야 한다.
- 다양화된 캠퍼스 또는 직장 환경에 LGBTQ 공동체 회원들이 기여할 수 있는 통찰력과 전망은 무엇인가?

자신의 성 정체성 문제에 대하여 고민하고 있는 학생이 포함된 고등학교 교실에서 젠더의 정의처럼 매우 논쟁적인 토론을 하는 것은 분명 도전적인 일이며, 필요한 일이고 시기적으로도 적절하다. 우리는 사춘기를 겪는 학생들에게 단지 자신의 성적 지향을 확인할 필요가 있음을 설명하려는 것이 아니다. 그들에게 부모이자 사회에 기여하는 구성원으로서 자신의 가치와 미래의 역할 형성에 영향을 주는 개인적 특성을 표현할 때 모든 학생들이 거치는 어려움을 설명하고자 하는 것이다. [남자들이 하는 활동을 즐기는] 운동선수 같은 어느 말괄량이 소녀를 생각해보자. 이 학생은 데이트하고 싶었던 남자아이들에게 자신의 주도적인 성격이 덜 매력적이라는 것을 갑자기 깨닫는다. 또 감성적인 한 청년을 생각해보자. 그는 다친 동물을 돌보기 좋아하기 때문에 '남성적인' 친구들에게 조롱거리가 된다. 모든 학생들이 익명으로 **남성**과 **여성**의 용어 각각과 연관된 서너 가지의 특성을 나열하도록 조사해보는 것은 토론을 시작하는 데 도움이 되는 연습이다. 설문조사의 일부로 학생들이 스스로 남성, 여성 또는 둘 다 아닌지 확인하도록 함으로써 더 많은 통찰력을 얻을 수 있다. 그러나 그 당시나 이후에 후회할 수도 있기 때문에 조사 결과와 함께 학생들의 이름이 공개되는 일은 없어야 한다. 학생들의 선택을 돕기 위해 특성 목록을 제시할 수 있다. 하지만 이 목록의 선택이 제한되지 않도록 유의해야 한다. 1장 '도덕성의 근원'에서 언급한 《인격교본》에 열거된 특성은 이러한 수업을 시작하기 위해 목록을 만드는 데 도움을 줄 것이다. 이 외에도 위키백과나 사전에 있는 남성성과 여성성에 대한 현재의 개념 정의를 참고할 수도 있다. 또한 이렇게 해서도 누락될지 모르는 이타주의나 협력과 같은 가치 있는 특성들은 학생들의 토론을 통해 추가할 수 있다. 그 결과를 칠판이나 화이트보드의 한편에는 남성적인 특성을, 다른 한편에는 여성적인 특성을, 나머지 중간에는 양쪽 모두에 해당하는 것을 적은 다음 표로 정리하면 다음과 같은 결과가 나올 수 있다.

남성적인 특성	둘 다 해당되는 특성	여성적인 특성
공격성(10m, 10f)	야망	부드러움(10m, 5f, 2n)
야망(8m, 4f, 1n)	용기	용기(2m, 6f, 1n)
용기(6m, 4f)		야망(2m, 2f, 1n)

m = 남성, f = 여성, n = 둘 다 아닌

이 목록에서 남성 8명, 여성 4명, 둘 다 아닌 학생 1명은 **야망**이 남성적인 것이라고 느꼈다. 반면, 남성 2명, 여성 2명, 둘 다 아닌 학생

1명은 야망이 여성적인 특성이라고 느꼈다. 따라서 야망은 두 칸 모두에서 나타난다. **공격성**은 남성적인 특성에서만 나타나고 **부드러움**은 여성적인 특성에서만 나타난다.

이러한 표를 그린 후 토론은 다음과 같이 이뤄질 수 있다.

- 두 칸 모두에 해당되기는 하지만, 13명(8+4+1)의 학생들은 야망이 중요한 남성적 특성이라고 생각한 반면, 단지 5명(2+2+1)의 학생만이 중요한 여성적 특성이라고 생각했다. 왜 우리는 이러한 부류의 특성을 남성적인 것이나 여성적인 것에 가깝다고 생각하는가? 물려받은 생물학적 차이 또는 문화적·사회적 영향 때문인가?

- 1909년《인격교본》에 열거된 31가지 특성 및 그 정의 목록을 현재의 인격교육 프로그램 또는 위키백과와 같은 자료의 남성적 및 여성적 특성에 대한 설명과 비교하면 어떤 변화가 있는가? 이 주제에 대해서는 7장에서 논의할 것이다.

- 학생들이 어떤 인격 특성을 조사하는 개별 과제를 받는다면, 그들은 목록에 포함된 특성의 롤모델로 살고 있는 남성과 여성을 찾고 발표할 수 있을까? 이런 과제를 부여할 때 학생들 간의 중복을 피하려면, 칸을 따라 목록을 잘라서 상자에 넣고 학생들이 고를 수 있게 하면 된다. 단 뽑은 것의 교환은 허용한다.

- 1909년에《인격교본》이 처음 출판되었을 때, 설명된 인격 특성의 본보기로서 나열된 272명의 사람들 중 여성은 21명뿐이었다. 오늘날에는 여성 롤모델을 찾는 것이 더 쉬워졌는가? 왜 그

런가? 누가 역사를 쓰는가에 대한 5장의 논의를 상기해보자. 최근 역사 소설들은 우리에게 친숙한 이야기에서 여성적 특성을 (여성적이지 않더라도) 탐색할 수 있는 새로운 기회를 제공하는 경향이 있다. 매리언 짐머 브래들리Marion Zimmer Bradley의《아발론의 여인들Mists of Avalon》은《아서왕 이야기The Arthurian Tales》를 여성 등장인물들(모르게인, 모르가즈, 귀네비어, 비비안, 이그레인)의 관점에서 재해석했다. '수천 척의 배를 출전시키게 한 미인'인 트로이의 헬렌조차, 2015년에 아말리아 캐로셀라Amalia Carosella의《스파르타 헬렌Helen of Sparta》의 출판으로 마침내 그녀의 관점에서 이야기를 할 수 있게 되었다. 필리파 그레고리 Phillippa Gregory는 영국의 공주와 여왕에 관한 많은 역사 소설을 썼다. 그녀는 역사적 시대를 산 여성들의 삶을 여성의 관점에서 매혹적으로 그렸다.

- 학생들의 미래를 고려할 때, 훌륭한 배우자이자 부모의 역할로 서 어떤 인격 특성들을 중요하게 가르쳐야 하는가? 이러한 특성 들은 직업을 구하는 데 요구되거나 참여적인 시민으로서 알아 야 하는 특성들과 다른가?

캐럴린 학스Carolyn Hax가 조언을 해주는 신문 칼럼의 최근판에서, 한 젊은 여성은 모성에 대한 양면적 감정에 대해 우려를 표명했다 (Asbury Park Press, May 1, 2016, p. 11E). 그녀는 "미국 문화에서 '엄마'가 된 다는 것은 당연히 당신이 되어야 하고, 당신이 어떻게 살아야 하는지 에 대한 모든 것을 쏟아부어야 하는 최후의 목표처럼 느껴져요. 그래서 나는 나 자신과 다른 사람들에 대해 걱정이 들어요"라고 말했다. 이에 대해 캐럴린은 "나는 당신이 젠더의 측면에서 이야기하는 걸 깨달았어요. 그러니까 남성 부모가 '남자'이고 여성 부모가 '엄마'인 거죠"라고 답변을 쓴다. 이렇게 대답한 것은 조언을 부탁하는 젊은 여성의 마지막 문장 때문일 것이다. "내가 대학원에서 연구한 영역이 문화와 성에 대한 것이라는 점을 알면 아마도 내 말을 이해할 거예요. 그리고 맞아요. 내 분야는 임신이나 출산에 약간 적대적이에요." 문화와 성에 대해 공부한 여성이 자신의 분야가 임신과 출산에 적대적이라고 느끼는 이유는 무엇인가? 왜 '젠더의 측면에서' 남성 부모는 아버지가 아니라 남성인가?

미래에 자신이 맡게 될 역할을 유능하게 수행할 수 있도록 만들기 위해 우리는 어떻게 모든 사람들을 교육해야 하는가? 서로의 차이를 축하하거나 존재를 부인하는 데 있어 페미니스트적인 사고는 어떤 역할을 했는가? 이러한 맥락에서 필자들은 다음과 같이 병치된 두 프랑스 말을 사용하길 좋아한다. '**차이여 영원하라**Vive la différence' 대 '**무슨 차이인가**Quelle différence?' 다음 절은 페미니스트 사상 안에 있는 갈등에 관한 것이다.

세계를 정의하는 데 있어 여성의 사고

사실상 모든 페미니스트들은 공적 세계에서 남성들과 평등을 추구하지만, 일부는 여성의 전통적 사고를 진지하게 분석하고 적용함으로써 이 세계를 변화시키는 것을 선호한다(Noddings, 2015a). 교육에서 이들 페미니스트 사상가들은 가정생활, 주거 관리, 육아, 평화연구, 종교의 비판적 분석에 더 많은 관심을 기울일 것이다. 건강하고 행복하며 도덕적인 성인으로의 성장에 가정생활과 육아가 얼마나 중요한지는 모두가 인정하는 사실이다. 그렇다면 왜 우리는 학교에서 이러한 주제에 관해서 거의 가르치지 않는가? 교사는 학생들이 이 중요한 문제에 대해 생각하고 토론하도록 북돋아야 한다. 우리기 다른 장에서 지적했듯이, 공교육은 공적인 삶을 위해 고안된 것이므로 우선적으로 소년들에게 방향이 맞추어져 있다. 소녀들은 문맹 퇴치를 위한 기본적인 교육만 받았다. 교육 수준이 대학 수준으로 확대되었을 때, 여성에 대한 교육은 가사 관리, 식품 취급, 육아 및 지역사회 봉사 임무에 집중되었다. 그것은 남성들에게 제공되는 교양 과목 커리큘럼과는 크게 달랐다. 점차적으로, 가정생활을 위한 소녀 교육은 포기되었고, 소녀들은 남성에게 전통적으로 제공되었던 교육에 참여할 수 있었다.

어째서 이러한 변화는 완전히 일방적으로만 이루어졌던 걸까? 전통적인 여성 교육에는 남성과 여성을 포함한 더 나은 성인으로서의 삶을 위해 기여할 수 있는 것이 아무것도 없었나? 예를 들어, 질서에 대한 생각은 단순히 가사를 넘어선 요소로서 자주 다루어질 수 있다. 우리는 질서에 함축된 더 깊은 의미를 탐구해야 한다. 질서 있는 가정생활은 자연 혹은 사회적·정치적 세계에서의 질서 탐구와 어떤 관련이 있는가? 여기서 강조하고자 하는 중요한 초점은, 깊이 있고 인본주의적 의미를 지닌 어떤 생각이 여성을 위한 교육과정에서는 '어떻게 하는지(how to do it)'의 의미 정도로 축소된다는 사실이다. 남성과 여성 모두를 위한 전인교육으로의 전환이 여성의 사고에 대한 신중한 분석을 포함해왔다면, 새로운 교육과정을 만들 수 있었을 것이다. 예를 들어, 질서, 대화, 선택, 협동, 공유, 편안함, 안전, 사생활 보호 및 경청과 연관된 교육과정이 마련되었을 것이다. 또한 이러한 개념에 주의를 기울이면 언어학과 사회학뿐만 아니라 과학, 수학, 예술 분야에서의 교육과정이 풍성해졌을 것이다.

이 지점에서 어떤 독자는 가정, 아동 발달, 지역사회 생활 및 가족 관계에 관한 실제적인 강좌들을 추가하도록 제안할 수도 있다. 그러나 필자들은 이에 주의를 주고자 한다. 전통적인 남성 교육과정에 포함되지 않은 새로운 강좌들은 모두 학술적 명성이 낮고 대학 예비 학점college preparatory credit*으로서 가치가 없는 것으로 간주되어왔다. 여성의 사고방식으로 확인된 개념을 다루기 위한 강좌에서도 분명 똑같은 일이 반복될 것이다. 보다 현명한 방법은 여성의 사고방식에 포함된 생각과 역사를 기존의 분야에 추가하고 학제 간 연계에 집중하는 것이다. 유지니아 챙Eugenia Cheng(2015)의《수학을 요리하다How to Bake π》는 요리와 범주 이론의 연관성을 증명한다. 그녀는 '수학 중의 수학'인 범주 이론을 조리법과 부엌에서의 기술을 통해 매우 친절하게 설명한다. 여성들은 가사와 그것의 깊은 의미에 대해 영향력 있는 글을 써왔다. 그런 작가의 이름 몇몇을 거론하자면, 제인 애덤스 Jane Addams, 캐서린 비처Catherine Beecher, 도로시 데이Dorothy Day, 릴리언 길브레스Lillian Gilbreth, 샬럿 퍼킨스 길먼Charlotte Perkins Gilman,

---

*대학에서 인정받을 수 있는 교육과정.

에바 페더 키테이Eva Feder Kittay, 세라 러딕Sara Ruddick, 버지니아 울프 Virginia Woolf 같은 이들이 있다. 그러나 남자들 역시 때로는 가정과 집에 부여된 깊은 의미에 대해 생각해왔다.

가스통 바슐라르Gaston Bachelard(1964)는 **가정**과 **집**이라는 단어에 담긴 깊은 의미를 거의 시적으로 썼다. 지하실에서 다락방으로 이르는 집을 탐험하는 것은 우리로 하여금 공포와 어둠의 지하실, 비밀이 숨겨져 있는 다락방, 평화롭고 안전한 집으로의 출구이자 넓은 세계로 나가는 입구인 문들과 관련된 기억들을 떠오르게 한다. 분명 이 책에는 모든 분야에서 논의될 수 있는 무언가가 있으며, **가정**의 개념은 학제적인 세미나에서 주요 토론 주제가 될 수 있다(집과 가정에 대한 더 많은 자료를 원한다면 비톨트 럽진스키Witold Rybczynski, 1986의 책을 참고해보자).

우리는 애국심을 다룬 11장에서 전쟁과 평화에 관한 페미니즘적 사고에 관해 논의할 것이지만, 여기서 우리는 현재나 과거의 모든 여성이 평화주의자인 것은 아니라는 점에 주목해야 한다. 여성들은 종종 전쟁과 군사 행동을 지지했으며, 이를 공공연히 반대하는 사람들은 심한 비판을 받았다. 1차 세계대전 때 공개적인 반전 선언으로 제인 애덤스가 어떻게 비난받았는지 생각해보자(Elshtain, 2002; Noddings, 2012). 또한 미국 첫 여성의원으로 선출된 몬태나주의 지넷 랭킨 Jeanette Rankin이 1차 세계대전 참전을 반대하고, 2차 세계대전에서의 전쟁 선포를 반대한 후 어떻게 영구적으로 자신의 지위를 잃게 되었는지 생각해보자. 오늘날에는 여성들이 입대하거나 심지어 전투에 참여하는 것도 허용되었다. 우리는 이를 올바른 진보로 여겨야 하는가? 축하해야 하는가? 아니면 슬퍼해야 하는가?

미국 공립학교에서의 종교 교육도 여성을 크게 무시한 또 다른 사고 영역이다. 엘리자베스 캐디 스탠턴은《여성의 성경The Woman's Bible》(1895)에서 성경에 표현된 함축에 도전하며, 성경에서 '여성'은 하나님의 낙원에 악을 가져온 책임이 있는 열등한 창조물로 표현되어 있다고 강하게 비판한다. 수전 B. 앤서니Susan B. Anthony를 비롯한 그녀의 동료들은 전통적인 종교에 대한 공격이 여성 참정권 운동의 지지층을 잃어버리게 만들지도 모른다고 우려했다. 마찬가지로 오늘날 몇몇 페미니스트들은 여성의 인본주의적 사고를 강조하는 노력이 정치·경제 분야에서 여성 평등의 추진을 지체시킬 수도 있다고 우려한다. 우리는 여성을 모욕하고 폄하하는 기독교 사상과 역사에 관해 침묵해야 하는가?

적어도 학생들은 남성의 종교적 전통이 오래도록 선전해온 '악과 여성의 결합'을 인식해야 한다. 메리 데일리Mary Daly는 다음과 같이 지적한다.

하나님의 관점은 남성 관점의 은유이기 때문에 이브와 타락의 신화는 우주적 비율을 취한다. 그러나 그것은 우주에 대한 잘못된 명명이다. 이브와 타락의 은유는 불가사의한 악을 잘못 명명하고 여성인 악마가 등장하는 비틀어진 신화의 거푸집 속으로 여성을 던져 넣는다. 이러한 방식으로 악의 이미지와 개념은 초점을 잃고, 그 가장 깊은 차원을 실제로 직면하지 못한다.(1974, p. 35)

4장에서 우리는 학생들이 무신론, 불가지론 및 이신론에 대해 배울 기회가 거의 없다는 점을 지적했다. 이제 우리는 독자들에게 여성에 의한, 그리고 여성에 대한 거대한 종교 문학작품이 크게 무시당해 왔다는 점을 알리고자 한다. 그러한 무시는 도덕적 삶에 대한 생각에 거대한 결점을 남긴다. 예를 들어, 폴 리쾨르Paul Ricoeur는 언젠가 이렇게 썼다. "인간은 사랑이 아닌 두려움을 통해 윤리적 세계에 들어간다(1969, p. 30)." 그러나 이러한 주장은 도전받아야 한다.

두려움이 어떤 윤리적 사고에 영감을 불어넣는다는 사실을 부정할 수는 없지만, 사랑도 마찬가지다. 사랑스러운 부모처럼 되려는 욕망은 윤리적 삶을 향한 강력한 자극제이며, 또한 그것은 사랑의 관계를 유지하려는 욕망이다. 여성의 시각에 대한 언어는 적어도 새로운 언어를 찾거나, 적절한 표현을 찾기 위해 수정되어야 한다. 그것은 단순한 반대로 표현되어서는 안 되며, 오히려 인간 삶을 위한 긍정적인 프로그램으로써 표현되어야 한다.(Noddings, 1989, p. 144)

수치로 보는 진보

주요 기업 총수 및 국가원수의 수치가 보여주듯이 공공 분야로의 여성 진출은 전 세계적으로 상당히 진전을 이루었지만, 미국의 수치는 세계적인 리더십과 '위대함'의 자부심을 가진 나라치고는 그렇게 인상적이지 않다. '미국국립과학재단National Science Foundation'의 데이터에 따르면, 2013년 기준 미국 여성은 단지 엔지니어링 직종에서 15퍼센트, 수학 및 컴퓨터 과학 직종에서 25퍼센트만 차지하였다 (National Science Board, 2016). 과학기술 분야에서 남성 대비 여성의 연봉 비율은 1995년 69.4퍼센트 이후 크게 변하지 않았다. 오히려 2013년 에는 68.8퍼센트로 더 낮아졌다. 현재 S&P* 100대 기업의 임원 중 약 16퍼센트, 의회 의원의 20퍼센트만이 여성이다(Dowd, 2015). 왜 이렇 게 여성이 차지하는 수치들이 낮은 걸까? 이러한 데이터 조사는 양성 평등과 여성의 사회적 진출을 측정하기에 적절한가? 이 수치들을 변 화시키거나 보다 평등한 결과를 낳기 위한 노력들은 기울여왔는가?

STEM 분야의 여성 진출은 어째서 이렇게 수치가 낮은 걸까?

왜 더 많은 여성들이 STEM(과학, 기술, 공학, 수학) 분야에 진출하 지 못할까? 논쟁의 여지가 있긴 하지만, 이를 설명하기 위해 대개 세 가지 중요한 이유가 언급된다. 그것은 '아동 초기부터의 격려와 롤 모델의 부족', '자신의 적성에 대한 이해 부족과 이에 따른 준비의 부 족', '고정관념의 위협' 세 가지다.

필자(브룩스)는 전형적인 여성 공학자다. 아버지, 여러 삼촌, 할아 버지가 공학자셨고, 어머니(나딩스)는 고등학교 수학교사였다. 나 는 여성공학자협회Society of Women Engineers의 학생이었을 때부터 여 성 공학자 대부분의 부모님은 공학도 출신이라는 말을 들었었다. 카 네기 멜런 대학의 공학과 여성 대학원생들과 진로에 대한 이야기를

---

*미국의 신용평가회사로 무디스, 피치와 함께 세계 3대 신용평가 기관으로 꼽힌다.

나눴을 때, 나는 이를 직접 확인해볼 기회가 있었다. 내가 학생들에게 한쪽 또는 양쪽 부모가 공학자인지 물어보자 방 안의 모든 학생들이 손을 들었다. 한 명의 예외도 없었다! 롤모델의 부족은 젊은 여성이 STEM 분야의 전문직에 매력을 느끼지 못하는 주된 이유로 자주 언급된다. 미디어는 주부와 간호사를 여성의 일로, 과학자와 엔지니어를 더럽고 기계적이며 육체적이거나 괴상한 것으로 묘사한다. 깔끔하고 예의바르며 남을 잘 돌보도록 교육받은 소녀가 STEM 식종을 힘겹고 덜 매력적인 것으로 느끼는 것은 하등 이상할 것이 없다. 내가 예전 어머니의 나이가 되고 내 자녀들이 고등학생이 되었을 때 상황이 조금 더 나아진 것은 사실이다. 그렇다면 현재는 그보다도 더 나아졌을까? 학생들은 무엇을 바라보고 있는가? 그들의 롤모델은 누구인가? 교사는 미디어의 고정관념이 강좌 선택과 잠재적인 직업 선택에 미치는 영향에 대해 학생들이 토론하도록 도와주어야 한다. 다음 장에서는 모든 형태의 오락과 미디어에서 여성에 관한, 그리고 혹은 여성들에 대한 이야기가 부족하다는 것을 다룰 것이다.

STEM 직종을 고민하는 젊은 여성들에 대한 두 번째 논쟁은 수학 및 공간시각화 적성을 둘러싼 상반되는 연구 결과 및 메시지를 중심으로 벌어진다. SAT 수학 점수는 남학생들이 여학생들보다 높은 것이 사실이지만, 대학 수준의 수업 활동을 성공적으로 해내는지는, 특히 여학생들에 대하여 잘 예측하지 못한다. 또한 구술시험에서는 여학생이 남학생보다 뛰어남에도 불 구하고, 수학에서 남학생이 여학생보다 뛰어나다는 사실에 훨씬 더 주목하는 점도 흥미롭다. 어떤 이들은 수학시험 점수가 미래 소득을 더 잘 예측한다는 사실에 주목하여

성별 간 임금 격차를 설명한다(Niederle & Vestlund, 2010). 하버드 대학교 총장이었던 로런스 서머스Lawrence Summers는 2005년 1월에 미국국립경제연구소National Bureau of Economic Research가 후원한 다양성 회의에서 상위 대학의 과학 및 공학 분야의 지속적인 점수 하락 원인으로 여성의 적성을 언급하면서 논란을 부추겼다.

과학 적성에 대한 질문에 서머스는 이렇게 답변했다. "키, 몸무게, 범죄성향, 전반적인 지능지수, 수학적 능력, 과학적 능력과 같은 매우 많은 인간 특성과 관련한 통계는 조사방법이 무엇이든지 남녀 간의 명백한 차이를 보여주죠. 남성과 여성 모집단의 변산도*와 표준편차에서 차이가 있는지는 논란거리이긴 하지만, 진짜든 아니든 많은 인간 특성들이 문화적으로 결정된다는 것은 사실입니다. 만약 누군가 다음과 같이 제안한다면, 나는 이것이 합리적이라고 생각합니다. 즉, 누군가 상위 25위 연구대학의 물리학자들에 대해서 말하는 것이라면, 그는 평균보다 2표준편차가 큰 값에 해당하는 사람을 말하는 것은 아닐 겁니다. 그리고 평균보다 3표준편차가 큰 값에 해당하는 사람조차도 아닐 겁니다. 5천 명 중 한 명, 만 명 중 한 명인 평균보다 3.5라든가 4표준편차가 큰 값에 해당하는 사람들이죠. 표준편차의 작은 차이조차도 가용한 인력풀의 크기가 큰 경우에 실제로는 매우 큰 차이로 바뀌죠."(Jaschik, 2005, p. 2)

학문공동체 사이에서 이 발언은 국제적으로 물의를 일으켰다. 그해 2월에 서머스는 다음과 같이 사과하였다.

*한 분포의 특정한 사례가 다른 사례와 유사한 정도를 나타내는 지수.

저의 1월 발언은 우리 모두가 무의식적으로 영향받는 생각의 패턴인 암묵적인 태도를 포함한 사회화와 차별의 실제적인 영향을 줄잡아 말한 것이었습니다. 성차별 문제는 제 발언들로부터 나온 것보다 훨씬 복잡합니다. 또한 변화에 대한 나의 발언은 연구와는 관련 없는 것이었습니다.(Jaschik, pp. 2 - 3)

사과에도 불구하고 논쟁의 뚜껑은 계속해서 닫히질 않았고, 2005년 3월, 하버드의 '마음, 두뇌, 행동 국제 교수 계획Mind Brain and Behavior Inter-Faculty Initiative'이 주최한 '젠더학과 과학The Science of Gender and Science'이라는 토론회에서 하버드 대학 심리학 교수인 스티븐 핑커Steven Pinker와 엘리자베스 S. 스펠크Elizabeth S. Spelke는 열띤 논쟁을 벌였다. 이 논쟁은 실험 결과가 나타내는 시공간 인식 및 수학적 능력과 같은 특정 측면에서의 남성 우위의 원인이, 관심과 동기뿐만 아니라 생물학적 성차(핑커)에 있는지 사회화(스펠크)에 있는지 초점을 두었다. 두 심리학자는 자신의 입장을 강화하기 위해 슬라이드를 비롯한 과학적 연구와 자료들을 제출했으며, 이 모두는 온라인으로 볼 수 있다(Pinker & Spelke, 2005).

이 토론에 대해 학생들과 함께 논의할 때 주목해야 할 한 가지 목적은 두 참가자[핑커와 스펠크] 모두 자신의 입장에 대한 열정, **양쪽** 모두 뛰어난 전문성을 가진 남녀 학자들 간에 논쟁이 일어나고 있다는 사실, 그리고 공통된 합의 사항을 신속하게 인정하는 두 참가자들의 친절한 태도를 교사들이 학생들에게 보여주는 것이다. 또 다른 목적은 논쟁적인 두 가지 질문을 탐구하는 것이다.

- 핑커가 옳고 수학적·공학적 연구 역량과 동기에 영향을 미치는 생물학적 성차가 실제로 있다고 한다면, 그러한 차이를 타당하게 설명하는 것을 넘어서 수학적·공학적 분야에서 평등을 추구하도록 젊은 여성의 진출을 요구하는 것이 과연 옳은가? SAT의 최고 점수에서 남학생의 수가 2 대 1로 여학생의 수를 압도한다면, 여학생의 진출이 50퍼센트가 되기를 바라는 것은 비현실적이겠지만, 적어도 15퍼센트가 아닌 30퍼센트는 돼야 하지 않는가?
- 스펠크가 옳고 사회화가 더 큰 영향을 미친다면, 이러한 분야에서 일하려는 여성의 능력과 욕구를 바라보는 방식을 바꾸기 위해 어떤 노력이 필요한가? 두 입장 모두에 타당한 점이 있다면, 그 사실이 우리를 어떻게 바꿀 것인가?

또한 고정관념의 위협이 경쟁적인 SAT와 같은 테스트에서 여성의 성취에 큰 영향을 미칠 수 있음을 보여주는 많은 연구가 있다. 고정관념의 위협은 이번 장의 세 번째 논쟁 주제이기도 하다. 2015년 9월 3일, MIT의 입학 블로그에 학부생이 쓴 'Michele G., 18'이라는 재미있는 글이 올라왔다. 이 글의 제목은 "고정관념을 가진 남성으로 자신을 묘사하십시오"였다. 이 글에서 미셸은 고정관념의 위협을 다음과 같이 설명한다.

고정관념의 위협은 자신의 인구학적 집단에 관한 고정관념적 인식에 반응하여 사람들이 (시험이나 경쟁 등에서) 잘 성취하지 못하는 이론적 메커

니즘을 설명한다. 이것은 인식을 방해하고, 집중력을 손상시키며, 어떤 경우에는 준비나 노력을 줄이게 하는 등 부정적인 고정관념의 영향을 확인시켜주는 것에 대한 전반적인 무의식적 이해와 관련이 있다.(MIT Admissions Blog, 2015)

그런 다음 그녀는 고정관념의 위협이 여학생의 표준화된 시험 성적에 상당한 영향을 미친다는 생각을 뒷받침하는 많은 연구 사례를 인용한다. 뮤리엘 니덜Muriel Niederle과 리즈 베스터런드Lise Vesterlund는 유사한 연구에 대한 정보를 정리하여 "남성과 여성이 경쟁적인 시험 환경에 대응하는 다른 방식이 수학 성취에서 (서머스의 평균보다 3이나 4표준편차가 큰 값까지) 큰 성별 차이에 대한 풍부하면서도 혼란스러운 증거들을 부분적으로 설명할 수 있다"라고 제안하며 결론 내렸다(2010, p. 130).

여성들은 가족이 생기고, 배우자의 일을 도우며, 더 많은 돈을 벌기 위해서 등처럼 다른 직종을 떠나는 이유와 마찬가지로 과학 및 공학 직종을 떠나거나 그만두게 된다. 특별히 연구직에서 그런 현상이 더 심하다. 굿 올드 보이good old boy* 네트워크, 지원 부족, 임금 불평등 및 성희롱은 현실이다. 하지만 (2005년 1월 같은 날) 서머스는 뻔뻔스러운 발언을 했다.

서머스는 성별 격차가 존재하는 가장 큰 이유가 '좋은high-powered' 직업에서 리더의 위치에 있는 여성이 적은 이유와 같다고 믿었다. 그 이유는 여성

*남학생들만으로 구성된 학내 사교 집단.

이 한 직종에서 승진하기 위해 필요한 기간만큼 일하지 않는다는 것이다. 서머스는 고위직에 있는 여성들은 대부분 '불균형적으로 미혼이거나 아이가 없는' 여성이라고 지적했다. 승진을 위해서는 장시간의 노동시간이 필요하다는 점을 지적하면서 그는 이렇게 말했다. "역사적으로 볼 때, 우리 사회에서 훨씬 더 많은 기혼남성들이 기혼여성들보다 직업에 헌신할 준비가 되어왔다는 것은 사실이죠."(Jaschick, 2005, p. 2)

여기서 논쟁은 두 측면으로 나뉜다. 왜 남성은 여성보다 자신의 직업에 더 많은 시간을 할애하기 위해 '역사적으로 준비되어' 있는가? 서머스가 스스로 지적한 바와 같이, 이러한 차이점은 '조직[직장]이 사람들에게 적절한 요구를 하고 있는지에 대한 질문'을 제기한다(Jaschik, 2005, p. 2). 이 질문에 대한 답변은 대체로 남녀 모두를 위한 일이나 삶에 대한 보다 균형 잡힌 접근 방식을 제시하고, 그리하여 사람들이 자신의 성취 [혹은 헌신] 수준을 스스로 선택할 수 있도록 하되, 그렇게 선택하는 것에 대한 불이익을 없애는 식으로 제기될 수 있다. 과학자이자 엄마인 여성의 노력 수준에 관한 두 가지 유익한 이야기가 떠오른다.

한 교육 저널에 실린 인터뷰에서 환경 과학자이자《랩 걸Lab Girl》의 저자인 호프 자런Hope Jahren은 힘든 임신 기간 중에 그녀가 어떻게 실험실 출입을 금지당했는지 설명한다.

내가 겪은 모든 일들에 대해 말씀드린 바와 같이, 나는 실험실에 갈 수 없었어요. 그건 정말이지 완전히 최악이었어요. … 임신 8개월 동안 나는 남성 세계에 적응할 필요가 없었어요. 남성의 공간은 나를 용납하지 않았거든 요.(Voosen, 2016, p. B14)

자런은 캘리포니아 버클리 대학에서 지구생물학 박사학위를 받았고, 풀브라이트상을 세 번이나 받았으며, 2005년에는 '우수한 10인'의 젊은 과학자 중 한 명이자 〈타임Time〉이 선정한 '가장 영향력 있는 100인'으로 선정되었다. 호놀룰루 마노아에 있는 하와이 대학의 정교수인 그녀는 로런스 서머스가 말한 좋은 직장을 가진 사람이었지만, 임신 중에 자신의 **노력 수준**을 **선택할 수 없었다.**

또 다른 탁월한 여성 과학자, 실비아 얼Sylvia Earle은 '텍타이트 Tektite Ⅱ 수중 주거지 프로젝트' 참여에 관한 이야기와 관련이 있다. 그녀가 본업을 떠나 대중적인 과학 저술을 시작한 것은 1971년 8월에 발행된 〈내셔널 지오그래픽National Geographic〉에 글을 실으면서부터였다. 편집자는 이 글의 제목을 "모든 여성 팀이 주거지 체험을 실험한다"라고 붙였다. 당시 얼은 34세였으며, 가장 어린 참가자는 23세의 소녀인 공학자 페기 루커스Peggy Lucas였다. 얼은 나중에 자신이 멘토로 생각했던 한 남자가 [프로젝트 참여자를 선정하는 과정에서] 얼이 아이 엄마라는 이유 때문에 그 프로젝트에 참여하는 것을 어떻게 반대했었는지에 대해 계속해서 얘기했다(Earle, 1995). 얼은 해양 생물학자이자 탐험가이며, 작가이고 교수다. 그녀는 해양 엔지니어링 회사를 설립하였고, 1979년에는 심해 잠수복을 입고 해저 1250피트까지 잠수하여 여성 세계신기록을 달성하였다. 그녀는 1998년부터 〈내셔널 지오그래픽〉의 전속 탐험가였다. 얼은 미국의 '국립해양대

기관리국National Oceanic and Atmospheric Administration'의 최초 여성 국장이었으며, 1998년에 〈타임〉이 선정한 최초의 지구 영웅이었다.

전문직이든 아니든 직장을 다니는 많은 여성들은 선택의 자유 없이 집에 자녀를 두고 올 수밖에 없음에도 커다란 죄책감을 갖는다. 그러나 하버드 경영대학원이 2015년 6월에 출판한 조사 보고서의 주저자인 캐슬린 맥긴Kathleen McGinn 교수는 다음과 같은 메시지를 통해 엄마들을 위로한다. "당신이 출근하는 것을 보고 아이들은 자신도 어른이 되어서 일할 기회가 많을 것이라는 걸 이해할 거예요." 이 연구는 다음과 같은 사실을 보여준다.

> 일하는 엄마의 딸은 전업주부의 딸보다 더 많이 취업하고, 관리직에 오르고, 더 많은 돈을 번다. 또한 연구자들은 일하는 여성의 아들에게도 통계적으로 유의미한 효과가 있음을 발견했다. 이들은 전업주부의 아들보다 가족을 더 잘 보살피고, 가사를 하는 데 더 많은 시간을 할애할 가능성이 높았다.(Fisher, 2015, pp. 2 - 3)

평등을 어떻게 측정할 수 있을까?

세계의 경제 상황을 개선하기 위해 스위스에 본부를 두고 있는 45년 된 비영리 재단인 '세계경제포럼World Economic Forum, WEF'은 2006년 전 세계 '젠더격차지수Gender Gap Index'를 개발하였다. 이 지수는 '경제적 참여와 기회', '교육 성취', '건강과 생존', '정치적 권한 부여'라는 네 영역에 초점을 맞추고 있다. 이 지수는 각 영역에서 성 평등의 목표를 기준으로 백분율 달성을 측정하여 산출한다. 2014년에 142개국이 참여한 측정에서 미국은 20위를 차지했다. 주요 네 영역에서 동등하게 가중치를 부여받으면, 미국은 '경제적 참여와 기회' 영역에서 4위였지만, '정치적 권한 부여' 영역에서는 54위였다. '경제적 참여'에 대한 점수는 이 분야에서 평등 달성 정도가 약 83퍼센트 정도임을 나타냈다. 이는 다섯 가지의 허위 지수로 측정되었고, 같은 직업에 대한 여성과 남성 임금의 평등성에 가중치(31퍼센트)를 무겁게 적용한 결과, 미국의 점수는 단지 66퍼센트였다. 이 지수에 대한 2014년 보고서에 포함된 데이터와 결론은 그 자체로 흥미로우며, 필자들이 제안한 사회 연구 포럼이나 정규 사회교과 또는 수학 수업에서 토론할 수 있는 주요 주제가 될 수 있다. 그럼에도 우리가 여기에서 강조하고자 하는 것은, 이러한 모든 측정이 오늘날의 남성 지배 세계의 관점에서 여성의 평등을 바라보고 있다는 것이다. 이 점에 대한 토론을 위해 다음과 같은 몇 가지 질문을 할 수 있을 것이다.

- 미국은 '정치적 권한 부여' 영역에서 18퍼센트 달성에 그쳤다. 이 분야에서 진전이 이뤄진다면 미국인의 삶은 어떻게 달라질 수 있을까? 아이슬란드, 핀란드, 노르웨이, 스웨덴, 덴마크와 같은 스칸디나비아 지역 국가들을 비롯한 상위 7개 국가에서의 삶은 어떻게 다른가? 이 측정 기준에 대한 달성 정도는 여성의 관심사를 강조함으로써 다른 세 영역의 변화를 자동적으로 이끌 것인가?

• 여성의 관심을 잘 반영할 수 있는 다른 측정 기준이 있는가? 예를 들어, 유엔은 회원국들이 국민의 행복을 측정하고 그 결과를 공공 정책을 안내하는 데 사용할 수 있도록 2012년 '세계행복보고서World Happiness Report'를 준비하기 시작했다. 이 보고서가 측정하는 것은 무엇이며, 젠더격차지수가 측정하는 항목과 어떻게 다른가? 일부는 동일한가? 이전에 언급한 스칸디나비아 5개국은 스위스, 캐나다, 네덜란드와 함께 행복한 국가로 상위 8위 안에 올랐으나, 미국은 15위를 차지했다.

또한 '경제평화연구소Institute for Economics and Peace'가 고안한 '세계평화지수Global Peace Index'도 있다. 2015년에 이 지수에서 미국은 162개국 중 94위를 차지했다. 스칸디나비아 국가들은 모두 20위 안에 들었고, 아이슬란드와 덴마크가 각각 1위와 2위를 차지했다. 왜 미국은 이 통계에서도 이렇게 점수가 낮을까? 군사적 범주에 대해 미국이 겨우 시리아, 러시아, 이스라엘, 북한보다 낮다는 점에 주목하는 것은 놀랄 일이 아니다. 또한 '계속되는 국내 및 국제적 갈등' 범주에서 118위를 차지한 것도 놀라지 말아야 한다. 왜냐하면 이 범주는 다양한 항목 중에 외부적 갈등으로 인한 사망자 수, 그리고 외부적 갈등의 횟수, 기간, 역할을 포함하기 때문이다. 여성의 권한이 커지면 '세계평화지수'에서 낮은 순위를 야기하는 행위들을 바꿀 수 있을까?

더 많은 평등을 위해 어떤 노력이 있어왔나?

많은 사람들은 차별철폐 조치affirmative action에 대해 알고 있거나 적어도 들은 적이 있다. 그러나 대부분의 사람들은 투표권과 마찬가지로 인종차별 금지법이 여성차별 방지법보다 앞섰고, 1964년에 이르러 민권법으로 논쟁이 정점에 달했다는 사실을 모른다. 민권법의 조항들은 '평등고용기회위원회Equal Employment Opportunity Commission' 설립과 25명 이상의 직원을 둔 모든 회사에서 차별을 금지시키는 것을 목표로 삼았다. 그런데 성별에 기초한 고용차별을 금지한 '민권법' 7장 개정안은 누군가에 의해

틀어질 것으로 보이기도 했지만, 일단 그것이 제안되자 이를 지지하기 위해 여성들은 몰려들었다. 그 후 평등고용기회위원회는 7장의 집행을 거부했다. [첫 번째 사례는 항공사 스튜어디스가 위원회에 제기한 것이었다.] 한 평등고용기회위원회 위원은 이 조항을 '혼외자식 같은 … 실수'라고 불렀다. 또한 〈뉴 리퍼블릭The New Republic〉*조차 1966년에 조직된 '전미여성기구The National Organization for Women'의 여성 동원에 격노하면서 "하원 회의장에서 오고가는 짓궂은 농담을 어째서 책임 있는 행정 조직이 진지하게 다루어야 하는가?"라고 물었다.(B. Friedman, 2009, p. 290)

차별철폐 조치를 둘러싼 논쟁은, 그것이 인종차별이든지 성차별이든지 간에 수업과 토론을 위해 가치 있는 주제다. 교사는 학생들이

---

*1914년부터 발행되어 정치 및 문화 사상 전반에 자유주의를 표방하는 미국의 여론 잡지.

차별철폐 조치와 쿼터제의 차이점, 역차별에 대한 우려, 학교와 직장에서 다양한 생각과 아이디어를 생산하는 데 있어 차별철폐 조치의 역할을 이해할 수 있도록 도와야 한다.

여성 평등을 위한 두 번째 주요 입법은 그로부터 6년 후인 1972년에 교육 개정법 '타이틀 나인Title IX'의 제정으로 이루어졌다. 많은 사람들이 '타이틀 나인'의 한 측면에만 친숙할 뿐, 이 법에 포함된 여성 스포츠를 위한 평등한 자금 지원 및 시설에 대한 요구에 대해서는 전혀 들어보지 못했을 것이다. '타이틀 나인'의 가능한 적용 범위를 깨닫는 사람은 거의 없다. '타이틀 나인'은 "미국 내 어떤 사람도 성에 근거하여 연방 재정 보조를 받는 교육 프로그램이나 활동에 대한 참여를 제한받거나, 혜택을 못 받거나, 차별받아서는 안 된다(Winslow, 2010, p. 1)"라고 진술하고 있다. '타이틀 나인'은 하와이 하원의원 패치 밍크Patsy Mink가 공동 작성했으며, 2002년에 '패치밍크교육기회평등법Patsy Mink Equal Opportunity Education Act'으로 명칭이 변경되었다. 또한 이 법은 공동 작성자인 인디애나 출신의 상원의원 버치 베이Birch Bayh가 제출하였다. 상원의회에서 베이의 발언은 여성의 권리를 위해 의도된 이 법안의 중요성을 보여준다.

우리는 예쁜 여자로서의 여성에 대한 고정관념에 익숙합니다. 그녀는 남편감을 찾기 위해 대학에 진학하고, 더 멋진 남편을 원하기 때문에 대학원에 진학하고, 마침내 결혼하고, 자녀를 두고 결코 다시 일하지 않습니다. '남자의 자리'를 여성 때문에 낭비하지 않기를 바라는 많은 학교들의 바람은 이러한 고정관념에 기인합니다. 그러나 이 사실은 '여성weaker sex'에 관한 이러한 신화와 완전히 모순됩니다. 이제 우리가 가진 가정假定을 바꿀 때가 왔습니다….(1972, p. 5804)

이 개정안은 많은 영향을 미치겠지만, 만병통치약은 아닙니다. 그러나 이법은 미국 여성이 정당하게 받아야 할 것을 제공하려는 노력의 중요한 첫 단추입니다. 여성은 자신이 선택한 학교에 다닐 수 있는 기회, 자신이 원하는 기술을 개발할 수 있는 기회, 그리고 그러한 기술을 적용할 수 있는 기회를 정당하게 가져야 합니다. 또한 평등한 고용으로 동등한 보수를 받고 자신이 선택한 직업을 가질 수 있는 공정한 기회를 가져야 합니다.(1972, p. 5808)

스포츠 규정에 원래 있는 것은 아니지만, '성 대결Battle of the Sexes'로 불린 게임에서 이전 윔블던 챔피언인 바비 릭스Bobbie Riggs를 빌리 진 킹Billie Jean King이 이겼을 때, 이 기사는 신문 1면의 헤드라인을 장식했다. 윈슬로B. Winslow(2010)는 "1973년 경기는 여성들이 스스로를 바라보는 방식을 사로잡았고, 또한 바꿔놓았다"라고 지적하며, 〈뉴스위크Newsweek〉 인터뷰에서 킹의 말을 인용하였다. "나는 단지 경기를 해야만 했어요. '타이틀 나인'이 통과된 지 얼마 안 지났을 때였죠. … 저는 사람들의 마음과 정신이 법안에 부합하도록 바꿔지길 원해요(p. 2)." 이와 관련하여 윈슬로는 다음과 같이 언급했다.

1971년에는 고등학교 대표 선수 중 여학생은 29만 5000명 이하로 모든 대표 선수의 7퍼센트뿐이었다. '여성교육Girls in Education'과 '여성국민연대 National Coalition for Women'에 따르면, 2001년에는 2800만 명으로 모든 대표 운동선수의 41.5퍼센트까지 도약하였다.

1966년에는 1만 6000명의 여성이 대학 간 운동경기에서 경쟁했다. 2012년까지 이 수치는 15만 명 이상으로 증가하여 모든 대학 운동선수의 43퍼센트를 차지했다. 〈뉴욕 타임스〉의 최근 기사에 따르면, '타이틀 나인'이 여성들에게는 스포츠에 대한 참여와 여성을 위한 고용기회 확대 교육에 지속적으로 긍정적인 영향을 주었다. 또한 '타이틀 나인'에 의해 촉진된 여학생 및 여성의 운동 참여는 비만율을 감소시켰다. 다른 어떤 공중 보건 프로그램도 이와 비슷한 성과를 거두지는 못했다(pp. 2 - 3).

오늘날 '타이틀 나인'은 성폭력으로부터 여학생을 보호하고, 임신을 하거나 육아를 해야 하는 학생이 고등학교를 마칠 수 있도록 지원하고, (직업 및 STEM 관련) 고임금 취업 프로그램에 여성이 더 많이 참여하도록 장려하고 있다. 역사와 사회, 과학 및 기술 과목의 영어와 문해력을 위한 '공통핵심성취기준'은 중학생과 고등학생이 다음과 같은 것들을 할 수 있어야 한다고 제안한다.

1. 헌법 원칙의 적용 및 법적 추론의 사용(예: 미국 대법원에서 다수 의견 및 이의 제기)과 공공 옹호 활동에서의 전제, 목적 및 주장(예: 〈연방주의자The Federalist〉, 대통령 연설문 등)을 포함하여 영향력이 큰 미국의 텍스트에서 추론을 도식화하고 평가해야 한다.

2. 17, 18, 19세기의 기초적이면서 역사적, 문학적으로 의미 있는 문서들 (〈독립선언〉, 미합중국 헌법 서문, 권리장전 및 링컨의 두 번째 취임 연설문 포함)의 주제, 목적, 수사학적 특징을 분석해야 한다.(p. 40)

'민권법'이나 '타이틀 나인'처럼 오늘날 삶의 방식을 지배하는 20세기 입법 자료를 공부하는 것은 아마도 학생들에게 더 도움이 될 것이다.

엔터테인먼트에서 차지하는 여성의 수는 왜 이렇게 적을까?

앞서 우리는 수학 SAT에서 남학생들이 예외적으로 높은 점수를 차지한 것이 미래의 고임금 일자리와 상관관계가 있을 수 있고, 이는 논란거리가 된 바 있다고 언급하였다. 현재 엔터테인먼트 업계에서 벌어지는 일들은 분명 이러한 생각을 뒷받침한다. 여기서 우리가 말하려고 하는 것은 과학과 공학 분야의 일자리가 아니라 엔터테인먼트 분야에서의 고임금 일자리에 대한 것이다. 샌드라 불럭Sandra Bullock과 또 다른 'A급' 여배우는 최근 감독 및 제작자에게 남성 동료들이 거부한 자리를 달라고 요구하기 시작했다.

"나는 말했죠. '나는 짐 캐리가 하고 있는 일을 하고 싶어요'라고. 나는 그가 원하지 않는 것을 찾고 있었어요."

그녀의 말을 잘 생각해보자. 세계에서 출연료가 가장 비싼 여배우 중 한 명임에도 불구하고, 샌드라 불럭은 짐 캐리의 파티 식탁에서 부스러기를 훔치려 했다. 오직 오스카상 후보로 지명된 여성만이 배역을 추천받을 수 있다고 상상해본 적이 있는가.

이는 캐릭터의 깊이에 대한 문제가 아니라 순전히 양의 문제다. 2016년 100편의 흥행 영화 가운데 12편에 여성 주인공이 등장했다. 샌디에이고 주립대학의 마사 로젠Martha Lauzen의 연구에 따르면, 대사가 있는 인물들 중 단지 30퍼센트만이 여성이었다.* 1998년부터 〈셀룰로이드 천장Celluloid Ceiling〉이라는 보고서를 발표하고 있는데, 이는 할리우드의 성별 격차를 적나라하게 보여준다(Dockterman, 2015, p. 46).

또한 이러한 차이는 단지 카메라 앞에서 일어나는 것이 아니다. "가장 불균형이 심한 수치는 렌즈 뒤에서 일하는 사람들과 관련이 있다. 2013년과 2014년에 여성이 감독한 영화는 전체 흥행영화 100편 중 단지 1.9퍼센트에 불과했다(Dowd, 2015, p. 43)." 앞서 언급한 로젠의 연구에 따르면, "2014년에 영화 제작자의 95퍼센트, 시나리오 작가의 89퍼센트, 편집자의 82퍼센트, 책임프로듀서의 81퍼센트, 프로듀서의 77퍼센트가 남성이었다(Dowd, 2015, p. 43)." 따라서 남녀의 차이는 실제로 돈뿐만 아니라 가시성visibility과도 연관된다. 이번 장에서 우리는 산업 분야의 여성, 특히 고임금 직종에서 여성이 지나치게 적다는 점을 살펴보았다. 다음 장에서는 모든 형태의 엔터테인먼트에서 여성의 이야기가 부족하다는 것에 초점을 맞출 것이다.

---

*또한 2016년 할리우드 흥행 250위권 영화 중 여성감독이 연출한 작품은 고작 7퍼센트였다.

7장

엔터테인먼트, 스포츠, 미디어

미디어는 비판적 사고를 적용해야 하는 논쟁적인 문제들을 우리에게 제
공한다. 그러나 또한 미디어는 논쟁적인 쟁점과 관련된 도덕적 결정과
행위에 적용할 가치를 무비판적으로 지시하기도 한다.

이번 장에서 우리는 세 가지 영역에 대해 논의할 것이다.

- 우리 자신을 정의하는 데 있어서 엔터테인먼트와 롤모델, 영웅의 역할.
- 교육의 요소로서, 그리고 영웅 창조를 위한 엔터테인먼트로서의 스포츠 역할 비교.
- 우리가 즐기고 정보를 얻으며 서로를 설득하고 의사소통하는 방식과 관련한 미디어에서의 디지털 혁명 역할.

1920년대에 캘빈 쿨리지Calvin Coolidge는 '미국의 관심사는 사업이다'라고 공언(또는 예언)했다. 반면, 동시대의 존 듀이는 미국의 진정한 관심사는 민주주의가 되어야 한다고 생각했다. 이번 장에서 우리는 이 두 대조적인 생각 사이에서 벌어지는 논쟁의 맥락 안에서 앞서 제시한 세 가지 영역들을 살펴볼 것이다. 듀이는 민주적인 '개성 individuality'을 개념화했다. 이것은 미국이 강력한 개인주의로 전복되는 것에 대항해 균형을 맞추기 위한 것이었다. 당시 새로운 개인주의는 민영화에 의한 경제적 관계로 축소될 수 있다. 이러한 체계는 케리 버치Kerry Burch(2012)의《민주적 전환: 미국 정체성에 대한 협상에서 나타난 여덟 가지 갈등Democratic Transformations: Eight Conflicts in the Negotiation of American Identity》에서 차용한 것이다. 이 책은 교육적 가치를 지닌 체계를 확립함으로써 우리에게 논의의 틀을 제공한다. 버치는 듀이의 1930년 연구를 인용하며, 미국의 '개인주의'에 대한 찬양 밑에 깔려 있는 순응의 문제를 살폈다.

여가 생활, 오락 및 스포츠에서 오랜 방식의 개인 및 개인주의가 쇠퇴하는 현상은 더 이상 어디에도 나타나지 않고 있다. 미국 대학들이 운동경기에 뛰어들 때는, 순전히 학교 재정을 배불리기 위한 목적으로 고용한 감독이 지휘하는 조직적인 사업일 때만 그렇다. 영화관 체인의 형성은 가정의 분열 속에서 오래전부터 지속되어온 독립적인 여가 생활을 파괴시키는 원인이자 결과다. … 언론은 신속한 여가 시간 정보를 제공하는 오락기관이다. 또한 대중적 방법으로 형성된 정신적인 집단주의를 반영하고 이끌어나간다. 범죄도 조직화되고 법인이 되는 식으로 새로운 형태를 취하고 있다.(Burch, 2012, pp. 103 – 104, Dewey에서 인용)

엔터테인먼트

주사위 대신 뼈를 굴리든, 아니면 동굴의 모닥불 주위에서 매머드 사냥을 이야기하든 간에 엔터테인먼트는 애초부터 인간 경험의 일부였다. 일반적으로 게임은 구경꾼과 동료 참가자가 필요하고, 퍼포먼스에는 관객이 필요하다. 그러므로 엔터테인먼트는 사람들을 하나로 모으는 사회적 활동을 수반한다. 독서 또는 비디오게임과 같이 혼자 즐기는 오락 활동조차도 독서 동호회, 토론 모임 및 동료 참가자의 온라인 커뮤니티를 형성하는 사회적 측면을 포함한다. 그런데 엔터테인먼트는 시간이 흐름에 따라 적어도 두 가지 중요한 방식에서 변화하였다. 첫째, 엔터테인먼트는 글, 음악, 시각적 퍼포먼스를 대량 생산하고 배포하는 산업으로 변화하였다. 특히 미국에서는 '미국의 관심사는 사업이다'라는 말이 보다 구체화되었다. 둘째, 이러한 동일 상품의 대량 판매 기법은 엔터테인먼트가 제품과 아이디어 모두를 파는 수단이 될 수 있는 기회를 제공하는 동시에, 사람들로 하여금 개인화된 디지털 선택을 통해 다양한 관점에서 스스로를 고립하도록 만들었다. 제품과 아이디어의 판매에 대해서는 이 장의 마지막 부분에서 더 자세히 살펴볼 것이다.

필자들은 최근 어느 날 오후에 엔터테인먼트가 우리 각자의 생애에서 어떻게 변화하여 왔는지 이야기하는 즐거운 시간을 가졌다. 나딩스부터 그녀의 증손자(브룩스에게는 손자)까지 4대가 즐겼던 엔터테인먼트는 차이점과 유사점이 있었다. 우리는 생방송 라디오 공연에서 영화, TV에 이르기까지 드라마의 진화에 대해 이야기했다. 네 세대 모두에게 독서는 엔터테인먼트의 근원이자 다른 사람들과 관계를 맺기 위한 기회이고, 정보와 지식의 원천으로 중요했다. 또 오늘날의 온라인 비디오게임으로 발전한 '주사위 야구놀이' 같은 보드, 카드, 종이와 연필로 하는 게임에 대해서도 이야기했다. 그런 게임들은 오늘날의 환경에서 스마트폰으로 즐길 수 있도록 '앱'으로 만들어져 있을 것이다. 상기한 두 변화, 즉 '오락에 대한 모든 측면의 상업화 증가'와 '디지털 혁명의 결과로 인한 면대면의 사회적 상호작용 기회의 감소'에 대해서는 계속 논쟁이 있어왔다.

필자(브룩스)는 어린 시절, 모눈종이와 연필로 전투함 놀이를 했다. 각자는 표시된 모눈에 함대를 숨긴 다음 좌표를 불러서 서로의 함선을 찾고 침몰시켰다. 나의 자녀들은 플라스틱 배가 있는 조립식 보드 게임으로 그 놀이를 했다. 이제 내 손자는 혼자서 또는 전 세계 어디서나 아이폰으로 그 게임을 즐길 수 있다. 여기에 위의 두 주제가 모두 담겨 있다. 종이와 연필과 플라스틱 게임보드 버전에서는 게임을 위해 육체적으로나 정신적으로 당신이 존재해야 한다. 게임보드 버전에서는 상자에 다른 게임 광고가 있을 수도 있다. 디지털 버전에서는 동료 참가자와 실제 같은 위치에 함께 있을 가능성이 거의 없다. 당신은 당신이 어떤 장치를 가지고 있더라도 멀티태스킹을 할 수 있기 때문에, 정신적으로 완전히 자신을 바칠 필요가 없다. 그리고 게임의 라운드 사이마다 광고가 여러분을 포격할 것이다. 이러한 변화가 우리의 자기 정체성 형성에 어떤 영향을 미칠까? 면대면 상호작용이 없어지면 공감 능력을 상실하지는 않을까? 최근의 몇몇 연구들은 이것이 사실이라고 제안한다. 나이가 많거나 좀 더 경험이 많은 어린이는 더 이상 자신보다 어린 아동이 잘 해낼 때 "바로 그거야"라며 힌트를 주거나 격려하며 가르칠 수 있는 기회를 가질 수 없게 되었다. 또한 더 이상 잠수함과 구축함 사이의 차이점에 대해 가르쳐 줄 일도 없게 되었다. 다른 선수가 정신이 산만해지고, 최선을 다하지 못하거나 화를 내며 경기를 망치는 것을 관찰할 수 있는 기회도 없어졌다. 교사는 학생들 스스로 이런 변화를 관찰하도록 도울 수 있다. 다른 방에 있는 정체를 알 수 없는 상대방과 함께 전함이나 체커와 같은 2인용 온라인 게임을 하게 한 다음, 두 그룹을 다시 불러 모아 동일한 게임을 면대면으로 하게 하면 된다. 학생들은 게임의 각 버전에서 일어나는 사회적 상호작용의 수와 유형을 센 후, 한 그룹이 되어 두 경험이 어떻게 다른지 토론할 수 있다. 어떤 버전을 학생들은 더 선호하는가? 그 이유는 무엇인가?

고학년 학생들은 이 실험과 연관 지어 정체성 형성에 있어 디지털 미디어의 영향에 관한 도서를 선택해서 읽고 토론할 수 있다. MIT의 임상 심리학자이자 사회학자인 셰리 터클Sherry Turkle의 작품을 읽는 것도 도움이 된다.

터클은 완전히 독립적인 자아를 개발하기 위해 자신의 장치[기기]에 흡수되어버린 젊은이들의 실패에 관한 문제의 근원을 찾는다. 이 주제를 그녀는 《외로워지는 사람들Alone Together》(2011)에서 탐구하기 시작했다. 이 책에서 그녀는 로봇 장난감과 상호작용 방식, 그리고 '항상 접속되어 있는' 방식이 청소년의 발달에 미치는 영향을 조사했다. 그녀는 전화와 문자 메시지가 부모로부터 독립하는 능력에 혼란을 주며, 어른이 되는 데 다른 장애를 일으킨다고 주장했다. 페이스북 프로필을 만드는 것은 자아에 대한 설명을 대체한다. 게임 아바타에 대한 몰입은 실제 삶의 어려움에서 벗어나는 비행이 될 수 있다. 젊은이들은 개인정보의 손실과 온라인 데이터의 지속성에 대한 새로운 불안에 직면해 있다.(Weisberg, 2016, p. 6)

학생들은 디지털 상호작용과 소셜미디어가 어떻게 자신의 견해와 사회적 상호작용을 형성하는지 생각해보아야 한다. 디지털 세계에서 자신의 활동은 다른 관점의 사람들에게 노출되어 있을까? 아니면 오직 동일한 성별, 인종, 계층의 사람들과 연결되는 매우 좁은 '교차지점'에서만 관계를 형성하도록 제한하고 있을까? 우리는 돈, 계층, 빈곤을 다룬 9장에서 이를 논의할 것이다. 여하튼, 지금은 다음과 같이 지적하고자 한다.

듀이의 틀 내에서, 진정한 민주적인 개인은 사회적으로 구성될 때 가장 잘 함양되는 공동 생활의 인격적 특성의 총체를 반영할 것이다. 질문하기, 대화하기, 듣기, 즉각적으로 대처하기, 공동선과 사회정의의 다른 원칙들에 대해 관심 갖기와 같은 특성들은 개인이 가진 인간적 잠재력으로부터 나온다. 그러나 이러한 잠재력을 실현하도록 자극할 수 있는 방식으로 개인이 자신의 사회적 환경과 상호작용할 것이라는 보장은 없다.(Burch, 2012, p. 107)

디지털 환경에서의 사회적 상호작용은 개인으로 하여금 진정한 민주시민이 될 수 있는 능력을 향상시키는가? 아니면 그 반대인가?

모든 형태의 엔터테인먼트는 우리에게 영감을 주는 롤모델과 잠재적인 영웅을 제공한다. 그러나 성별, 인종, 계층 측면에서 그러한 롤모델은 주로 5장 '인종'에서 논의했듯이 역사를 쓰는 사람이거나, 6장 '젠더'에서 논의된 바와 같이 돈과 권력, 영향력을 가진 사람들이다. 우리는 영화 산업의 고소득 직종에서 여성의 소외와 A급 여배우들이 극본을 고쳐 남성의 역할을 맡으려 하는 현실을 살펴보았다. 최고 흥행 작가의 단 11퍼센트만이 여성이다. 더 많은 여성이 대본을 쓰고 감독이 될 때까지, 남성이 거부한 역할을 갖기 위해 이런 식으로 극본을 고치는 전략은 계속될 것이다. 그렇다면 여성의 스토리는 어떨까? 여성 캐릭터가 있는 모든 디즈니 영화에 대해 생각해보자. 〈겨울왕국Frozen〉이 나오기 전까지 모든 여성 캐릭터는 남자, 왕자 또는 야수가 구출해야 하는 대상으로 다뤄졌다.

〈겨울왕국〉에서 여주인공 엘사는 자신뿐만 아니라 여동생[안나]도 구한다. 모린 다우드Maureen Dowd는 〈뉴욕 타임스〉의 "그린라이트를 기다리는 중Waiting for the Green Light"이라는 제목의 기사에서 할리우드의 모든 계층에 속한 100명 이상의 여성과 남성을 인터뷰했다. 이 인터뷰에서 ABC의 〈그레이 아나토미Grey's Anatomy〉의 수석 작가이자 총 제작자인 숀다 라임스Shonda Rhimes는 할리우드가 여성의 성공을 이례적인 것으로 취급하는 방식에 대해 다음과 같이 말했다.

"영화의 세계가 매력적인 것은 모든 사람들이 기억상실증을 앓고 있기 때문이죠"라며 라임스는 나에게 말했다. "여성이 주도하는 프로젝트의 형성과 성공은, 어쨌거나 우연히 그렇게 된 걸로 다루어지죠. 젊은 여성들 사이에서 〈헝거 게임The Hunger Games〉이 인기가 있다고 말하는 대신, 그들은 제니퍼 로런스가 눈부시게 아름답기 때문에 돈을 벌었다고 하죠. 제 말은, 소녀들은 그냥 영화를 보고 싶어서 본 거고 그걸로 끝이에요. 하지만 진지하게 말해서, 그건 웃기는 소리죠. 사실은 어떤 영화들을 보고 싶어 안달 난 굶주린 소녀 관객들이 있기 때문에 가능한 거예요. 그들의 존재는 〈타이타닉Titanic〉과 〈트와일라잇Twilight〉으로 나타나죠. 열네 살 소녀들이 매일 이 영화들을 다시 보러 왔었어요. 저는 이 관객들이 존중받지 않고 있다는 점을 흥미롭게 생각해요. 물이 없으면 사람들은 모래를 마셔요. 슬픈 현실이죠. 동등한 것에 대한 관심과 그렇지 않은 것에 대한 낙담이 있어요."(Dowd, 2015, p. 45)

이와 동일하게, [할리우드 스튜디오] 소니픽처스가 메일 해킹을 당한 동안 제니퍼 로런스는 〈아메리칸 허슬American Hustle〉의 남성 조연보다 자신이 더 적은 출연료를 받아왔음을 알게 된 일에 대해서 글을 쓴 적이 있다. 그녀는 더 나은 협상가가 되지 못한 자신을 탓하며, "할리우드 스타들이 몇 백만 달러를 더 주면서까지 대사 몇 줄, 더 적은 누드 장면을 위해 협상하는 것을 보면 모두 눈알이 돌아갈 거예요. 그래도 할리우드 여배우들의 성공은 팝콘을 먹는 십 대 초반 소녀들이 그들 자신을 어떤 남성이 반한 특별한 사람으로, 혹은 FBI 요원, 우주 비행사 또는 정치 자문가로 생각해볼 수 있는 기회를 주죠(Dockterman, 2015, p. 47)"라고 농담했다.

나(브룩스)는 운이 좋았다. 1960년대에 중학생이었을 때, 나는 해양생물학자가 되고 싶었다. 나는 자크 쿠스토Jacques Cousteau와 레이

철 카슨Rachel Carson을 둘 다 동경했다. 내가 우주 비행사가 되고 싶었다면, 적어도 미국에서는 여성 롤모델을 찾는 행운이 없었을 것이다. 나보다 한 해 먼저 태어난 미국 여성인 샐리 라이드Sally Ride는 소련에서 여성이 최초로 우주여행을 간 1983년 이후 20년이 지나는 동안, 즉 미국 남성이 우주를 여행한 지 22년, 그리고 내가 대학에서 수학전공으로 학위를 받은 지 8년이 지날 때까지 우주여행을 하지 못했다. 수학에서 여성의 롤모델을 찾아보자! 이번에도 운이 좋게도 필자의 어머니는 내가 다녔던 고등학교의 수학 선생님이셨다.

어느 날 오후 우리는 여성 롤모델을 찾을 수 있는 작품이 있는지 이야기를 나누었다. 어머니와 나는 여성 작가가 쓰거나 여성의 관점에서 쓴 작품들을 읽었다. 제인 오스틴Jane Austen과 세 브론테Bronte 자매를 제외하고 기억할 수 있는 유일한 여성 작가는 루이자 메이 올컷이었다. 우리 모두는 고등학생이 되기 훨씬 이전에 그녀의 책을 읽었다. 그녀의 책은 여전히 중학생 권장도서로 추천된다. 주목해보자. 권장도서 목록의 마지막 몇 줄에 있는 모든 여성 작가는 18, 19세기에 살았으며 현재는 21세기다.

이 목록이 이상하거나 우리가 빠뜨린 부분이 있는 것처럼 보인다면, 역사와 사회, 과학과 기술 과목의 영어 및 문맹 퇴치를 위한 공통 핵심성취기준 부록 B의 11학년 이상의 표준 권장도서들을 살펴보자. 산문 목록 중에는 19편 중 7편의 작품만이 여성 작가의 작품이다. 짐작하겠지만, 이 중에는 19세기의 대표적인 백인 여성 작가들인 오스틴, 브론테와 함께 사라 오른 주잇Sarah Orne Jewett이 19세기에 출판한 작품들이 유일하게 포함되었다. 다양성의 필요성에 대한 인식이 높아진 덕분에, 9명의 여성 작가 중 2명은 흑인 작가인 조라 닐 허스턴 Zora Neale Hurston과 토니 모리슨, 나머지 2명은 쿠바계인 크리스티나 가르시아Cristina Garcia와 퓰리처상 수상자인 런던 태생의 인도인 줌 파 라히리Jhumpa Lahiri가 포함되었다. 유색인종의 작가들이 포함된 것은 감탄할 만하고 바람직하지만, 표준 권장도서에는 20세기, 심지 어 21세기의 백인 여성 작가의 작품들조차 전체적으로 부족하다. 조 이스 캐럴 오츠Joyce Carol Oates, 도나 타트Donna Tartt, 제럴딘 브룩스, 바버라 킹솔버Barbara Kingsolver는 최근 퓰리처상 수상자 또는 후보자 들이었다. 이들 중 킹솔버는 평범한 여성들이 주인공이 되어 여성에 대한 이야기를 하는 많은 이야기들(《고향Homeland and Other Stories》을 참고해 보자)과 소설 《비행 행동Flight Behavior》을 저술했다. 19편의 산문 권장 도서 중 단지 7편만이 여성에 대한 이야기를 하는 주요 여성 등장인 물을 포함하고 있다. 그중 하나는 너새니얼 호손Nathaniel Hawthorne의 《주홍 글씨The Scarlet Letter》다. 1850년대, "출판사가 '빌어먹을 여자 들이 낙서한' 책을 자신의 책보다 더 많이 판다고 불평(Zeisler, 2016, p. 38)"한 바로 그 너새니얼 호손이다.

11학년 이상의 학생들을 위한 다른 장르의 표준 권장도서는 남성 의 저작과 관심에 대해 훨씬 더 큰 편견을 보여준다. 여성이 쓴 것은 7편의 희곡 작품 중 1편, 15편의 시 중 5편, 국어 과목 관련 13개의 텍 스트 중 1개, 역사와 사회 과목 관련 11개 텍스트 중 2개, 과학과 수학 및 기술 과목 관련 10개 텍스트 중 0.5개(여성 공동 작가)뿐이다. 또 한 이 목록에 포함된 9명의 여성 중 3명이 흑인이고, 1명은 히스패닉, 또 1명은 중국인이라는 점도 주목해야 한다. 이러한 10명의 여성 작가 작품 중 하나는 1848년 뉴욕의 세니커폴스에서 열린 '여성인권협약First Women's Rights Convention' 참석자들이 작성한 〈감성선언서〉다. 이 선언서가 아마도 여성들에게 가장 중요한 작품일 것이다.

나(브룩스)의 딸들과 나는 소녀 형사 낸시 드류Nancy Drew와 탐정 간호사 체리 아메스Cherry Ames를 보며 자랐다. 이 두 시리즈는 모두 소녀들을 위해 여성 작가들이 쓴 작품이었지만, 대부분의 미스터리물(애거사 크리스티, 루스 렌델, 도로시 세이어즈, P. D. 제임스와 같이 유능한 여성 작가들이 쓴 많은 작품들)처럼 대개 위대한 문학작품 또는 공립학교 추천도서로 간주되지는 않는다. 이 책의 다른 곳에서 언급했듯이, 공상과학 소설과 판타지물뿐만 아니라 많은 미스터리물도 비판적 사고를 촉진하는 유익하고 논쟁적이며 도덕적인 쟁점을 담고 있다. 그러나 이러한 장르는 젊은이들에게 관심이 큰 데도 불구하고 추천도서 목록에 거의 포함되지 않는다. 공상과학 소설과 판타지 장르에도 대표적으로 어설라 K. 르 귄, 제임스 팁트리 주니어James Tiptree, Jr., 캐럴린 제니스 체리Carolyn Janice Cherryh, 매리언 짐머 브래들리, 마거릿 애트우드Margaret Atwood, 메리 도리아 러셀Mary Doria Russell을 비롯한 훌륭한 여성 작가들이 있다. 이러한 미스터리와 공상과학 분야의 여성 작가 목록은 베스트셀러의 일부이며, 이 글을 쓰는 동안 떠오른 것들을 대강 적은 것일 뿐이다. 분명 더 많은 작품들이 있다. 교사는 미국의 공통핵심성취기준 교육과정 또는 다른 출처에 나열된 권장도서에 제약을 받지 않아야 한다.

교사는 학생들이 어떤 책을 즐겨 읽는지 알고, 자신과 타인에 대한 더 깊은 이해를 위해 연령과 독서 수준에 맞는 작품을 찾도록 도와야 한다. 여성이 쓰거나 여성의 경험에 관한 이야기를 찾고 읽는 것만으로는 충분하지 않다. 공통핵심성취기준에 빠진 또 하나의 요소는 우리가 읽는 글에 학생들과 토론해야 할 정서적·도덕적 교훈이 포함되어 있다는 생각이다. 시험 점수를 더 높이기 위해 교사들은 높은 수준의 정보를 제공하는 텍스트와 더 복잡한 책들을 선택하도록 요구받는다. 여기서 복잡한 책들은 ATOS* 가독성 공식으로 규정된다. ATOS 가독성 공식은 책이나 단락에서의 '평균 문장 길이, 평균 단어 길이, 단어 난이도 및 총 단어 수'를 측정하는 표준화 도구이자 고도로 정량화할 수 있는 용어로 책의 복잡성을 정의한다. 르네상스 러닝 사Renaissance Learning, Inc.는 2010~2011학년도에 고등학생들이 읽은 상위 25권의 책에 ATOS 점수를 적용하여 그들이 5학년 수준의 책을 읽는다는 것을 발견했다.《앵무새 죽이기To kill a Mockingbird》의 ATOS 점수는 5.5,《호밀밭의 파수꾼The Catcher in the Rye》은 4.7, 현재 인기 있는《헝거 게임The Hunger Games》은 5.3이다. ATOS 점수가 10 이상인 대부분의 소설은 19세기 작품이거나 그 이전 것으로 호머, 셰익스피어, 디킨스, 포의 작품들이 포함되었다("American High School Students Are Reading", 2012).

여기서 필자들은 우리가 고등학교에 다니는 동안 ATOS 점수가 10점 이상이고 고등학생에게 적합한 상기 대부분의 작품들을 읽었지만, 솔직히 말해서 그것은 우리가 그 작품 읽기를 좋아했기 때문이었다. 우리는 독서를 정말 좋아했다. 왜냐하면 책 속에는 좋아하는

---

*ATOS 점수는 단어의 평균 길이, 단어의 평균 레벨을 분석한 도서의 난이도를 나타내는 수치를 의미한다. 예를 들어, ATOS 점수가 4.5라면 4학년 중간 정도의 독서 수준을 나타낸다.

선생님과 다른 롤모델이 있었기 때문이었다. 그들은 우리가 읽었던 책의 감정적이고 도덕적인 내용을 이해할 수 있도록 도와주었다.

그것은 국어교육의 목적에 대한 더 넓은 토론으로 생각을 확장하였다. 적어도 내가 아는 국어 선생님들은 되도록 많은 학생들이 언어를 통해 능력을 발휘하고 생각할 줄 알기를 바란다. 우리는 그들이 책을 좋아할 뿐만 아니라 생존해나가기를 바란다. 우리는 그들이 10년 안에 임대계약서를 읽고 자신이 무엇을 얻고 있는지 알기를 바란다. 우리는 또한 그들이 교실에서 도덕적이고 선한 것이라고 배운 것들을 길거리에서든 사무실에서든 실행하는 선량한 시민들이 되기를 바란다. 또한 속임수를 쓰고, 사기 치고, 학대하고, 불공평하게 다른 사람들을 판단하지 않는 사람들이 되기를 바란다. 국어 교사는 일정 부분 정서적이고 도덕적인 엄격함을 교육과정에 부과하기에 유리한 위치에 있는 것 같다.(Simmons, 2016, pp. 6-7)

앤드루 시먼스Andrew Simmons는 "문학의 정서적 교훈"이라는 제목의 기사를 다음과 같은 문장으로 마무리한다. "결국 우리는 폭력적이고 적에게 포위된 행성에서만 살아야 하며, 우리에게 문제가 있다는 것을 알기 위해 뉴스를 보아야 한다. 그리고 해결책은 논리만큼 사랑과 공감으로부터 자연스럽게 얻을 수 있다는 것을 이해하기 위해 소설을 읽어야만 할 수도 있다(p. 7)." 과연 여성 작가가 쓴《앵무새 죽이기》나 여성의 경험에 관한 이야기인《작은 아씨들》을 읽는 것보다 사랑과 공감으로부터 해결책을 더 잘 찾는 방법이 있을까?

스포츠

포효하는 20년대Roaring Twenties*와 쿨리지 번영기 동안 스포츠 역시 '미국의 관심사' 중 일부가 되었다. 미국 미식축구 리그NFL는 1920년에 설립되었다. 같은 해에 강력한 야구 커미셔너(직업 야구의 최고 책임자)가 국가위원회를 대체했고, 1921년에는 원래 규칙 제정 기관이었던 전미대학체육협회NCAA가 첫 번째 내셔널 챔피언십 리그를 지휘했다. 이 장을 시작할 때 언급했던 '개성'의 상실에 대한 듀이의 애도를 상기해보자. '비즈니스 정신'을 표방하는 새로운 개인주의의 영향 아래서 스포츠의 '개성'은 사라지고 있다. 이는 지금까지 논의한 여가 생활과 오락의 상황과 다르지 않다. '미국에서의 스포츠'는 위키피디아에 따르면,

- 중요한 국가적 문화다.
- MLB(야구), NFL(미식축구), NBA(농구) 및 NHL(하키) 네 가지 는 수천억 달러의 수익을 창출하는, 세계에서 가장 재정적으로 수익성이 좋은 스포츠 리그들이다.
- 네 리그 모두 국내 언론의 집중을 광범위하게 받는다.
- 특히 미국에서 스포츠는 교육과 관련이 있다.

이 지점에서 우리는 교육에서의 스포츠 역할과 오늘날 프로 선수

---

*1차 세계대전 이후 문화 예술 분야를 중심으로 사회 전반에 활기가 넘치던 1920년대 미국의 사회상을 표현하는 용어.

들에 대한 언론 시장의 영웅 숭배를 둘러싼 복잡한 논쟁적 주제에 대해 관심을 갖기를 바란다. 몸과 마음을 훈련하는 체육교육은 교육이 시작되었을 때부터 존재했을 것이다. 플라톤의《국가》에 나오는 다음 대화를 생각해보자.

소크라테스 내가 물었지. 자네는 일생 동안 체육만 접하고 시가[문학]는 접해보지 못한 사람들이 마음 자체를 어떤 상태에 있게 하는지 생각해본 적이 있는가? 또는 그 반대의 상태에 있는 사람들의 경우는? 한 유형은 야만적이고 거친 반면, 다른 유형은 부드럽고 과민하지 않을까?

글라우콘 저로서도 그건 생각해보았죠. 순전히 체육만 해온 사람들은 필요 이상으로 사나워지게 되는 반면에, 시가만 해온 사람들은 그들대로 자신들을 위해 좋은 정도 이상으로 부드럽게 된다는 말씀이겠죠.

소크라테스 그래서 내가 말하고자 하는 것은 이렇다네. 어떤 신이 이 두 교과목을 '격정적인 면'(기개)과 '지혜를 사랑하는 면'(철학)을 훈련시키기 위해서 인간들에게 준 것 같다고 말이지. 한 과목은 몸을 훈련시키기 위해, 다른 한 과목은 마음을 훈련시키기 위해 별도로 마련되었다기보다는 지혜와 격정이 적절한 정도로 조정되고 이완됨으로써 서로 조화를 이루도록 하기 위해서 두 과목이 존재하는 거라고 말일세.(Plato, 1987, book 3, part 2, 410c–412a)

1852년 매사추세츠주를 시작으로 1917년 미시시피주에 이르기까지 미국은 학교교육을 의무화하는 법률을 제정하였고, 이에 따라 아동의 시간은 학교시간과 자유시간으로 나뉘었다. 1900년대 초까지는 많은 주들이 아동노동을 규제하는 (금지하는 것이 아닌) 법률을 가지고 있었다. 그래서 **일정 정도** 자유 시간이 있었지만, 그 시간으로 과연 아동이 무엇을 할 수 있었을까? 한 가지 대답으로 힐러리 L. 프리드먼Hilary L. Friedman은 다음과 같이 지적한다.

> 1903년에 어른들은 소년을 위한 '뉴욕 공립학교 체육 연맹'을 조직하였다. 아동 간의 공식 경기는 소년들을 활동에 참여하게 하고 클럽과 학교로 돌려보내는 훌륭한 방법으로 부상했다. 공식 경기는 소년들의 지속적인 참가를 보장했다. 왜냐하면 소년들은 팀의 기록과 명예를 지키고 싶어 했기 때문이다.(2013, p. 3)

진보적인 개혁자들은 찬사를 보냈다. 왜냐하면 이러한 활동들이 아동을 육체적인 산업 노동자가 되도록 준비시킨다고 생각했기 때문이다. 그래서 이러한 활동들은 비교적 대도시에 사는 이민 가정의 가난한 아이들에게 폭넓게 제공되었다. 1910년까지 17곳의 다른 도시들이 뉴욕과 비슷한 프로그램을 채택했다. 경쟁적인 스포츠는 협력, 노력, 권위를 존중하는 '미국적' 가치를 가르치는 한 방법으로 여겨졌다. 대공황Great Depression 시기에 무료 클럽 및 리그를 위한 기금이 부족해졌을 때도 이러한 활동은 중산층 어린이들에게까지 확대되었다. 동시에 체육교육 전문가들은 경쟁이 어린아이들에게 좋지 않을 수 있으며, 리그 경쟁은 모든 아동이 아니라 단지 몇몇 잘하는 운동선수를 지원할 뿐이라는 우려를 표명했다. 1930년대에 조직화된 아동 시합들은 초등학교 수준의 학교 시스템을 떠남으로써 YMCA와 같은 유료 프로그램으로 대체되었다. 또한 어린이 야구 리그Little League Baseball와 팝 워너 미식축구Pop Warner Football처럼 가난한 가정의 어린이들이 경제적으로 감당할 수 없는 스포츠 프로그램들로 대체되었다(Friedman, 2013). 이처럼 경쟁적인 스포츠는 1920년대와 1930년대 사이에 거의 모든 연령 집단과 실력에 맞춰 상품화되었다. 빈곤층은 접근하기 어려웠고, 참여할 만한 여유가 있는, 즉 '놀기 위해 지불'할 여력이 있는 사람들에게 새로운 지위가 부여되었다. 공립학교들은 고교 수준에서 팀 스포츠를 계속 지원하고 있지만, 심지어 대학 진학과 프로 스포츠의 핵심적인 선수가 되기 위한 시합에서도 상업화가 일어났다(대부분의 메이저리그 야구선수들은 고등학교 때 뽑힌 후 마이너리그를 거쳐 선발된다. 반면, NFL 미식축구 선수들은 대부분 대학에서 선발된다). 여기서 제기할 수 있는 논쟁적인 질문은 다음과 같다.

- 공교육은 경쟁적인 팀 스포츠를 장려해야 (그리고 그것에 투자해야) 하는가?
- 특히 미식축구의 위험성을 알게 될 때도 공립학교들은 계속 지원해야 하는가?
- 학교가 지원하는 경쟁적인 팀 스포츠의 운영이 미국 학생들에게 도움이 되었는가? 어떻게 도움이 되었는가?

교사들은 2013년 10월에 〈애틀랜틱The Atlantic〉에 기재된 "고등학교 스포츠 반대 사례The Case Against High-School Sports"를 읽어야 한

다. 이 글에서 어맨다 리플리Amanda Ripley는 미국 학교들이 경쟁적인 스포츠에 얼마나 많은 예산을 쓰고 있는지와 관련된 사례를 보여준다.

> 많은 학교에서 스포츠는 너무나 중요한 것이다. 아무도 책임을 지지 않으며 실제 비용을 실감하지 못한다. 《교육 경제학Educational Economics》의 저자인 마거리트 로자Marguerite Roza는 퍼시픽 노스웨스트의 한 공립고등학교 재정을 분석했다. 여기서 그녀와 그녀의 동료들은 학교가 수학 수업을 위해 학생 한 명당 328달러를 쓰는 반면, 치어리딩에는 4배 이상인 1348달러를 지출하고 있음을 발견했다. 로자는 "이 학교는 치어리딩 특성화 지역에 속해 있지도 않다"라고 쓰면서, "사실 이 교육지구의 '전략적인 특색사업'은 지난 3년 동안 **수학**에 맞춰졌었다"라고 지적한다.(p. 10)

리플리는 다음과 같은 연구 결과를 인정한다. 즉, 학생 운동선수에 대한 연구는 복합적이긴 하지만, 일반적으로 놀이로 즐기는 학생들에게 학교 스포츠는 나쁜 점보다 이점이 훨씬 많다고 제안한다. '타이틀 나인'이 통과된 이후 경쟁적인 여성 스포츠를 지원하는 기금이 늘어남으로써 여성이 얻은 혜택에 관해 논의하였던 6장의 내용을 기억해보자. "그러나 상급생의 40퍼센트만이 고등학교 운동경기에 참여하고 있으며, 측정하기 더 힘든 것은 스포츠에 대한 강조가 경기를 하지 않는 모든 학생들에게 미치는 영향이다(2013, p. 13)."

일과 중 늦은 시간에 훈련을 시작하는 것이 고등학교 시기 학생들의 경기 능력을 향상시키는 것으로 나타났음에도 불구하고, 실제로 많은 학교들은 훈련을 위한 일광 시간을 최대한 늘리기 위해 매우 일찍 (몇몇 학교는 오전 8시 전에) 훈련을 시작한다. 학업을 소홀히 함으로써 치르게 된 손해는 팀과 치어리딩 연습을 위해 쓴 시간뿐만 아니라, 단합 대회나 밴드 연습, 시합 때문에 길을 오가며 소비하는 시간, 그리고 학부모와 지역사회가 치른 시간들까지 포함한다.

같은 글에서 리플리는 애틀랜타의 역사적인 흑인 여성 대학인 스펠만 대학이 겪은 변화에 대해 이야기한다. 2012년에 약 530명의 학생들 중 절반 정도가 비만과 고혈압, 2형 당뇨병 등 만성적인 건강 문제를 갖고 있었다. 이러한 질환들은 운동으로 완화할 수 있는 것들이었다. 그럼에도 불구하고 스펠만은 전체 학생의 4퍼센트에 불과한 스포츠 선수들을 위해 매년 거의 100만 달러를 경기 비용으로 지출하고 있었다.

> 스펠만 대학의 총장 베벌리 대니엘 테이텀은 정당화하기 어려운 불균형을 발견했다. 작년에 그녀는 스펠만 농구 경기를 보면서 나(리플리)에게 말했다. "졸업한 후에도 농구를 하는 학생은 이들 중 아무도 없을 거예요. 전문적인 운동선수가 되지 않을 뿐만 아니라 레크리에이션으로도 하지 않을걸요. 내가 알고 있는 모든 흑인 여자들은 농구를 하며 레크리에이션 시간을 보내지 않아요. 그래서 내 머릿속의 작은 목소리가 말했죠. **자, 뒤집어버리자.**"(Ripley, 2013, p. 14)

2012년에 대학 간 스포츠에 참가하기 위해 80여 명의 운동선수에게 한 번에 사용한 90만 달러를 2013년 봄 시즌 이후부터는 캠퍼스 전반의 건강 및 운동 프로그램에 투입할 것이 제안되었다. 최신 〈고등교육보고서Inside Higher Ed〉는 다음과 같이 보고한다.

> 테이텀에 따르면, 스펠만 대학은 그 계획을 '건강 혁명wellness revolution'이
> 라고 불렀으며, 테니스 팀이 결승전을 치르고 1년이 지난 후 자리를 잡아
> 가고 있었다. 2012년에 대학 웰빙센터의 피트니스 수업을 등록한 학생 수
> 는 278명이었으며, 현재는 1300명이 넘는다. 스펠만 대학의 학부 입학생은
> 2100명이다.(New, 2014, p. 1)

학생, 학부모, 교사와 학교 관리자는 리더십 기술 습득부터 훌륭한
스포츠맨십이 가진 인격 자질 계발에 이르기까지 협력적인 팀플레이
의 장점을 얻을 수 있는 방법들을 논의해야 한다. 취미 또는 비정규
시민 리그는 이 역할을 채우고, 기회를 가질 만한 재능 있는 사람들
을 위한 출구를 제공할 수 있는가? 마지막으로 미식축구를 살펴보자.
현재 내(브룩스)가 살고 있는 플로리다에서 고등학교 미식축구는
미국의 다른 지역과 마찬가지로 큰 관심사다. 작년에 플로리다 지역
의 뉴스 잡지인 〈키즈 라이프 매거진Keys Life Magazine〉은 고등학교
미식축구 팀에서 뛰던 지역 고등학교의 상급생인 쌍둥이들과 인터
뷰를 가졌다. 미식축구를 하면서 무얼 가장 많이 배웠는지 묻자 그들
은 열정적으로 대답했다.

헨리 축구는 많은 것을 가르쳐줘요. 항상 옆 사람을 도와야 하기 때문에 책
임감을 가르쳐주죠. 정말 저를 위대하고 존경받을 만한 믿음직한 청년으
로 만들어줬어요. 내가 미식축구 팀 선수여서 정말 좋았어요. 거기서 사

람들과 인연을 맺고 함께 이야기 나눌 수 있었죠.

조지 미식축구 팀 경험은 규율을 가르치며, 지역사회에서 더 나은 시민이 되도록 도와주죠. 또한 모두를 존경하도록 가르쳐주었어요. 미식축구는 모든 사람들이 훌륭한 인격을 기를 수 있도록 가르쳐줍니다.(Hixon, 2015, p. 14)

이 두 선수는 그냥 평범한 고교 축구선수가 아니다. 상급생일 때 그들은 체육심화반과 3개의 AP강좌(대학 예비 강좌)를 등록했다. 그들은 현재 위스콘신에 있는 벨로이트 대학의 성적 우수생으로 큰일을 할 재목이며, 여전히 미식축구를 하고 있다.

나는 최근 그들의 엄마와 대화를 나누었다. 나는 그녀에게 쌍둥이들이 미식축구를 할 때 그들의 안전에 대해 항상 걱정하지는 않는지 물었다. 그녀는 당연히 그렇다고 대답했다. 미식축구는 폭력적인 스포츠이지만, 쌍둥이들은 그 위험을 알고 있다. 그들은 5학년 때 미식축구를 시작했고 매우 좋아한다. 고민해야 할 이 문제의 양면성에 대한 인식을 드러내기 위해 그들의 의견을 살펴보려고 한다.

부상과 사망 사고가 빈번한 대학 미식축구 관행을 개혁하기 위해 1905년 시어도어 루스벨트Theodore Roosevelt 대통령은 두 차례에 걸쳐 백악관 회의를 소집하였고, 그 결과 전미대학체육협회가 설립되었다.

당시 미식축구는 특히 위험하고 폭력적이었다. 1905년 한 해에만 적어도 18명이 사망하고, 150명이 넘는 부상자가 발생했다. 〈워싱턴 포스트Washington Post〉에 따르면, 적어도 45명의 미식축구 선수가 1900년에서 1905년 10월 사이에 사망했다. 그들의 사망 원인은 장기 손상, 목 골절, 뇌진탕 또는 척추 골절 등이다.(Zezima, 2014, p. 1)

전진 패스를 부분적으로 허용하고 선수들의 간격을 더 넓히도록 규칙이 바뀌었지만 NCAA에서 1939년까지, 그리고 NFL에서는 1943년까지 헬멧 착용은 의무가 아니었다. 이전의 NFL 선수에 대한 부검 연구를 통해 발견된 만성외상성뇌병증Chronic Traumatic Encephalopathy의 새로운 증거에도 불구하고, 리그는 여전히 [테스트를 통해 입증된] '태클과 블로킹으로 인한 뇌진탕을 더 잘 막는 헬멧 착용'을 지시하지 않았다(Zezima, 2014, p. 5). 그러나 NFL은 문제에 대한 해결책을 조사하기 위해 돈을 쓰고 있었다.

학생들은 2015년에 발표된 영화 〈게임 체인저Concussion〉나 진 마리 라스카스Jeanne Marie Laskas의 원작 소설을 보고 토론할 수 있다. 이 영화에서 윌 스미스가 배역을 맡은 나이지리아 태생의 베넷 오말루 박사는 만성외상성뇌병증을 발견한다. 과학 수업, 특히 물리학 수업에서는 헬멧의 잠재적인 기술적 혁신에 대해 토론할 수도 있다. 이를 위해 NFL은 지이GE, 언더아머Under Armor와 함께 각각 2천만 달러씩 공동출자하였다(Roberts, 2015). 그러나 두부외상은 미식축구 선수만의 안전 문제가 아니다. 첫 슈퍼볼Super Bowl 출전 선수이자 내셔널 리그 엠브이피였던 '황금팔' 조니 유니타스Johnny Unitas는 신체 일부가 불구가 되었고 계속되는 심한 통증을 안게 되었다. "대부분의 다른 선수들과 마찬가지로 유니타스는 미식축구 도중 신체적인 공격을 당했고 무릎에 이식 수술을 받았어요. 그는 1968년 프리 시즌의

댈러스 방어전에서 오른팔에 너무 깊은 부상을 입었죠. 최근 몇 년 동안 그는 포크를 들 수조차 없었습니다(Litsky, 2002, p. 2).”

　여기서 이제 수십억 달러의 스포츠 기업들이 만들어낸 영웅들에게 관심을 돌려보자. 나(브룩스)는 남편 돈Don에게 그가 고등학생이었을 때의 영웅이 누구인지를 물었다. 내가 스포츠에 대해 글을 쓰고 있다는 것을 알고 있던 그는 바로 로베르토 클레멘테Roberto Clemente와 조니 유니타스라고 대답했다. 돈은 파이리츠, 스틸러스와 펭귄스의 연고지인 피츠버그에서 자랐고 고등학교를 다녔다. 나는 왜 그들이 자신의 영웅이었는지 물었다. 누군가는 최고의 선수들이라고 말하겠지만 그들이 영웅이었던 것은 각자의 스포츠에서 아주 뛰어난 선수였기 때문만은 아니었다. 클레멘테의 경우는, 그가 아주 선한 사람이기 때문이기도 했다. 그래서 사실 그는 성인이 되는 것을 제안받기도 했었다. 1971년 월드 시리즈 엠브이피인 클레멘테는 1972년 니카라과의 지진 희생자에게 개인적으로 구호품을 전달하러 가다가 비행기 추락 사고로 사망했다. 피츠버그의 노동계급 가정에서 태어난 조니 유니타스는 자신의 재능을 최대한 활용하여 다른 사람들에게 그와 같은 사람이 되고 싶은 열망을 불어넣었다. 이것이 바로 대부분의 스포츠 영웅 숭배가 실제로 근거해야 할 무엇이 아닐까? 아니면 오늘날의 프로 스포츠 선수에 대한 언론 보도와 대규모 마케팅과 다른 무엇이 있는가? 오늘날 젊은이들의 스포츠 영웅은 누구이며 그 이유는 무엇인가? 왜 많은 젊은이들이 스포츠 선수의 이름, 등 번호, 팀 색상이 프린트된 티셔츠와 스웨터를 입고 있는가? 자신이 입고 있는 옷 위에 새겨진 사람에 대해 얼마나 알고 있을까? 스포츠 기자인 매트 비어드모어Matt Beardmore는 〈사이콜로지 투데이Psychology Today〉의 '타임아웃Time Out'이라는 블로그에서 인정했다! 어린 시절 그의 침실은 마이클 조던의 신전이었다. 2013년, "운동선수를 숭배해도 괜찮을까?"라는 제목의 에세이에서 그는 경영학 교수인 제러미 시에라Jeremy Sierra와 마이클 하이만Michael Hyman 박사의 연구를 인용한다.

하이만과 시에라는 "대중매체의 유명인 노출이 팬들로 하여금 정신적인 면에서 어떻게 실제 사회로부터 인공적인 경험의 세계로 하락하게 만드는지" 논의했다. 또한 그들은 유명인에 대한 숭배가 지나칠 경우 불안, 우울증, 열악한 정신 건강 및 부정적인 영향을 초래할 수 있음을 보여주는 연구(Maltby et al., 2004)를 인용했다. 유명인에 대한 열광의 수준이 낮을 때조차도 사회적 기능 장애와 우울증을 초래할 수 있으며, "연예인 숭배는 자신에 대한 인상을 어리석고 무책임하며 수동적인 모습으로 만듦으로써 자기 이해와 대인관계를 방해한다."(McCutcheon & Maltby, 2002)

이 모든 것이 사실이라면 영웅 숭배는 사람들로 하여금 자신의 정체성을 상실하게 하는 진정한 원인이다. 이는 중요한 문제다. 그렇다면 어떻게 이 문제를 해결할 수 있을까? 특히 선수들은 리그 자체보다 시장성이 훨씬 뛰어나다. 따라서 스타 선수에 대한 스포츠 리그의 마케팅은 계속될 것이다. 그리고 아이들은 자신의 스타를 계속 우상으로서 간직할 것이다. 그게 바로 아이들의 일이다.(Beardmore, 2013, p. 2)

학교는 이러한 논의를 분명히 다루어야 할 필요가 있다. 이는 체육이나 사회 또는 심지어 수학 시간에도 이루어질 수 있다. 수학 교사는 일반적으로 통계학에 대한 흥미를 높이기 위해 스포츠 통계를 가르칠 수 있다. 영웅이란 무엇인가? 롤모델과 같은 것일까?

지혜로운 농구 철학자로 알려진 찰스 바클리Charles Barkley는 '나는 롤모델이 아니다'라고 선언한 바 있다. 이 일로 피닉스 선스Phoenix Suns의 스타였던 바클리는 많은 언론 매체의 집중포화를 받았다. 당시 언론은 주목받는 선수들이 실제 그들이 그렇지 않더라도 미덕의 모범으로 행동해야 하며 그것이 유명인의 미덕이라고 주장했다.(Rhoden, 2012, p. 1)

〈뉴욕 타임스〉의 스포츠 칼럼니스트 윌리엄 로덴William Rhoden은 스포츠 영웅주의의 요소를 정서, 선전, 위선, 비극으로 정의했다. 우리에게는 눈에 띄게 훌륭한 운동 능력을 가진 사람을 확인하고 싶어 하는 '정서'가 있다. 그리고 사람이라면 누구에게나 있는 약점을 덮어버리는 대신 뛰어난 부분을 우상화하는 '선전'이 있다. '위선'에 관해서라면, 랜스 암스트롱Lance Armstrong과 같이 타락한 영웅은 버리면서, 여전히 돈을 벌어다주는 타이거 우즈Tiger Woods나 코비 브라이언트Kobe Bryant와 계약하는 회사보다 위선적인 예가 또 있겠는가?* 마지막으로 '비극'은 우리 인간에게 선과 악을 분별하고 용서할 수 있는 능력이 없다는 데서 비롯된다. 제리 샌더스키Jerry Sandusky에 대

---

*랜스 암스트롱은 여러 차례 도핑을 한 것이 밝혀지면서 선수 자격을 박탈당했다. 타이거 우즈는 여러 여성과 스캔들을 일으켰고, 코비 브라이언트는 성희롱으로 체포됐었다. 이들과 계약한 스폰서인 나이키는 랜스 암스트롱이 후원하는 암투병 환자들을 위한 비영리조직에 대한 후원까지도 모두 중단한 반면, 타이거 우즈와 코비 브라이언트에게는 그렇게 하지 않아 논란이 된 바 있다.

한 공포와 조 패터노Joe Paterno가 영원히 연관되어야 할까? 아니면 졸업식까지 견디도록 학생들의 인격에 관심을 가진 애정 있는 코치로 패터노를 기억해야 할까?* 그러나 우리는 조 패터노의 도덕적 실패를 **잊지 않고** 정치적 인종주의자인 영웅들을 들춰냄으로써 우리의 비극을 감당해야만 한다.

상위의 가치들과 관련이 없다면 스포츠가 지속되어야 할 이유는 없다. 바클리가 롤모델에 대한 자신의 의견을 발표한 몇 년 후, 상원의원이자 뉴욕닉스의 스타인 빌 브래들리Bill Bradley는 《게임의 가치Values of the Game》라는 훌륭한 책을 출판했다. 농구에 초점을 두긴 했지만, 브래들리가 윤곽을 그린 열정, 훈육, 사심 없음, 존경, 용기, 리더십, 책임감, 회복탄력성 등과 같은 가치들은 모든 스포츠의 기초를 형성한다.

소셜미디어의 현실을 감안할 때, 용서와 회복탄력성은 영웅주의보다 훨씬 가치가 있는 것들이다.(Rhoden, 2012, p. 4)

플로리다의 쌍둥이들이 팀 스포츠에 참여함으로써 얻은 긍정적인 자질들이 가진 양면성에 유념하면서, 이제 우리의 생각과 가치를 형성하는 미디어의 역할로 논의의 초점을 옮겨보자.

---

*펜실베이니아 대학 미식축구 팀 보조 코치인 샌더스키는 아동 성폭행을 일삼은 혐의로 구속되었다. 그는 15년 동안 48회 어린 선수들과 입양 자녀를 성폭행하여 사회적 공분을 샀다. 코치인 조 패터노가 이 사실을 알면서도 방관해왔던 사실이 알려지면서 그를 스포츠 영웅으로 존경하는 사람들과 분노한 사람들 사이에 갈등이 있었다.

미디어

처음 이 장을 계획하자마자, 나(브룩스)는 학부생이었을 때 읽은 마셜 매클루언Marshall McLuhan의 《미디어는 마사지다The Medium is the Massage》와 앨빈 토플러Alvin Toffler의 《미래 쇼크Future Shock》를 찾았다. 이 책들은 둘 다 미래학자들이 저술한 작품으로 1960년대 후반과 1970년대 초반 출판되었던 당시뿐만 아니라 오늘날에도 시의 적절한 내용을 담고 있다. 매클루언의 경우 인터넷이 존재하기 거의 30년 전에 그 영향을 예측했다는 점에서 더 사실일 수 있다. 그는 정보가 전달되는 방식(매체)이 내용(메시지)만큼이나 중요하다는 견해를 설명하기 위해 "미디어는 메시지다"라는 문구를 초기 작품에서 만들어냈다. 시청률이 가장 높은 시간대에 TV로 생중계되는 베트남 전쟁(오늘날 시청자에게는 이라크와 시리아)의 그래픽 이미지를 생각해보자. 그는 1967년 작품 제목에 '메시지' 대신에 '마사지'라는 단어를 사용함으로써 오늘날 미디어가 우리의 모든 감각을 '마사지'한다는 점을 설명하려고 했다.

모든 미디어는 우리를 완전히 뒤덮고 있다. 미디어는 개인적, 정치적, 경제적, 심미적, 심리적, 도덕적, 윤리적, 사회적으로 너무 침투되어 우리의 어떤 부분도 그것의 영향을 받지 않고 변경되지 않은 채 남기 어려워졌다. 미디어는 마사지다. 미디어가 환경으로서 작동하는 방식에 대한 지식 없이는 사회문화적 변화에 대한 모든 이해가 불가능하다. 모든 미디어는 심리적이든 신체적이든 인간 능력의 연장이다.(McLuhan, 1967, p. 26)

토플러는 미디어를 통한 정보, 선전, 광고의 폭격으로 인해 사회 및 문화적 변화가 가속화되고, 인간성에서의 방향감각 상실과 무의미함이 나타난다고 주장했다. 그리고 이를 '미래 쇼크'라고 묘사했다. 토플러는 데이터를 분석하고 조작할 때 어느 보조 프로그램을 사용할 것인가를 결정해주는 현대 컴퓨터들의 마스터 프로그램 사용 방식과 인간의 학습을 비교한다. 이 비교를 통해 그는 새로운 방식의 미래교육이 필요하다고 설명한다. 미래교육은 학생들에게 '학습하는 방법, 비우는[폐기하는] 방법, 재학습하는 방법'을 가르침으로써 급속한 변화에 적응할 수 있도록 능력을 향상시켜야 한다(Toffler, 1970, p. 414). 그는 다음과 같이 논의를 계속한다.

> 인적 자원 연구소의 심리학자 허버트 게르유이Herbert Gerjuoy는 간단하게 정리한다. "새로운 교육은 개인에게 정보를 분류하고 재분류하는 방법, 정보의 정확성을 평가하는 방법, 필요할 때 범주를 변경하는 방법, 구체적인 것에서 추상적인 것으로, 또는 그 반대로 이동하는 방법, 새로운 방향에서 문제를 보는 방법 그리고 어떻게 이를 스스로 배우는지 가르쳐야 한다. 내일의 문맹자는 읽을 수 없는 사람이 아니다. 그는 어떻게 배우는지를 배우지 못한 사람이 될 것이다."(p. 414)

이것이 바로 비판적 사고가 중요한 이유다. 미디어는 비판적 사고를 적용해야 하는 논쟁적인 문제들을 우리에게 제공한다. 그러나 또한 미디어는 논쟁적인 쟁점과 관련된 도덕적 결정과 행위에 적용할 가치를 무비판적으로 지시하기도 한다. 이러한 이유로 매클루언은 우리가 미디어의 '환경'과 듀이의 염려에 대해 이해해야 한다고 지적한다. 질문을 던지고 즉흥적으로 공연을 하는 것과 같이, 이 장의 서두에서 기술된 '특성을 가진 개인적 삶의 철학의 쇠퇴'는 사회적인 정신과 관행의 확산에 따른 대중의 획일성과 점증하는 표준화와 관련이 있다는 것이 듀이의 염려다. 그렇다면 정보를 분류하고, 재분류하며, 범주를 변경하고, 진실성을 평가할 수 있도록 돕기 위해 오늘날 학생들이 미디어에 대해 알아야 할 것은 무엇인가?

토마스 만Thomas Mann과 노먼 온스테인Norman Ornstein은 《보이는 것보다 심각하다It's Even Worse Than It Looks》(2012)의 한 장의 일부를 '역기능의 씨앗'과 '새로운 미디어와 새로운 문화'를 논의하는 데 할애했다. 그들은 1950년대 이후 발생한 변화에 대해 이야기한다. 대부분의 미국인은 주요 정보 출처로서 (고정채널이다시피 한) 지배적인 세 텔레비전 네트워크의 야간 뉴스쇼에 수동적으로 의존해왔다. 또한 그 당시에 대도시 지역의 신문들 대부분은 특정 정당 성향을 드러내는 사설란을 게재했지만, 뉴스 기사들은 대부분 사실을 확인하고 또 교차 확인하며 이에 근거해서 객관적인 보도를 하려고 노력했다. 이를 오늘과 비교해보자.

진보와 자유 재단Progress and Freedom Foundation의 아담 티에러Adam Thierer는 2010년 약 600개의 케이블 TV 채널, 2200개의 TV 방송국, 1만 3000개 이상의 공중파 라디오 방송국이 있으며, 2만 권 이상의 잡지가 발행되고, 매년 27만 6000권의 책이 출판되고 있다고 발표했다. 2010년 12월 현재 2억 5500만 개의 웹 사이트와 '.com, .net 및 .org'로 끝나는 1억 1000만 개 이상의 도메인 이름이 있으며, 북미에만 2억 6600만 명이 넘는 인터넷 사용자가 있다.(Mann & Ornstein, 2012, p. 59)

동일한 출처에서 저자들은 2010년의 추가적인 통계 수치들을 더 인용한다. 2010년에는 2600만 개의 블로그, 유튜브가 매일 제공하는 10억 개의 비디오 동영상, 그리고 애플사 제품(iPhone, iPod 및 iPad)에서 사용 가능한 14만 개의 앱이 있었다. 이 모든 것들은 청중과 주의 집중 시간을 파편화시켰고, 이에 따라 더 많은 광고와 더 적은 사실 확인 및 분석을 포함하는 사업 모델로의 변경을 수반하였다.

우선 청중과 주의 집중 시간의 파편화에 대해 더 살펴보자. 오늘날 3대 케이블 뉴스 네트워크인 FOX, MSNBC, CNN이 발표한 뉴스에서 우리는 청중의 분열을 확실히 확인할 수 있다. FOX는 보수적인 청중에게, MSNBC는 좌파에게 흥미로운 뉴스를 제공한다. CNN은 서로 다른 입장의 사람들을 싸움 붙임으로써 어떤 쟁점의 양 측면 모두를 성공적으로 보도하려고 한다. 이 네트워크에서 청중을 만족시키는 부분은 매우 적은 일부이며, 많은 부분은 반복적으로 나오는 광고로 뒤덮여 있다. "대체 누가 TV 뉴스를 보는 것일까?"라고 물음으로써 우리는 더 파편화되어 간다. 퓨 리서치 센터Pew Research Center(2012)는 청중의 파편화와 관련하여 다음과 같은 조사 결과를 보고한다.

- 18세에서 29세 사이의 사람들 중 23퍼센트만이 정기적으로 케이블 뉴스 채널을 시청한다. 이는 30세에서 64세 사이에서는

33~34퍼센트, 65세 이상에서는 51퍼센트인 것과 비교된다.

- CNN 시청률은 2012년 25퍼센트에서 16퍼센트로 떨어졌다. 같은 기간 MSNBC(15퍼센트 → 11퍼센트)와 FOX(22퍼센트 → 21퍼센트)의 일반 시청자 수는 꽤 일정한 수준을 유지했다.

- 미국인의 51퍼센트가 글 읽기를 좋아한다고 말하지만 인쇄물, 특히 신문을 읽는 비중은 감소하고 있다. 어제 신문을 읽었다고 답변한 사람들은 2002년 41퍼센트에서 2012년 23퍼센트로 줄었다. 이와 대조적으로, 어제 책을 읽었다고 답변한 사람들은 2002년 34퍼센트에서 2012년 30퍼센트로 불과 4퍼센트 밖에 차이가 나지 않는다.

- 2010년에서 2012년까지 단 2년 만에 소셜 네트워크 사용자가 모든 연령층에서 19퍼센트에서 36퍼센트로 증가했다. 어제 소셜 네트워크 사이트에서 뉴스를 본 사람들은 9퍼센트에서 19퍼센트로 증가했다. 이러한 변화는 18세에서 24세 사이에서 증가폭(12퍼센트 → 34퍼센트)이 가장 컸다.

- 뉴스를 보거나 읽는 것은 나이, 성별, 교육 수준, 소득 및 정치적 성향에 따라 달라진다(통계적으로 유의미한 차이가 있다).

듀이는 공동선과 사회정의의 원리들에 관해 관심을 갖고, 대화하고, 들어야 한다고 조언했다. 토플러와 게르유이는 범주를 다원화하고 [배울 필요가 없거나 배우지 않아야 할 것에 대해] '배우지 않을 것'을 제안했다. 이들의 생각을 받아들이더라도 만약 우리가 참고할 공통의 기준이 없다면 어떻게 우리는 민주주의에 참여할 수 있을까? 9장

'돈, 계층, 빈곤'에서 우리는 이러한 대화의 격차에 대해 더 이야기할 것이다.

　교사는 학생들에게 저녁 뉴스 프로그램들을 검색한 후, 위 질문들에 관해 이후 며칠 동안 발표하고 토론하도록 과제를 낼 수 있다. 다양한 방송국에 대해서 어떤 이야기들이 발표될 수 있을까? 같은 이야기에 대해 다른 뉴스 서비스를 본 후 학생들이 발표한 보고서들은 어떤 점에서 다를 수 있을까? 다른 점이 있다면, 어떤 1차 자료가 사용되었거나 인용되었는가? (1차 자료가 무엇인지 알고 있었는가?) 토론을 한 후 학생들은 신문이나 잡지 또는 소셜미디어에서 볼 수 있는 동일하거나 유사한 이야기에 대해 논평과 보고를 할 수 있다. 일반적인 인터넷 자료들을 확인하는 데는 특별한 주의를 기울여야 한다. 나아가 어디에서 어떻게 사실 정보를 얻을 수 있는지, 그리고 이야기의 사실 진위를 확인하는 데 있어 언론인이 책임감을 갖고 어떤 역할을 해야 하는지에 초점을 맞춰 심층 토론을 이어갈 수 있다. 만과 온스테인은 잘못된 정보가 어떻게 유통되는지를 보여주는 훌륭한 사례를 제시한다. 이 사례를 보면, 군인연금 및 의회의 특권에 관한 잘못된 정보는 이메일을 통해 퍼져나갔고, 이를 즐기는 사람들에 의해 광범위하게 유통되었다. 하지만 FOX의 반복적인 보도를 비롯하여 '사실'로 보도된 뉴스를 포함한 모든 이메일의 내용은 실제로 틀린 것이었다(2012, pp. 63 - 66). 교사는 영화 〈스포트라이트Spotlight〉를 보면서 뉴스의 출처를 살펴보는 수업 과목을 시작하거나 마무리할 수 있다. 2016년 아카데미 수상작인 이 영화는 보스턴 지역의 로마 가톨릭 사제들의 아동학대를 취재한 〈보스턴 글로브Boston Globe〉의 이야기를 다루었으며, 이 내용이 사실인지에 관한 논쟁을 유발한 바 있다.

마지막으로 광고에 대해 살펴보면서 '미국의 관심사는 사업이다'라는 생각으로 되돌아가 보자. 미국에서 광고는 포효하는 20년대인 쿨리지 번영기에 폭발적으로 성장하였다. 1926년, 캘빈 쿨리지 대통령은 한 광고주 회의에서 이렇게 말했다.

생산이 핵심인 현대 생활에서 광고가 어떤 부분을 차지하는지 생각할 때, 우리는 기본적으로 그것이 교육이라는 것을 알게 됩니다. 광고는 새로운 생각, 새로운 욕망, 새로운 행동을 창출합니다. 광고는 대중의 모든 행동이나 정서 혹은 여론의 기초를 만들고 변화시킵니다. 또한 광고는 삶의 양식과 습관을 적응시키고 변화시키는 데 가장 잠재적인 영향력을 가집니다. 광고는 전체 국민의 일과 여가뿐만 아니라 우리가 무엇을 먹고, 입을지에 대해서도 영향력을 끼칩니다.(Burch, 2012, p. 101)

오늘날 우리는 대량 판매되는 문화와 관습의 시대를 지나, 광고까지도 개인화된 훨씬 더 분열된 개인주의를 표방하는 시대에 이르렀다. "자유주의 계층이 가장 선호하는 인터넷 회사인 구글을 살펴보자. 그들은 당신의 웹 검색 기록을 추적해서 당신에게 상품을 판매한다. 또한 더 많은 상품을 판매하기 위해 당신의 이메일을 훑어본다."(Frank, 2016, p. 204) 이제는 자신이 최신 유행하는 옷을 입고 있는지 더 이상 걱정할 필요가 없게 되었다. 왜냐하면 최신 유행이 당신만을 위해 맞춤으로 제공되며, 다른 모든 사람들이 당신의 취향을 공유할 것이기 때문이다. 이전 애플의 게임 디자이너였고 스탠퍼드의 '응용 소비자 기술' 교수인 니르 에얄Nir Eyal에 따르면, 이를 위한 앱이 있다. 이 앱은 수요를 창출하고 이에 대한 해결책을 제공하기 위해, 그리고 '끊임없이 지속되는 일상' 또는 행동 고리를 만들기 위해 설계되었다 (Weisberg, 2016). 매클루언은 디지털 정보의 은밀한 수집과 지속성을 예언했다. 토플러는 다음과 같은 영향을 예측했다. "슈퍼 산업 혁명 Super-industrial Revolution은 우리가 지금 민주주의와 인간 선택의 미래에 대해 믿는 것 대부분을 무지의 기록archives of ignorance으로 위탁할 것이다(1970, p. 263)." 토플러는 신기술이 '예술의 균질화, 교육의 대량 생산, 대중문화'에서 벗어나게 할 것이라고 믿었다. 또한 "개성을 제한[구속]하는 것으로부터 우리를 벗어나게 함으로써 기하급수적으로 우리의 선택과 자유를 늘어나게 할 것(p. 282)"이라고 믿었다. 하지만 그는 계속해서 다음과 같이 경고했다.

그러나 사람들이 물질적인 그리고 문화적인 상품에 대한 선택의 증가에 대처할 준비가 되었는지는 완전히 다른 질문이다. 왜냐하면 선택하는 것이 너무나 복잡하고, 어려우며, 비용이 많이 들어서 개인을 해방하기보다는 반대로 구속하는 시대가 왔기 때문이다. 간단히 말해서, 선택이 지나친 선택으로, 자유가 비非자유로 변화하는 시대가 왔다.(pp. 282-283)

물질적 선택에 대한 함축적 의미의 한 예로, 미국과 뉴질랜드는 소비자에 대한 직접적인 약물 광고를 제한 없이 허용하는 유일한 시장이다. 이와 같은 허용이 좋은 것일까? 학생들이 과학이나 사회 과목을 통해 연구하고 토론할 수 있어야 한다는 생각에 대해 찬성하고 반대하는 주장들이 있다. 소비자가 자신의 건강에 대해 책임을 져야 하며, 자신에게 도움을 줄 수 있는 약을 알아야 하지 않을까? 광고는 약물의 가격을 크게 상승시킬까? 미국의학협회American Medical Association가 최근 이 문제에 대해 취한 입장은 무엇이며, 그 근거는 무엇인가?

문화 상품에 관한 쟁점에서 다음과 같은 질문은 교실 토론을 위한 훌륭한 주제가 될 수 있다. 광고는 우리가 사회적·정치적 운동을 보는 방식에 어떤 영향을 미쳤는가?《페미니즘을 팝니다We Were Feminists Once》(2016)에서 앤디 자이슬러Andi Zeisler는 정치운동으로서의 페미니즘이 광대한 시장에서 단지 또 다른 소비자의 선택으로 사고팔렸다는 개념을 뒷받침한다. 그녀는 "할머니 팬티는 새로운 페미니즘이다"라는 문구로 시작하면서, 2015년 6월 〈뉴욕 타임스〉 '스타일 섹션'의 "젊은 여성은 끈팬티를 거부한다"라는 제목의 기사에서 이러한 내용을 다룬다(p. 59). 여기서 그녀는 1994년 앤절라 데이비스Angela Davis가 한 말을 인용했다. "나는 머리 스타일로 기억돼요. 이는 '자유의 정치학'을 '유행의 정치학'으로 환원시키기 때문에 굴욕적인 것이죠." 여기에 등장하는 '광고에 의한 문화와 생각의 전복'이라는 개념은 학생들이 다루기에 어려워 보일지 모르지만, 교사는 시도해야 한다.

나(브룩스)는 6학년 학생들이 선전을 보면서 갖는 인식 수준에 대해 놀라고 기뻐한 적이 있다. 나는 6학년 환경과학 수업에 두 개의 비디오를 보여줬다. 하나는 환경 분야의 비영리 단체가 제작한 만화로 학생들이 플라스틱 생수병을 사지 않도록 설득하기 위한 많은 사실 정보들을 제공했다. 다른 하나는 플라스틱이 해양생물과 새에 끼친 영향을 직접 보여주는 과학자의 짧은 비디오 클립이었다. 이 비디오에서 그는 플라스틱으로 오염된 태평양 쓰레기 섬의 한가운데에서 보트를 타고 있었다. 나는 시청 후, 학생들이 두 비디오에 대해 어떻게 느꼈는지 천진난만하게 물었고, 뒤이어 이어질 심오한 토론에는 전혀 준비되어 있지 않았다. 플라스틱 생수병 사용을 반대하는 유익하면서도 사실을 다룬 이 비디오들을 학생들은 싫어했다. 그들은 비디오의 내용이 편향되었으며, 그들로 하여금 생수를 사지 않도록 만들기 위한 의도가 담긴 것이라고 느꼈다. 학생들은 보트에 타고 있던 과학자의 다른 비디오들이 그들 자신이 플라스틱 오염의 원인이라는 것을 알도록, 그리고 생수병의 생산 및 폐기와 관련하여 스스로 도덕적 실천을 하도록 만들기 위해 제작되었다고 느꼈다.

광고와 선전에 관한 지금까지의 논의를 바탕으로 우리는 다음 두 장에서 미국의 자본주의와 사회주의 및 계층을 둘러싼 논쟁을 살펴볼 것이다.

8장

자본주의와 사회주의

학교는 자본주의와 사회주의에 대한 양자택일적인 접근을 지양해야 한다. 우리는 양쪽의 가장 좋은 요소를 분석하고 평가하며 적용할 수 있어야 한다.

이 장에서 우리는 '참여 민주주의를 위한 시민교육'과 '이를 달성하기 위한 대화의 중심적 역할'이라는 이 책의 두 가지 핵심 주제와 관련하여 자본주의와 사회주의를 가르치는 문제에 대해서 살펴볼 것이다.

자본주의

단순히 정의해서 자본주의는 부의 소유권과 생산, 분배, 교환 수단이 개인이나 사유 기업의 손에 달려 있는 경제 시스템이다. 자본주의는 계획경제를 요구하거나 지지하지 않는다. 즉, 상거래의 조직과 생산이 시장의 손에 맡겨진다. 시장은 공급과 수요의 긴밀한 관계로 구성된다. 자본주의는 19세기 산업혁명의 성공과 밀접한 관계가 있다. 새로운 발명품과 기계 사용의 확산에 따라 사람들은 자기 재산과 소규모 사업 직종이 있는 지방에서 도심의 공장으로 이동했다. 이에 따라 새로운 제품을 제조하고 유통하는 성공적인 자본가들은 갈수록 늘어나는 행운을 누릴 수 있었다. 이 이야기는 미국의 역사 수업에서 오랫동안 중심적인 소재였다. 그리고 학생들은 미국의 독창성과 자본주의에 대한 헌신을 으레 대단히 자랑스럽게 여겼다.

또한 노동력의 필요성은 학교의 성장을 촉진시켰다. 20세기 초 미국 아동의 고등학교 진학률은 10퍼센트 미만이었다. 그러나 20세기 중반까지 아동의 절반 이상이 고등학교를 졸업했고, 그 숫자는 1960년대까지 70퍼센트 이상으로 증가했다. 학문, 직업, 일반 프로그램을 제공하는 종합고등학교 구조는 이처럼 고등학교 졸업률을 큰 폭으로 증가시키는 데 큰 역할을 했다. 그러나 이러한 교육 구조는 자본주의 자체와 마찬가지로 심각한 비난을 받아왔다. 이 장에서 잠시 우리는 그 비판을 자세히 살펴볼 것이다.

종교와 마찬가지로 자본주의도 엄청난 주제이며, 모든 분야의 책들이 자본주의를 다루어왔다. 여기서 우리는 모든 고등학생들이 고민해야 할 몇 가지 기본적인 문제들을 제안하려 한다. 첫째는 경제 불평등 문제다. 경제 불평등은 오래전부터 그리고 오늘날에도 중요한 관심사다. 그리고 오늘날 부의 격차를 비롯한 불평등은 점차 심각해지고 있다. 마치 파도가 모든 배들을 들어 올리는 것처럼 자본주의가 모든 사람들에게 이익을 가져다준다는 주장이 있어왔다. 물론 우리는 이 주장을 간과해서는 안 된다. 자본주의 사회에서 일상적인 삶은 산업혁명 이전 시대보다 여러 면에서 더 나아졌다. 그러나 이것이 많은 사람들의 삶이 더 나아질 수 없다는 것을 말하는 것은 아니다. 또한 빈부 격차가 날이 갈수록 더 심각해지고 있다는 점도 분명 부인할 수 없다. 경기 침체나 후퇴가 발생할 때마다 자본주의에 대한 비판은 커졌으며, 이를 개선하거나 대체하자는 강력한 주장이 제기되었다.

오늘날 미국은 대공황 때처럼 중산층의 위축과 임금 정체 문제를 크게 걱정하고 있다. 자본주의의 위대한 약속, 즉 자본주의가 모든 개인을 경제적으로 잘살게 할 것이며, 자본주의의 원리에 충실한 국가가 전 세계를 부유해지도록 이끌 것이라는 예측이 과연 지켜질 것인지에 대해 관심이 늘고 있다. 국가 부의 90퍼센트 이상을 10퍼센트 미만의 국민이 차지하고 있는 현실에는 분명 옳지 않은 무언가가 있다.

비평가들이 현재 자본주의 운영에 대해 적지 않게 우려를 표명하고 있지만, 그보다 오래된 다른 걱정들도 있다. 그중 하나는 사람들이 자본주의 이론을 기술하는 방식이다. 존 듀이와 다른 사회이론가들도 이러한 문제를 지적한 바 있다. 종교와 마찬가지로, 자본주의는 '자연법칙Laws of Nature'과 같은 확실성으로 설명된다.

경제 '법칙'은 경쟁적인 교환이 자유롭게 이루어지는 수요와 공급의 법칙, 즉 '자연적인' 법칙이다. 자연적으로 탄생한 노동자들은 부의 창출로 이어지는 이 법칙을 원한다. 미래의 즐거움을 위한 현재의 금욕은 더 많은 부를 축적하는 자본의 효율성을 낳는다.(Dewey, 1927, p. 90)

사람들은 자본주의 이론을 설명하는 이러한 방식에 대한 이의 제기를 금기시해왔다. '개인'은 경쟁의 자유를 누리고 자신의 노력을 보상받는 존재였다. 사람들은 지성, 근면, 검소함, 선견지명과 같은 '자본주의적 미덕'을 가치 있게 여기고 길러야 했다. '모든 사람들은 성공할 수 있다'는 말을 들었고, 실패는 인격의 모자람을 나타내는 것으로 여겨졌다.

듀이는 자본주의가 개인을 정의하는 방식에 대해서도 염려했다. 그는 확실히 개인의 성장, 즐거움, 사상의 자유, 자기 계발을 믿었다. 그러나 그는 **개인**은 미리 형성된 창조물이 아니며, 사회적으로 형성된다고 강하게 믿었다. "개인은 항상 경험의 완성이자 중심이 될 것이다. 그러나 실제로 자신의 인생 경험에서 개인이 **어떤 사람인가** 하는 것은 관련된 삶의 본질과 변화에 달려 있다(1939, p. 91)." 따라서 개인의 삶의 질은 자기 삶이 맺고 있는 사회적 관계의 질에 달려 있다. 우리는 개인으로 태어난 것이 아니다. 우리는 개인이 **된다**.

자본주의에 대한 많은 비평가들은 개인을 대우하는 자본주의적 방식의 명백한 모순에 대해 비평했다. 개인의 미덕에 대한 엄청난 강조와 모순되게도, 새로운 산업의 효율적인 조립 라인은 개성을 상실시키는 결과를 초래하였다. 하지만 이 문제에 대해서는 거의 논의된 바가 없다. 거의 신성한 경지의 덕을 가져야 하는 인간으로서 노동자를 격상시킨 철학은 또한 기계 같은 반복 노동에 그들의 하루 일과를 바치도록 했다. 찰리 채플린의 영화 〈모던 타임스Modern Times〉는 1920년대 노동자들의 총체적 개성 상실을 조립 라인을 통해 묘사했다. 이 영화는 우리에게 여전히 문제의식을 상기시키고 있으며, 인간성을 위해 무엇이 필요한지 시사하고 있기 때문에 계속해서 인용된다.

결국 자본주의의 이상과 효과를 살피는 과정에서 우리는 뚜렷한 모순에 시달린다. 한편에서 자본주의는 총명하고 열심히 일한 사람이 부자가 될 수 있다고 말한다. 물론 이는 미국인이 오랫동안 소중하게 여겨온 아메리칸드림이다. 그 증거는 우리 도처에 있다. 예를 들어, 사람들은 미국 경제가 세계 최고 수준으로 성장하였다고 말한다. 다른 한편에서 자본주의가 많은 사람들을 저임금 단순노동에 매인 실패한 삶을 살도록 한다고 비난한다. 이들 노동자들이 아메리칸드림을 이루지는 못했지만 그 꿈은 여전히 선량한 그들의 가슴속에 살아 있다. 그러나 대안적 경제 및 정치적 견해들이 논의되면서, 평범한 일상의 노동자들은 배은망덕하고 비애국적인 사람들로 취급되기도 한다. 이러한 모순을 설명하면서 평생 사회주의자였던 스콧 니어링Scott Nearing은 20세기에 대해 다음과 같이 썼다.

세기의 전환기에 미국은 야심적이고 탐욕스럽고 권력에 굶주린 소수의 사람들을 위한 행복한 사냥터가 되었다. 그러나 그 과정에서 북미 대중문화는 경제적 생산성과 과학기술의 양적인 발전에 주목할 만한 기여를 했다. … 나는 기술적으로 진보한, 엄청나게 부유한 이 나라에 살면서 권력에 취한 과두 정부의 지휘 아래 휘둘렸다. 과두 정부는 그들의 얼간이들과 희생자들, 그리고 그들 스스로를 탈출구가 없는 막다른 골목으로 몰아넣었다. 막다른 골목에는 그들 자신과 동료들, 그리고 아마도 헐벗고 생명을 잃은 행성 지구가 남을 것이다.(2000, p. 299)

니어링은 또한 '땅으로 돌아가기' 운동의 주창자였으며, 학생들은 니어링 부부의 농사와 집짓기 이야기에 대해 읽는 것을 즐겼다 (Nearing & Nearing, 1970, 1979). 오늘날 많은 환경론자들은 자연환경을 소중히 여기고 지구를 보호하려는 그들의 호소에 귀 기울여왔다. 그러나 '땅으로 돌아가기'식 환경주의environmentalism가 현실적으로 실용성이 있는지를 〈신환경운동성명An Ecomodernist Manifesto〉*의 철학과 대조해볼 수 있을 것이다(Asafu-Adjaye et al., 2015). 이러한 대조는 토론을 위한 좋은 주제이기도 하다.

2015년 4월에 발표된 이 성명은 자연과 인류의 상호작용을 바라보는 새로운 방식을 제시한다. 많은 과학자들은 지구가 새로운 지질시대, 즉 인간과 인간 행동에 의해 생겨난 인류세anthropocene에 접어들었다고 믿는다. 〈신환경운동성명〉은 인류세를 인정하면서 주창자들이 깨달은 철학이 '좋은' 혹은 '위대한' 인류세를 창조할 것이라고 설명한다.

좋은 인류세는 사회적, 경제적, 기술적으로 발전된 힘을 사람들의 더 나은 삶과 기후 안정, 자연보호를 위해 사용할 것을 요구한다.

여기서 우리는 '인류가 환경에 미치는 영향을 줄이고, 자연을 위한 공간을 넓혀야' 하며, '경제적·생태적 멸망을 막기 위해 인류 사회가 자연과 조화를 이루어야 한다'는 오랜 환경적 이상을 선언한다. 이 두 가지 이상은 더이상 타협의 대상이 될 수 없다. 인류가 존속과 복지를 위해 자연 의존을 확

---

*이 성명은 지구가 인류의 행성이며 인류가 지구에서 태어났지만, 지구가 인류의 손으로 재창조되는 '인류세(인류가 지구 기후와 생태계를 변화시켜 만든 새로운 지질시대)'라는 새로운 지질 연대에 접어들었다고 주장한다. 또한 인류의 지식과 기술을 지혜롭게 사용하면 훌륭한 인류세를 만들 수 있다고 믿는다. 이를 위해 인류의 사회, 경제 및 기술력을 인류 삶의 질 향상, 기후 안정화와 자연보호에 사용해야 하며, 이런 관점에서 기존의 환경적 이상을 재확인하면서 인위적 환경 영향은 축소되어야 함을 주장한다.

대하는 것이 자연계를 보호하거나 강화하지 않는다는 것은 일반적인 생각
이다.(Asafu-Adjaye et al., 2015, pp. 2 – 3)

　　여기서 경제적·생태적 멸망을 막기 위해 자연과 조화를 이루어
야 한다는 이상은 언뜻 보기에 과거의 '단순한' 생활 방식으로 되돌
아가자는 다양한 시도들을 신환경론자ecomodernist들이 주창하는 것
처럼 보인다. 그러나 〈신환경운동성명〉은 그런 생활 방식이 자연계
와 자원에 인류가 직접적으로 의존함으로써 더 많은 부담을 얹는 것
이라고 생각한다. 그들은 "환경에 영향을 주는 것으로부터 인간 복지
를 분리하기 위해서는 기술 향상에 대한 지속적인 헌신과 더불어 사
회적, 경제적, 정치적 기관의 지속적인 진화가 요구된다(Asafu-Adjaye
et al., 2015, p. 29)"라고 생각한다.
　　오늘날 학교에서 가장 눈에 띄는 자본주의의 유산은 아마도 교육의
경제적 이득에 대한 계속적인 강조일 것이다. 그리고 이러한 강조는
사실상 더 증가하는 추세다. 자본주의는 유치원에서부터 아이들이 고
등학교, 대학교, 그리고 수입이 좋은 직업으로 이어지는 길을 따르도록
자극한다. 훌륭한 직업이 우리가 원하는 결과라는 데는 동의할 수 있
지만, 그 외에 훌륭한 교육을 추구해야 하는 다른 이유는 없는 것일까?
　　지난 세기에 교육자, 정책 입안자, 학부모들이 겪었던 자본주의 교
육의 모순에 대해 학생들이 배우고 고민해보는 것은 유용할 것이다.
종합고등학교comprehensive high school*의 도입은 중등교육을 대중적

---

*각기 다른 주제와 분야를 다루는 다양한 프로그램, 각종 지원 서비스 및 과외활동 등을 제공하는 학
교 유형을 의미한다. 미국에서 대부분의 대규모 고등학교는 다양한 분야의 필수 및 선택 과목들을 제공
하는 종합고등학교에 해당한다.

으로 만들었다. 다양한 계층에 속한 가정의 아이들이 중등교육을 받을 수 있게 된 것이다. 미국의 경제적·산업적 성공에 기여한 자본주의의 역할을 조금이라도 인정해야 하듯이, 우리는 종합고등학교가 대다수 아동을 교육하는 데 있어 성취한 바를 인정해야 한다. 그렇다고 해서 이것이 종합고등학교가 변화할 필요 없이 계속 유지되어야 하는 완벽한 모델이라는 것을 의미하는 것은 아니다. 종합고등학교는 학업 지향적인 아동뿐만 아니라 모든 아동을 교육할 필요성에 대한 인식하에 설립되었다. 이론적으로 그것은 인간의 재능과 관심의 전체 범위를 인정하는 것으로서, 이는 종합고등학교의 큰 강점이다. 그러나 실제적으로 이 새로운 고등학교는 자본주의의 반semi종교적인 사고방식, 즉 '개인'은 저마다 어떤 특성을 갖고 태어났으며, 자본주의 사회에서의 성공과 관련된 덕목을 기르고 보상받아야 한다는 사고방식으로 인해 약화되었다. 엄밀히 말하자면, 이는 어떤 배경의 어떤 아동이라도 원하는 교육과정을 밟고 재정적으로 안정된 미래를 '성취할 수 있음'을 의미한다.

무엇보다 먼저, 대안적인 사고방식은 많은 사람들이 필요로 하는 인간의 재능 모두를 인식하고 계발하며 그것에 맞게 보상할 것을 우리에게 요구한다. 기계에 재능이 있는 학생에게 기계 작동보다 중세 역사 공부가 더 좋을 것이라고 말하는 이유는 무엇인가? 서로 다른 적성과 관심을 가진 학생들을 위해 다양한 프로그램을 제공하는 교육 실천은 그 자체로 훌륭한 생각이지만, 우리는 이를 구현하기 위해 잘못된 결정을 내려왔다. 당연히 첫 번째 잘못된 결정은 학업을 기준으로 순위를 매기고 공부에 소질이 없는 학생들에게 낮게 평가받은 교과목에 맞는 프로그램을 설계하고 적용했다는 사실이다. 그러다 보니 공부에는 소질이 없지만 다른 실제적 능력을 가진 학생들에게 실제적 능력 개발을 위한 특별 프로그램을 제공하지 않았다. 두 번째는 '하위' 계열의 교육과정을 설계할 때, 낮은 계열의 학생들이 거의 모든 면에서 더 낮아지도록 만들었다. 세 번째는 교육 실천의 중점을 교육의 경제적 성과에 두었다는 점이다. 이 결정은 수입이 좋은 일자리를 준비하는 것보다 훨씬 더 많은 가르침과 배움이 있다는 사실을 우리로 하여금 잊게 만들었고, 모든 학생들에게 상처를 주었다.

모든 계열은 우수하게 설계된 교육과정을 포함하고 구현할 수 있어야 한다. 하지만 이보다 우리는 자본주의적인 생각에 너무 크게 영향을 받았다. 우리는 [성적이] '최고인 학생'이 어떻게든 자연스럽게 정상에 오를 것이고, 고등학교까지의 과정을 통해 대부분의 학생들이 이미 자신의 가능성과 부족함을 보여주었다고 간주한다. 우리는 대학예비과정에 집중했고, 잘 못하는 학생들을 위해 낮은 수준의 교육과정을 너무 자주 제공했다(Oakes & Rogers, 2006). 설상가상으로 우리는 동일한 시험으로 모든 학생의 향상도를 계속해서 측정했다. 예상하겠지만 이 시험에서 점수가 '낮은' 반 학생들의 점수는 계속해서 낮았다.

만약 우리가 인간의 모든 재능과 산업사회, 포스트산업사회가 요구하는 위험한 일을 존중했다면 어떻게 됐을지 생각해보자. 학문적 재능이 아닌 다른 재능을 가진 학생들은 자신의 재능을 인정받고, 자신에게 가장 이익이 되는 적합한 프로그램을 선택하도록 권유받았을 것이다. 그리고 그들은 자랑스럽게 그런 선택을 할 수 있었을 것이다. 하지만 그런 일은 일어나지 않았다. 그동안 종합고등학교의 문제와 불평등에 대한 각성이 있어왔지만, 이를 개선하기 위한 노력은 여러 면에서 상황을 더욱 악화시켰다. 이러한 잘못된 노력에 대해서는 다음 장에서 논의를 더 이어갈 것이다.

그전에 여기서 우리는 프로그램 계획의 잘못된 세 번째 결정에 대해 더 짚고 넘어가려고 한다. 계열의 순위에 대한 어떤 고정된 편견이 있었을 뿐만 아니라, 모든 계열은 점점 더 경제적 목표를 향해 조정되어갔다. 더 좋은 직업을 가지려면 대학을 다녀야 했기 때문에 성인들은 자녀의 대학 진학 준비를 북돋았다. 경제적 성과에 경도된 학교에 대한 우려는 20세기 초반부터 표출되었지만(지금까지도 있지만), 이 시기의 대안은 주로 직업교육에 집중되어 있었다. 듀이는 일반교육과 직업교육의 분리에 격렬한 반대를 표하며, 직업교육자는 민주시민교육보다는 '산업 체제'의 발전에 우선적으로 관심을 갖는다고 주장했다(Kliebard, 1999, p. 127을 참고해보자). 물론 어떤 사람은 산업 정권이 미국을 경제적으로 위대하게 만든 힘이었다고 말할지 모른다. 그래서 지속적인 경제적 성공을 교육의 주된 목표로 삼는 것이 전적으로 타당하다고 말할지도 모른다.

사회 효율성 운동에 따른 《중등교육의 주요 원리Cardinal Principles of Secondary Education》(1918)는 자본주의 산업국가의 원활한 운영을 증진하는 데 목표를 두었다. 이 책은 인간의 모든 관심사(건강 증진, 기초 학습능력 배양, 직업 수행능력 준비, 여가의 의미 있는 사용, 의미 있는 가족관계 형성, 시민성 함양, 윤리적 인격 함양 등)에 대한 교육과정 확대를 촉진하기 위해 사용되었다(이 책의 대안적인 활용에 대해 살펴보려면 나딩스의 2013년 책을 참고해보자). 확실히, 《중등교육의 주요 원리》에 열거된 모든 목표들은 주목할 만한 가치가 있는 것들이지만, 만약 구체적인 조리법과 같은 목표들로 축소된다면 교육적 힘을 잃게 된다. 사회 효율성 운동에 대한 비판적 입장을 지닌 사람들은 잠재적으로 더 광범위하고 깊이 있는 교육목표 원칙을 탐구하지 않았다. 그 대신 고전적 목표의 문제점에 대한 비판에 집중함으로써 사태를 악화시켰다. 비판론자들은 어떤 의미에서 사회 효율성 운동이 모든 교육을 직업훈련의 한 형태로 축소시켰다고 주장했다. 허버트 클리바드 Herbert Kliebard는 이러한 걱정을 다음과 같이 강한 어조로 요약한다.

직업교육의 목적이 상징적인 성공을 거두고, 일부 아이들에 대한 무시와 불공평한 대우를 줄이며, 모든 학생들을 위한 교육을 되살리는 것이라면, 직업교육은 불확실한 미래 어느 시점에서 얻게 될 일부 보상에 집착해서는 안 된다. 또한 직업훈련 이외의 나머지 부분을 배제해서도, 전체 교육 시스템을 경제적 이익이라는 좁은 목표로 전환해서도 안 된다. … 직업교육은 먼 미래의 금전적 이익에 대한 전망이라는 차원을 초월함으로써 성공할 수 있다.(1999, p. 235)

이 글을 쓰던 때 즈음, 여러 골치 아픈 사건들이 뉴스에 나왔다. 지난 15년간 백인 중년 남성의 사망률이 크게 증가했다는 것이다. 증가 원인의 대부분은 자살, 약물 과다복용 및 과도한 알코올 섭취 때문일 수 있다. 연구자들은 사람들이 불안해하는 원인을 찾기 위해 노력하고 있다. 이 시점에서 확실한 답을 얻지는 못했지만, 적어도 실존적

절망의 형태에 부분적인 책임이 있는 것으로 보이며, 이 절망은 자신의 기대에 못 미칠 때 생겨난다. 폴 크루그먼Paul Krugman은 이를 "우리는 아메리칸드림을 믿기 위해 자란 사람들을 보고 있다. 그들은 자신의 실패에 잘못 대처하고 있다"라고 요약했다(2015, p. A23).

이와 같은 실존적 절망에 대한 증거들은 교육자로 하여금 현재 교육을 온통 지배하고 있는 경제에 대한 강조에서 벗어나는 것이 얼마나 중요한지를 일깨운다. 인생에는 돈을 버는 것보다 더 많은 것이 있다. 즉, 필자들은 아메리칸드림을 축하하거나 비난하는 것을 바람직하게 보지 않으며, 다시 한 번 주입식 교육에 대해 경고한다. 그러나 교육자들은 지적, 사회적, 도덕적, 예술적 가능성이 풍부한 세계를 학생들에게 안내하는 책임을 져야 한다. 우리는 학교를 통해 돈이 모든 것이 아니라는 것을 증명해야 한다.

사회주의

요약하자면, 사회주의는 '공동체'의 손에 생산의 소유권과 통제권을 부여하는 사회조직 시스템이다. 소유권과 통제권을 '국가'에 두는 공산주의를 의미하지 않는다. 오늘날 대부분의 사회주의 형태들은 국가의 소유권을 지지하지 않는다. 그러나 분명히 여기서 우리는 '공동체'가 무엇을 의미하는지 논의해야 한다. 일부 비평가들이 공산주의를 오해하여 무신론과 동일시하는 것처럼, 사회주의가 공산주의의 한 형태라고 하거나 공산주의로 가는 과정에 포함된다고 확신하는 사람들이 있다. 오늘날 세계에서 가장 번영을 누리고 있는 많은 국가들은 사회주의 경제로 볼 수 있고, 공산주의 경제가 아니라는 점을 확실히 알아야 한다. 사회주의 경제는 **계획**경제이며, 특정 기획(관련 공동체)에 관심이 있는 모든 사람들은 그 계획을 수행하는 역할을 한다. 정부(국가) 역시 주인이 아닌 참여자로서 역할을 수행한다. 사회주의 경제에서는 제멋대로 힘을 쓰지 않도록 시장을 통제한다.

20세기 전반, 도금시대gilded age* 이후 처음으로 겪었던 미국의 극심한 경제 불평등은 사회주의에 대한 강한 관심을 촉발하였다. 이해할 수 있겠지만, 이러한 관심은 대공황 시기 수년 동안 크게 지속되었다가 1950년대 냉전으로 사회주의를 공산주의와 동일시하면서 사라져버렸다. 오늘날 많은 사람들은 한때 미국에서 사회당이 번성하였다는 사실을 모른다. 실제 '사회주의'라는 이름표는 사회당을 악평으로 빠뜨렸다. 그러나 2016년에 스스로를 '민주주의적 사회주의자'라고 설명한 버니 샌더스Bernie Sanders의 적극적인 민주당 예비선거 운동 덕분에 우리는 사회주의에 대해 새로운 관심을 갖게 되었다. 다시 말해, 매우 부유한 사람들과 그렇지 않은 사람들 사이의 엄청난 불균형 증가에 대한 현재의 불만은 사회주의에 대한 새로운 관심을 뒷받침하고 있다.

사회주의 옹호론자들은 사회주의에 대한 관심이 부의 불균형을 개선하고 공동체에 대한 참여와 책임감을 회복시킨다고 주장한다. 앞으로 논의하겠지만 '공동체'를 정의하는 것은 예전부터 사회주의자의 주요한 개념적 문제였으며 앞으로도 그럴 것이다. 국가적 수준

*남북전쟁 이후 미국 경제가 급속도로 발전한 시기.

에서 우리는 듀이가 '위대한 공동체great community'라고 부른 공동체를 아직 세우지 못했다. 듀이가 인정한 바와 같이, "위대한 사회가 위대한 공동체가 될 수 있는 조건을 탐색"하는 것은 깊은 지적 문제다. 본질적으로 사회주의자에게는 자본주의를 사회주의로 대체하거나 최소한 자본주의를 수정하기 위해 사회주의의 기초적인 아이디어들을 채택하는 것이 중요한 문제지만, 이를 위해서는 '공동체'가 의미하는 것을 보다 신중하게 정의해야 한다.

공동체에서 우리는 서로를 돌본다. 즉, 지역사회의 모든 구성원이 식량, 주거지, 의복, 안전, 의료와 같이 삶을 지탱할 수 있는 요소들에 걱정이 없도록 보장하고자 한다. 이러한 기본적인 생계유지는 모든 공동체 구성원이 서로에게 보장하는 것이기 때문에 자선 행위로 간주되지 않는다. 교사는 학생들이 이에 대해 비판적으로 생각하도록 도와주어야 한다. 열성적인 자본주의자들은 이에 대해 어떤 반응을 보일까? 이에 맞서서 그들은 어떤 쟁점을 제기할 수 있을까? 사회주의자는 어떻게 재정을 조달받아 구성원의 생계를 유지할 것인가?

민주적 공동체의 구성원은 이와 같은 공동체에 참여한다. 듀이는 이를 분명히 한다.

개인의 입장에서 볼 때, 그러한 공동체는 집단 활동을 형성하고 방향을 정함에 있어 능력에 따라 책임과 몫을 부여하며, 개인은 집단이 유지해온 가치 체계에서 필요에 따라 집단 활동에 소속하고 참여하게 된다. 집단의 입장에서 볼 때, 집단 구성원이 가진 잠재성은 공동선 및 공익과 조화를 이뤄야 한다.(1927, p. 147)

마지막 문장에서 볼 수 있듯이, 사회주의자는 생산 기계의 부품으로 전락된 인간이라는 산업자본주의의 가장 뼈아픈 특징 중 하나를 바로잡으려 한다. 여기서 중요한 발상은 모든 노동자가 자신이 속한 기업이 누구의 이익을 위해 어떻게 운영되는지 무언가 말할 수 있어야 한다는 것이다. 예를 들어, 자동차 제조회사의 모든 구성원은 회사가 어떤 구조를 지녀야 하는지, 어떤 방법으로 제품을 생산할지, 구성원을 어떻게 대우할지, 다른 세계와 어떻게 접촉할지에 대해 목소리를 낼 수 있어야 한다. 사회주의는 당연히 노동조합의 발전을 강력하게 지지한다. 오늘날 노동조합은 파괴되거나 약화되고 있다. 그 원인은 무엇인가? 전통적 자본주의에 대해 새로운 열정이 생겨났기 때문일까? 아니면 노동조합이 행위 과정에서 실수와 약점을 보여 왔기 때문일까? 우리는 이를 뒤에서 더 논의할 것이다.

사회주의는 경제적 실체로서 개인을 자본주의보다 훨씬 덜 강조하지만, 더 넓은 의미에서 개인이 된다는 것이 무엇을 의미하는지에 대해서는 훨씬 더 강조한다. 앞서 언급한 니어링은 이를 다음과 같이 설명한다.

다른 사람의 이익, 어떤 집단(가족 또는 지역사회)의 이익 또는 목적, 원인과 성찰로 자신의 정체성을 확인함으로써 삶은 확대되고 크게 심화될 수 있다. 우리는 '둘 중 하나'를 선택할 필요는 없다. 그것은 모든 것과 모든 방향에서 접근할 수 있다. 중요한 것은 자기를 넘어선 어떤 것이나 것들과 함께 정체성을 확인하는 것이다. 실제로, 각각은 전체의 일부다.(2000, p. 301)

듀이가 지적했듯이, 연관된 삶에 대한 강조는 개인화individualization 조차도 [전체와의] 연관성과 헌신의 산물이라는 점을 우리에게 상기 시킨다. 그러나 개인과 마찬가지로, 집단은 다른 집단과 상호작용해야 하며 그들의 효능과 복지는 또한 그러한 상호작용의 건강함에 달려 있다. **공동체**는 참여 집단의 공통된 목표와 활동에 의해 형성된다. 만약 어떤 집단이 자신의 필요와 관심사만을 요구하면 그 집단이 속한 공동체는 혼란을 겪는다. 사실 그것은 어떤 공동체의 존재를 끝낼 수도 있다. 우리는 현재 불안한 노동조합에 대해 생각해보아야 한다. 아마도 그들은 새로운 자본주의적 이익이 지배하는 사회의 끊임없는 공격을 받고 있기 때문에 실패하고 있는지 모른다. 또는 극복하기 위해 설립된 시스템과 너무 많이 닮았기 때문에 실패하는 것일 수도 있다. 즉, 시스템의 위계질서가 지나치게 공고하고, 돈에 지나치게 집중하며, 다른 집단의 복지에 지나치게 무관심한 것 등이 그 원인일 수 있다. 아마도 이 두 가지 가능성 모두에 실패의 원인이 있을 것이다. 따라서 '위대한 공동체를 찾는 것'은 사회주의자들에게 여전히 도전적인 과제다. 모든 수준에서 개인과 집단은 이익, 재화, 의무를 기꺼이 공유해야 한다.

이제 약간의 시간을 할애해서 자본주의와 사회주의에 대한 일상적인 견해에 어떤 모순이 있는지 연구해보자. 자본주의는 모든 개인이 모든 다른 사람들과의 경쟁 속에서 열심히 그리고 정직하게 일한다는 [거칠게 정의한] 개인주의와 흔히 연결된다. 그러나 생산, 시장 지배력, 돈에 대한 개인주의의 집중은 거대한 기계의 보잘것없는 부품으로 개인을 환원하는 데 기여했다. 집단 통제에 중점을 둔 사회주의는 돈이 인간의 유일한 또는 주요 관심사가 아니라는 것을 사람들에게 일깨우기 위해 노력했다. 개인주의의 우선적인 목표 중 하나는 사람들이 다른 관심사를 추구하도록 자유롭게 하는 것, 즉 자신만의 특색 있는 재능을 개발하는 것이다.

양 사고체계 모두 **평등**에 관심을 둔다. 자본주의자들은 모든 사람이 성공할 기회를 가져야 한다고 주장한다. 또다시 여기서 성공은 돈의 측면에서 정의된다. 평등은 공정하고 평등한 출발점으로 묘사되지만, 결승점에서의 극심한 부의 차이는 허용될 뿐만 아니라 크게 칭송되기도 한다. 미국 사회에서 오래전부터 전해 내려온 모든 자수성가 이야기들과 허레이쇼 앨저Horatio Alger의 작품들*을 생각해보자. 이와는 대조적으로, 사람들은 모든 이들을 경제적 평등에 가깝도록 만드는 수평 시스템으로서 사회주의를 인식한다. 그러나 사회주의는 경제적 평등에만 관심을 두지 않는다. 사회주의는 경제적 어려움에 대한 걱정 없이 개인이 광범위한 범주의 이익을 추구할 수 있도록 자유를 옹호한다.

학교는 무엇을 할 수 있을까?

학교는 항상 평등의 개념에 관심을 가지고 있다. 대부분의 미국인과 마찬가지로 교사들도 "모든 사람은 평등하게 태어났다"라는 〈독립선언〉에 명시된 신념을 쉽게 인용하지만, 우리 대부분은 사람이 평

---

*《누더기를 입은 딕Ragged Dick》을 비롯하여 소년의 자수성가 이야기를 담은 많은 소설들.

등한 소질과 능력을 갖고 태어난다는 것을 믿지 않는다. 앞서 우리는 평등한 결과가 아니라 법 앞에서의 평등과 평등한 기회에 대한 신념을 밝혔다. 종합고등학교는 아동이 저마다 다른 능력을 가지고 있으며 그에 따라 경제적 삶에 대한 준비가 달라야 한다는 이해를 바탕으로 설계되고 시행되었다. '자연적' 차이는 교육적 조치의 차이를 정당화한다. 자본주의자와 사회주의자 모두 이에 동의할 수 있겠지만, 자본주의자들은 이러한 차이의 '자연스러운' 결과에 더 강조점을 둔다. 모든 사람이 학문적 재능이 있는 사람들에게 제공되는 교육 유형으로부터 이익을 얻을 수는 없다. 명시적 설명은 없었지만 처음부터 사람들은 순위를 매기기 위한 수단으로 종합고등학교 프로그램을 이해하였다. 학업 프로그램은 최상, 직업 프로그램은 그다음, 일반 프로그램은 가장 낮은 것으로 이해되었다. 학업 프로그램이 최상인 이유는 해당 졸업생들이 최상의 경제적 결과를 창출할 가능성이 가장 높았기 때문이다.

그러나 사려 깊은 사람들은 이러한 접근 방식에 반대했다. 지난 반세기 동안 효력을 발휘한 가장 인기 있던 반대는 가정, 이웃, 학교 시설의 경제적 차이가 '자연적' 차이를 보다 확실하게 만든다는 주장이었다. 학교는 이러한 차이를 극복하고, 로버트 메이너드 허친스Robert Maynard Hutchins의 "가장 최선의 교육은 모든 학생들을 위한 최선의 교육이다"라는 견해를 따르기 위해 최선을 다해야 한다(Adler, 1982, p. 6). "모든 아동은 배울 수 있다"라는 슬로건은 교육계에서 널리 퍼져나갔고, 미국 사회는 계열화 폐지를 권고받았다(Oakes & Rogers, 2006). 정의를 위한 이 캠페인에 대해 칭찬할 것이 많이 있지만 우리를 걱정하게 만드는 것 역시 많다.

첫째, 모두를 위한 대학 입학 준비의 강조는 학문 프로그램과 [이후의] 직업이나 직종을 순위 매기는(또는 가치 평가하는) 지속적 관행을 제거하지 못했다. 이전에 종합고등학교의 경우, 학업 프로그램은 최상위로, 직업 및 일반 프로그램은 낮은 순위로 매겨졌다. 대학 준비 프로그램에 많은 학생들이 등록하고 있고, 현재 학과 목록 상단에는 '고급' 또는 '우등', 하단에는 '교정'이라는 표시가 붙는다. 그 어느 때보다 학점 평균과 시험 점수가 강조되고 있다. 학생들은 단순히 대학을 계획하는 것이 아니라 '최고의' 대학을 계획하고 입학하도록 요구받는다. 더 잘사는 가정의 아이들은 더 좋은 고등학교에 진학할 뿐 아니라, 더 많은 과외 교습을 받고 시험 준비를 한다. 여기에 경쟁과 돈에 대한 전통적인 자본주의의 강조가 있다.

계열화 폐지의 두 번째 문제는 공정한 기회를 정직하게 부여하는 형태의 계열화를 한 번도 제시하지 못했다는 점이다. 우리는 학생의 학업성취도를 토대로 계열을 단순히 부여했을 뿐이다. 학생들의 관심사에 관해서는 거의 묻지 않았으며, 비학술적 재능에 대한 존중도 거의 없었다. 앞서 우리는 직접적인 직업 훈련 이외의 교육을 등한시하는 직업교육에 대한 클리바드의 강한 비판에 주목했다. 왜 직업교육이 노동에 관한 문학, 가정, 조합의 역사, 노동과 관련한 미술과 음악, 발명가의 전기傳記들, 공동체에서의 노동 장소, 시민적 참여, 행복, 좋은 삶의 의미와 같은 인본주의적인 주제를 풍부하게 다루면 안 되는지 이유를 찾을 수 없다(Grubb, 1995; Kliebard, 1999; Nearing, 2000). 최선의 직업교육은 생계를 유지하는 것 이상에 있다. 매슈 크로퍼드

Matthew Crawford는 다음과 같이 주목했다.

> 자신에게 주어진 하루에 초점을 맞추면, 돈 없이 혹은 돈으로 물건을 사
> 지 않고도 무언가에서 돈을 벌 수 있다. 우리의 이익을 유지할 수 있으려면,
> 직업은 탁월성이 발휘되기 위한 여지를 가져야 한다. 최선을 다할 경우, 탁
> 월함이 바깥으로 쏟아져 나올 것으로 믿는다. 내가 말하고자 하는 바는 탁
> 월성의 발휘가 좋은 삶에 대한 좀 더 포괄적인 이해를 가리키거나 제공한
> 다는 것이다.(2009, p. 196)

우리가 우수한 직업교육 프로그램을 발전시키는 데 큰 관심을 기
울이지 않았던 이유는 무엇일까? 우리는 자본주의 전통에서 몇 가지
공통된 이유를 열거할 수 있다. 그것들은 육체노동에 대한 존중심 결
여, 이와 관련된 낮은 보수, 학업적 재능이 없는 사람은 열등하다는
인식, 기계의 대체로 인한 일자리 박탈의 증가다. 그러나 우리를 공
동체 차원에서 부끄럽게 만드는 또 다른 위선적 이유가 있다. **우수한
직업교육은 비용이 많이 들기 때문이다.** 모든 아이들이 대학에 가야
하고 그들의 진정한 관심과 재능을 무시할 수밖에 없다고 믿는 척하
면, 비용을 훨씬 적게 들일 수 있다. 사실상 인간의 모든 재능을 솔직
하게 존중한다면 우리는 다양한 교육과정을 제공해야 할 것이다. 하
지만 모두에게 대수학을 가르치는 것이 다양한 교육과정을 제공하
는 것보다 저렴하다. 결국 우리는 모든 아이들에게 평등하게 대학교
육을 준비시키는 척하면서 돈을 아끼고 있는 것이다.

고등학생을 위해 우수한 직업 프로그램을 개발하는 일을 진지하

게 고려하고자 한다면, 사회주의자들이 지적한 문제에 직면할 필요가 있다. 듀이가 우리에게 경고했듯이, 위대한 공동체에서 개인뿐만 아니라 집단은 최소한 몇몇 공통된 목적을 공유하고 상호작용해야 한다. 학교는 학생들이 이처럼 민주적 상호작용을 할 수 있도록 준비시킬 수 있다. 직업 및 학문 계열의 학생들이 사회적으로나 정치적으로 상호작용할 수 있는 기회가 주어져야 한다. 인문학 주제들은 앞에서 제안한 토론 수업의 4년 과정 안에 포함될 수 있다. 이 토론 수업에는 문학, 미술, 음악, 공민학civics의 자료가 포함될 수 있을 것이다. 이 수업들은 계열에 상관없이 모두에게 부과되어야 하며, 모든 학교 프로그램의 학생들을 대상으로 포함해야 한다. 공통된 학습을 보장하기 위해 학교 및 학과 전반에 걸쳐 협력이 있어야 할 뿐만 아니라, 다른 프로그램의 학생들이 각기 다른 특별한 관심사를 공유할 수 있도록 계획된 기회가 세심하게 마련되어야 할 것이다. 이 수업에서 토론은 학생과 교사가 제안한 사회적, 도덕적, 정치적 관심에 집중되어야 한다(Noddings, 2015a). 세심하게 마련된 이 토론 수업의 경험은 오늘날 많은 사회비평가들을 괴롭히고 걱정하게 만드는 대화의 격차를 예방하는 데 도움이 될 것이다(Anderson, 2007; Putnam, 2015). 비평가들은 미국인들이 사회 계급을 가로질러 서로 이야기할 수 있는 능력을 잃어가고 있다는 데 두려움을 표명하고 있다. 우리는 부의 격차와 동등하게 의사소통의 격차에 대해서도 무언가를 해야 한다.

앞서 지적한 바와 같이, 사회주의는 사회와 정치 및 직업 집단 모두에게 개인의 참여를 요구한다. 학교는 학생들이 공부 주제와 프로젝트를 선택할 수 있는 기회를 더 많이 제공함으로써 참여를 이끌려고 노력한다. 전체 교과과정을 재구성하는 프로젝트 없이도, 학생들이 자신의 학교교육에 대해 더 큰 참여적 조절감sense of participatory control*을 느끼도록 할 수 있는 많은 방법이 있다. 예를 들어, 수학에서 학생들은 [학교에서 일방적으로 배정하는 방식이 아니라] 고급, 표준 또는 최소 과정 중 어느 과정에 등록할지 스스로 선택할 수 있다. 물론 여기에는 교사와 부모의 이해와 안내가 필요하며, 학생의 참여와 협력을 늘리는 데 도움이 될 것이다. 학생들은 미래 자신의 학업과 직업에 어떻게 수학을 사용할 수 있을지, 어떻게 자신의 능력을 평가할지, 어디에서 공부를 가장 열심히 할 것인지 생각하도록 북돋움을 받아야 한다. 어떤 기본 과정보다 고급 과정을 이수하기 위해서 더 높은 등급 또는 더 높은 학점이 필요하지 않을 것이다. 이는 높은 등급을 차지하기 위한 과격한 경쟁을 줄일 것이다. 학생들은 자신이 다른 사람들보다 낫다는 것을 보여줘야 한다고 생각하기 때문이 아니라 그 과목을 더 공부하고 싶거나 단순히 그 과목을 사랑하기 때문에 고급 과정을 선택할 것이다.

평등 교육이 모든 사람들을 위한 동일한 교육(동일한 교육과정 내용)을 의미한다는 생각을 거부한다면, 우리는 계속해서 모든 프로그램이 다루어야 할 주제, 쟁점, 기술에 대해 진지하게 질문해야 한다. 앞서 직업교육 과정에서 인문학 자료가 풍부해져야 한다고 제안했지만, 그 자료들이 학업 과정과 정확히 동일할 필요는 없다. 또한 우리는 복잡한 환경적·기술적 쟁점들을 비판적으로 평가할 때 모든 학

---

*환경과의 호혜적 상호작용을 통해 조절감(스스로 조절 혹은 통제하고 있다는 느낌)을 증가시키는 과정을 의미한다.

생들이 배워야 하는 선행 조건으로 확률 및 통계 분야의 기초적인 수학 교육이 필요함을 제안한다. 여기에서 우리는 교육과정 구성에 있어 더 많은 교사의 참여 필요성에 직면한다. 주제, 방법, 결과에 대한 학제 간 준비와 지속적인 토론은 교육적 기획을 할 때 활성화되어야 한다.

우리가 여기서 제시한 대부분의 제안은 사회주의의 기본적인 관심, 즉 모든 인간 능력에 대한 존중, 자신이 속한 기업에서의 개인의 참여, 공통 관심 안에서의 집단의 상호작용과 일치한다. 그러나 우리는 또한 자본주의적 방향을 특징짓는 발명, 산업, 에너지의 정신을 유지하려고 노력해야 한다. 데이비드 시플러David Shipler는 우리에게 다음을 상기시킨다.

> 윈스턴 처칠은 민주주의가 때때로 시도된 다른 모든 것을 제외하고는 지금까지 고안된 최악의 시스템이라고 지적했다. 이를 자본주의적 자유기업에 대해서도 마찬가지로 적용할 수 있다. 자본주의적 자유기업은 다른 모든 것을 제외하고 최악이다. 이 기업들은 적자생존과 약자의 고통을 촉진하는 차가운 경쟁 정신의 무자비함을 갖고 있다. 그러나 그것은 공산주의, 사회주의, 또는 지금까지 시도한 다른 변형된 이념들에 지금까지 없던 기회를 열어준다.(2004, p. 88)

자본주의와 사회주의는 서로 타협되지 않는 적들이다. 이에 맞서 두 가지 접근법을 경쟁시킬 필요는 없다. 우리는 두 이념 모두에서 배울 수 있다. 우리의 목표는 민주주의를 강화하는 것이다. 13세기 수피교도Sufi의 시인 잘랄루딘 루미Jalaluddin Rumi는 말했다. "잘못을 저지르고 옳은 것을 행하는 문제를 초월하여 존재하는 곳이 있다. 내가 너를 거기에서 만날 것이다(Cravens, 2007, p. 133)." 여기서 다시 듀이는 우리에게 웅변적으로 상기시킨다.

하나의 아이디어로서, 민주주의는 다른 연관된 삶의 원칙들에 대한 대안이 아니다. 그것은 공동체 자체에 대한 아이디어다. … 참여 구성원 모두가 결과를 선한 것으로 받아들이는 연대가 있는 곳, 그리고 모두가 공유하는 선이 있고 그 선을 유지하기 위한 열정적인 노력과 열망을 통해 선이 실재하는 곳이 있다면 그곳이 어디든지, 거기에는 공동체가 있다.(1927, p. 149)

9장

돈, 계층, 빈곤

우리는 학생들이 자랑스럽게 선택할 수 있는, 존중할 만한 형태의 진정한 직업교육을 새로 시작하기 위해 고민해야 한다. 교사는 학생들이 개인적인 만족감과 만족스러운 수준의 보상을 둘 다 얻을 수 있는 직업이 무엇일지 고민할 수 있도록 도와주어야 한다.

바로 앞 장에서 우리는 두 가지 관점에서 자본주의와 사회주의가 어떻게 다른지 논의했다. 하나는 생산의 소유권 관점이고, 다른 하나는 '강한 개인주의'를 강조하는 관점이었다. 자본주의 사회에서 성공을 위해 필요한 '강한 개인주의'는 듀이의 민주적 개성과 대조된다. 듀이의 개성은 공동체 안에서의 사회적 상호작용을 통한 정체성 발달과 같은 사회주의적 관심사를 명확하게 강조한다. 7장에서 우리는 엔터테인먼트, 스포츠, 미디어를 바라볼 때 한발 물러서서 그것의 근원, 타당성 그리고 오늘날 우리가 읽고 듣고 보는 모든 것에 함축된 가치의 배경을 조사해야 함을 보았다. 그리고 이에 따라 모든 형태의 엔터테인먼트와 미디어가 '미국의 관심사는 사업이다'라는 말에 얼마나 잘 부합해왔는지도 보았다. 우리는 종교, 인종, 성별과 관련하여 우리를 분열시키는 논쟁적인 쟁점들을 살펴보았다. 이번 장에서는 오늘날 우리가 서로 이야기하고 이해할 수 있는 능력에 영향을 미치는 사회적 범주화에 관해 논의할 것이다. 사회적 범주화는 아마도 우리 사회를 가장 잘 분열시키는 요인일 것이다. 또한 민주주의 제도의 유지와 밀접한 관련이 있는 계층에 대해서도 논의할 것이다.

사실 대부분의 미국인들은 상대적으로 계층을 잘 깨닫지 못하며, 계층이 없는 사회라고 가정하고 상승이동upward mobility을 맹목적으로 믿는 경향이 있다. 계층 문제는 금기시되기 때문에, 정치인들은 이를 공개적으로 제기하기를 꺼린다. 게다가 그들은 성별, 연령, 인종, 지지 정당(공화당인지 민주당인지)처럼 일반적으로 논의되고 사회적으로 받아들일 수 있는 다른 정체성의 렌즈를 통해 그들의 선거구를 볼 때 훨씬 더 잘 당선될 수 있다. 그러나 계층은 과거 문제들을 역사 기록 보관소에 안전하게 은폐하고 가둬놓은 골칫거리다.(Sacks, 2007, p. 289)

사회구조를 만드는 돈의 역할에 대한 논의는 위와 같은 사회구조와 계층 차이에 대한 논의로 이끈다. 우리는 이번 장에서, 그리고 평등에 대한 10장에서 경제적 차이가 어떻게 '생각의 차이'와 상호작용하는지 살펴볼 것이다. 8장에서도 언급한 '생각의 차이'는 대화의 격차를 만든다. 우리는 경제적 격차를 줄이기 위한 제안뿐만 아니라, 계층 간 대화의 가능성을 높이는 방법에 대해서도 탐구가 이뤄지길 바란다. 제안한 바와 같이 학교는 표준 영어를 학생들이 보편적으로 습득하고, 공식적인 글에서 사용하도록 더 많은 관심을 기울여야 할까? 학교는 교육의 경제적 목적을 지나치게 강조하고 있는 것은 아닌가?

돈

학교에서 계층과 빈곤에 대해 의미 있는 토론이 이루어지려면, 학생들은 우선 돈의 역할과 돈과 재산의 차이점을 이해해야 한다. 간단히 말해서, 돈은 가치를 측정하는 방법이고, 재산은 가치 있는 물건(예: 자동차, 주택, 가전제품, 주식 및 채권)의 풍부함이다. 기초적인 수학 수업에서, 학생들은 경영학 용어로 세 가지 기본 재무제표(손익계산서, 대차대조표, 현금흐름표)를 배워야 한다. 학생들은 이 재무제표 각각의 현재 흐름과 그것이 나타내는 바를 배움으로써 어떻게 예산을 책정하고 부를 축적하는지 이해할 수 있다. 대수학보다 재무제표를 배우는 것이 모든 학생들에게 더 유용할 수 있다. 게다가 기본적인 계산 기술은 재무제표를 깊이 있게 다룸으로써 배울 수 있다. 이것은 퀸스 대학에서 정치학과 수학을 가르치는 앤드루 해커Andrew Hacker의 제안과도 잘 부합한다. 그는 다음과 같이 말한다.

> 당연히 미적분과 고급수학이 필요하긴 하지만, 사람들의 일상생활에서도 필요한 것은 아니다. 시민들에게 필요한 것은 그래프와 차트를 읽고 머릿속으로 간단한 수치를 계산하는 데 익숙해지는 것이다. 우리는 '양量의 세기'에 살고 있고, 그에 맞는 언어를 숙달해야만 한다. 십진법과 비율은 이제 명사와 동사만큼 중요하다. … 사실, 기업의 이익이나 건강보험에 드는 비용을 따져보는 것처럼 현실적인 세계를 계산하는 것은 쉽지 않다.(Hacker, 2016, p. 2)

현금흐름표statement of cash flows는 수표장checkbook과 같다. 그것은 일정 기간, 즉 한 달, 4분기 또는 1년 동안 계좌의 입출금에 따른 돈의 출처와 사용처를 알려준다. 손익계산서는 기본 예산으로 생각할 수 있다. 다시 말해서, 그것은 기간 계산서이며 일정 기간 동안의 수입과 지출의 출처와 양을 알려준다. 학생들은 자신이나 가족의 소득과 지출에 대해 간단한 예산을 세운 다음, 일정 기간 동안 실제로 돈이 얼마나 들어오고 나가는지를 추적할 수 있다. 마지막으로 재산을 이해하는 데 있어 가장 중요한 것은 대차대조표다. 이 재무제표는 특정 시점의 구체적인 내용으로, 구체적인 시점의 순자산, 즉 부채를 뺀 자산을 보여준다. 부자가 되려면, 대차대조표의 최종 결과bottom line(맨 바닥에 나오는 총액으로 순이익이나 순손실)가 시간이 지남에 따라 증가해야 한다.

학생들이 이러한 기본 원리들과 돈과 재산의 차이점을 이해한다면, 다음이 무엇을 의미하는지 더 잘 이해하기 시작할 것이다.

- 중간소득가구(4인 가족의 경우 연간 4만 4000달러~13만 2000달러)의 평균 순자산은 1983년(9만 4300달러)에서 2013년(9만 6500달러)까지 30년 동안 단 2퍼센트 증가했다. 이것은 '저축 nest egg', 혹은 즉시 사용 가능한 현금이 아니라 한 가계의 자기자본으로 구성될 수 있는 1년에서 2년 정도의 수입의 적립금을 나타낸다.
- 이 기간 동안 평균소득이 4만 4000달러 미만인 가정의 평균 가구당 순자산은 1만 1400달러에서 9300달러로 하락했다.

- 대조적으로, 퓨 연구센터의 자료에 따르면, 연간소득이 13만 2000달러 이상인 가구의 평균 순자산은 같은 기간에 63만 9400 달러로 두 배 이상 증가했다(Cohen, 2014 보고서를 토대로 정리).
- 미국의 상위 0.1퍼센트가 차지하는 부의 비중은 1970년대 말 7퍼센트에서 2012년 22퍼센트로 증가했다(Matthews, 2014 보고서에 인용된 Saez와 Zucman 자료).

이전 장에서 언급했듯이, 이러한 통계는 현재 미국 사회가 겪고 있는 정치적 혼란뿐만 아니라 예비선거 후보였던 버니 샌더스의 인기를 설명해준다. "우리는 잔인한 불평등에 대해 무언가를 하는 대신, 단순히 종교와 돈, 그리고 능력주의라는 국가적 이데올로기를 수용한다(Sacks, 2007, p. 288)."

루비 페인Ruby Payne은 1996년에 저술한《계층이동의 사다리 A Framework for Understanding Poverty》에서 여러 사회계층이 돈을 어떻게 생각하는지에 대해 이야기한다. 빈곤층은 돈을 지출해야 할 무언가로 생각하고, 중산층은 돈을 관리하려고 노력하며, 부유층은 돈을 보존하고 투자하려고 한다. 이를 재무제표 측면에서 생각하면, 빈곤층의 현금 흐름에는 돈이 들어왔다 나가기는 하지만 은행계좌를 포함한 내역이 거의 없을 것이다. 중산층과 부유층은 현금흐름과 안정적인 소득을 모두 가지고 있어 세 가지 재무제표를 계획하고 예산을 세워 사용할 수 있다. 그러나 부유층에게는 대차대조표를 늘리는 것이 중요하다. 여기서 우리는 닭과 달걀을 혼동하지 않도록 주의해야한다. 가난한 사람들은 단지 돈을 지출해야 할 무엇으로 생각하기 때문에 가난하지 않다.

또한 재산은 쉽게 돈을 벌 수 있는 가치가 있는 것이기도 하지만, 풍부한 자원도 의미한다. 부유층과 일정 정도의 중산층은 교육 자원과 재정적, 정치적, 사회적 연결 자원에 접근할 수 있다. 또한 실업, 건강 악화 또는 기타 금융 위기를 대비하기에 충분한 자금 자원을 갖고 있다. 우리가 '풍부한 지식' 등에 관해 이야기할 때, 우리는 기술, 재능, 자신감, 대담함과 같이 기르고 북돋울 수 있는 개인적 자원과 같은 자산의 또 다른 측면도 인정하고 있다. 이 최종 특성은 출신 계층과 상관없이 모든 사람들이 가질 수 있는 것처럼 보이지만, 최근의 연구 결과는 그렇지 않음을 보여준다.

제니퍼 키시게파트Jennifer Kish-Gephart와 조안나 캠벨Joanna Tochman Campbell(2015)은 CEO가 어린 시절에 인식한 자신의 사회계층 상태가 전략적인 위기 감수에 결정적인 영향을 미쳤다는 사실을 발견했다. 중류층 동료들과 비교해볼 때, 상류층 출신의 CEO들은 위기를 기회로 보고 전략적으로 위기를 감수할 가능성이 훨씬 높았다. 하류층 출신은 중류층 출신보다는 위기를 잘 감수하는 것으로 나타났으나 상류층 출신만큼은 아니었다. 이 경험적 연구 결과는 사회학적 선행 연구에 근거하여 설명할 수 있다. 이에 따르면, 상류층은 아동기에 자부심과 안정감을 발달시키고, 하류층은 더 이상 잃을 것이 없고 위기를 감수하는 것이 자신을 발전시킬 것이라는 생각을 기르도록 한다. 대조적으로 중류층은 위기를 현재의 상태와 미래의 기회 모두를 잃을 수 있는 '이중 위협'으로 받아들인다. 저자들은 다음과 같이 결론 내린다.

"개천에서 용 난다(rags to riches)"라는 이야기가 미국인의 담화에 자주 등장함에도 불구하고, 특히 사회경제적 계층구조의 최고점에 이른 사람들(CEO들)의 배경[출신 계층]이 승진에 장기적으로 어떤 영향을 미쳤는지는 불분명하다. 우리는 사회계층, 각인(태어난 직후에 획득하는 행동 양식), 상위 계층 이론에 대한 연구를 통합함으로써, 전략적 리더들의 사회계층 배경이 결과 수준에 미친 영향을 이해하기 위해 중요한 설명의 첫 단추를 제공하려고 한다. 전체적으로 보았을 때, 우리의 연구 결과는 사회계층하에서 초기에 형성되는 경험이 중요하다는 점을 설명해준다. 따라서 우리는 지위 상승과 직장에서의 사회계층 역할에 관한 향후 연구를 강력히 촉구한다.(2015, pp. 1631 – 1632)

돈이 재산 및 사회계층과 어떤 연관이 있는지, 그리고 최상류층으로 상승한 사람에게조차도 장기적인 영향을 미치는지에 대해 살펴보았다. 이제 다음 주제로 넘어가자.

계층

앞서 살펴본 위기 감수에 관한 연구에서 **사회계층**은 "경제적 위계 구조에서 사람들이 인식하는 자신의 위치(Kish-Gephart & Campbell, 2015, p. 1615)"로 정의되었다. 여기서 경제적 계층이란 다른 사람들과 비교되는 자원에 대한 접근성과 사회적 지위의 차이를 말한다. 8장에서 논의했듯이, 부의 축적은 오랫동안 아메리칸드림이었다. "벤저민 프랭클린이 그런 사람이었고, 헨리 포드도 그랬다. 그리고 미국인의 삶은 다른 사람들도 그렇게 할 수 있다는 믿음, 즉 미천하게 태어나서 경제적 상승이 일어날 것이라는 믿음 위에 세워져 있다. 조지 제퍼슨George Jefferson의 스타일인 '높은 곳을 향해 전진해(Movin' on up)'는 단순히 시트콤 노래 제목이 아니라 하나의 시민 종교다(DeParle, 2012, p. 1)." 상승이동에 대해서 이야기하기 전에 우리는 '상승(up)'의 의미를 정의해야 한다. 상승은 교육 수준, 사회적 지위, 소득, 부 또는 이들 모두를 의미하는 것이 아닐까? 〈다운튼 애비 Downton Abbey〉처럼 2차 세계대전 이전 영국에서의 삶을 다룬 프로그램을 보면, 계층 구분은 더 명백해 보인다. 남북전쟁과 도금시대 이전 미국에서도 이러한 구별이 명백했을까? 〈독립선언〉 작성자들은 "모든 사람이 평등하게 태어났다"라고 명시함으로써 계급 없는 사회를 기대했던 것일까? 그들은 타고난 권리로서의 귀족적인 계층 개념으로부터 자유로웠을까? 유색인종에 대해서도 그랬을까? 학생들은 오늘날 미국에서 계층이 어떻게 정의되어 있다고 생각할까?

학생들이 미국의 계층 개념과 그것의 작동 방식을 파악하도록, 다른 계층 시스템 연구를 통해 도움을 줄 수 있다. 생산과 관련된 마르크스주의의 전통은 정치적 입장과 이데올로기를 가진 계급의 구성원으로서의 노예를 설명하지 못했다. 오히려 노예는 말horse이나 연장처럼 고정적인 자본이었다. 마르크스는 노예제를 인정하지 않았지만, 노예들은 프롤레타리아의 대화에서 제외되었다. 인도 카스트제도는 극도로 복잡하지만 어떤 면에서 직업과 관련이 있다. 흥미롭게도, 가장 높은 카스트인 브라만은 교사, 제사장, 설교자를 포함하였다. 특별히 인종과 장소에 기반을 둔 스페인과 포르투갈의 식민지 전통을 살펴보는 것은 흥미로울 수 있다. 당신은 높은 사회적 지위를 가진 가족에게서 태어날 수 있다. 그러나 만약 당신이 멕시코나 브라질처럼 식민지 전초기지에서 태어난다면, 당신은 자동적으로 지위가 하강하여 크리올*이 된다. 메스티소**나 물라토***와 같은 혼혈인종이 되면 더 아래 지위로 재분류되고, 누구와 얼마나 섞였는지에 따라 이름과 사회적 지위가 정해진다(미국의 계관시인 너태샤 트리튜이Natasha Trethewey가 2012년에 발표한 시집인《노예Thrall》에 실린 시들을 참고해보자).

이러한 식민지인에 대한 모욕과 명예훼손은 스페인과 포르투갈 식민지의 해방을 도왔다. 혁명가인 시몬 볼리바르Simon Bolivar는 베네수엘라에서 가장 부유한 크리올 집안에서 태어났다. 스페인으로부터 베네수엘라를 해방시키기 위해, 볼리바르는 자신의 계층이 이전에 억압했던 노예, 카우보이(야네로스 원주민), 인디언 계층들로부터 많은 관심을 이끌어내야만 한다는 것을 발견했다. 볼리바르는 군역을 대가로 자신의 노예를 해방시키고 1826년에 볼리비아 헌법에서 노예제를 공식적으로 폐지했다. "토머스 제퍼슨이나 제임스 매디슨과 같은 미국 정치가들의 경우, 여전히 수백 명의 노예들이 일하는 농장을 경영하고 있던 시절에 그것은 대담한 움직임이었다(Wulf, 2015, p. 154)." 볼리바르는 '강인하고 거친' 야네로스 원주민과 인디언들의 지지를 얻기 위해 전문 기병술을 배웠다.

---

*본래 중남미 태생 백인을 부르는 말이었으나, 오늘날에는 보통 유럽계와 현지인의 혼혈을 지칭.
**본래 라틴아메리카의 유럽인과 인디언·인디오와의 혼혈을 지칭.
***흑인과 백인 또는 흑인과 인디언과의 혼혈을 지칭.

크리올이면서 도시 거주자인 볼리바르는 그들의 지도자는 못 되었지만 존경심을 얻었다. 키 5피트 6인치에 몸무게는 130파운드로 극단적으로 마른 체형을 가진 볼리바르는 말 위에서의 인내력과 힘으로 '강철 엉덩이'라는 애칭을 얻었다.(Wulf, 2015, p. 155)

토머스 제퍼슨은 볼리바르와 가까운 친구인 알렉산더 폰 훔볼트 Alexander von Humboldt에게 보낸 편지에 라틴아메리카에서의 혁명에 관심을 나타내며 질문을 쏟아부었다. "혁명가들이 성공하면 어떤 정부를 설립할 것인가? 어떻게 평등해질 것인가? 전제정치가 승리할 것인가?(Wulf, 2015, p. 148)"

스페인과 포르투갈 제국에서 크리올과 메스티소가 당했던 핍박은 미국의 유색인종에 대한 처우와 비슷하다. 이들에 대한 차별은 잘 인정되지도 않고 아직까지도 지속되고 있다. 타네히시 코츠는 "일반적으로 3만 달러를 버는 백인 거주지에 흑인 가정이 이웃으로 살려면 10만 달러는 벌어야 한다(Coates, 2014, p. 60)"라고 지적한다. 〈애틀랜틱〉에 기고한 "배상 판례The Case for Reparations"라는 제목의 기사에서, 코츠는 노예제를 넘어서는, 그리고 오늘날 미국 사회에서 흑인의 고립과 소외에 기여한 재구조화의 실패를 훨씬 넘어서는 차별적 관행에 대한 분명한 증거를 제시한다. 학생들은 미국에서 현재 배상을 요구하고 있는 흑인들의 투쟁과 홀로코스트 이후 서독으로부터 이스라엘이 받은 배상을 비교함으로써 시사점을 얻는 데 흥미를 가질 수 있다. "흑인들에게 진 도덕적 빚과 그들이 실제로 겪었던 실질적 손해를 계산하기 전까지, 미국은 국가의 이상을 실행하는 데 실패할 것이다(Coates, 2014, p. 55)." 코츠는 돈을 지불하지 않더라도 국가 차원의 배상에 관해 의미 있는 연구와 논의가 이루어진다면, 이 문제에 대한 우리의 의식을 제고하는 긴 여정을 시작할 수 있을 것이라고 주장한다.

《흑인의 민주주의Democracy in Black》에서 에디 글로드는 비슷한 생각을 표현한다.

> 우리는 미국 예외주의의 부담으로부터 민주주의를 자유롭게 해주어야 한다. 이를 위해 우리는 미국 민주주의에 대해 보다 확장된 개념을 제시한 사람들의 이야기를 해야 한다. 이것은 미국을 위해 모든 것을 바친 무수한 남성과 여성의 영웅적이고 대표적인 노력을 상기시키면서, 그리고 국가적 진실성이 주는 위로와 이와 함께 우리가 가져왔던 고의적이고 맹목적인 믿음을 희생시켜가면서 미국 역사의 추악한 면에 직면하도록 할 것이다.
>
> 또한 이는 가치의 근본적인 재정립을 요구할 것이다. 우리의 이야기를 바꾸는 것은 변화를 위한 중요한 방법이다. 성공과 자립처럼 미국인에게 소중한 가치들을 버리라고 제안하는 것이 아니다. 그러나 가치 혁명은 성공과 개인적 결단력을 구성하는 것을 변화시켜야 한다. 인간의 가치는 이익 추구나 어떤 이데올로기의 이름으로 결코 축소되어서는 안 된다.(Glaude, 2016, p. 203)

마지막으로, 8장에서 직업교육 개선의 필요성에 관해 이야기할 때, 우리는 오늘날 미국 사회가 보다 큰 구조적 문제를 안고 있음을 보았다. 즉, 미국 사회는 육체노동에 종사하는 사람들에 대한 존중심이 부족하다. 아무리 자동화하고 혁신을 거듭하더라도 우리는 성공의 부산물인 쓰레기와 재활용품을 수집하는 사람들이 계속해서 필요할 것이다. 또 집을 청소하고 칠하고 유지하는 사람들(배관공, 목수, 전기 기사 및 가전 수리공), 세탁하는 사람들, 정원사와 조경사들, 어린이와 노인을 돌보는 사람들(보조간호사, 간호사, 간병인), 자동화에 관계없이 제조 공정의 남은 부분을 가동하는 사람들(용접공 및 기계공)이 여전히 필요할 것이다. 이러한 서비스 직종에 종사하는 사람들에 대한 존중은 그들이 받는 보수에 대한 고려로 이어져야 한다.

현대 기술이 우리를 위해 실제 기여한 점을 논의하면서, 생태학적 사고를 가진 경제학자 에른스트 F. 슈마허Ernst F. Schumacher는 다음과 같이 말한다.

기술이 실제로 우리에게 어떤 영향을 미치는지에 대한 질문은 조사할 가치가 있다. 그것은 분명히 어떤 종류의 일을 줄이는 반면, 다른 종류는 늘린다. 현대 기술이 가장 성공적으로 줄이거나 없앤 일의 유형은 이런저런 실제 자재를 만지는 인간의 능숙한 손이 필요한 생산적인 일이다. 선진 산업 사회에서 그런 일은 극히 드물어졌으며, 그런 일을 함으로써 만족할 만한 생활을 하는 것은 사실상 불가능해졌다. 현대인이 가진 노이로제 대부분은 바로 이 사실 때문에 일어나는 것일지도 모른다. 토마스 아퀴나스가 두뇌와 손을 가진 존재로 정의한 인간에게서 즐거움이란 창조적으로, 유용하게, 생산적으로 자신의 두뇌와 손 모두를 함께 사용하는 것에 지나지 않는다.(Schumacher, 1973/1989, p. 158)

미국에서 블루칼라 노동에 대한 이런 비하*는 어떻게 발생했을까? 《자유민주주의자는 들어라Listen, Liberal》에서 토머스 프랭크Thomas Frank는 '지식노동자'라는 전문가 계층의 부상을 범주화하고, 노동계층의 이익을 대변하는 민주당 역할의 손상에 대해 전문적으로 조언한다.

> 하나의 정치 이데올로기로서 전문성은 엄청난 장난을 칠 잠재적인 위험성을 가지고 있다. 우선 첫째로, 대중보다 전문가의 견해를 우선시하는 것은 명백히 그리고 본질적으로 비민주적이다. 어떤 면에서 이것이 허용 가능할 때도 있다. 예를 들어, 누구도 훈련된 조종사만이 여객기를 조종해야 한다는 규칙에 대해 반대하지 않는다. 그러나 모든 전문가가 스스로를 '사회적 수탁인social trustees'으로 생각하지 않을 때 어떤 일이 발생할까? 그들이 독점권을 남용하면 어떻게 될까? 그들이 자신의 이익을 주로 살피기 시작할 때, 즉 하나의 계층으로서 행동하기 시작한다면 어떻게 될까?(Frank, 2016, pp. 24–25)

프랭크의 주장에 따르면, 이러한 일은 민주당에서 일어나고 있다. 즉, 민주당은 이제 주로 고등교육을 받은 전문적인 계층의 좁은 이해관계를 우선적으로 대표한다. 억압받는 사람들을 '도우려' 했던 이 신자유주의자들은 주변 사람들의 진정한 필요를 듣고 보는 것을 그만두었다. 그리고 이제는 더 열심히 노력하면 더 많은 교육을 받는다며 희생자를 비난하는 경향이 있다. 전문가들에 대한 전체적인 불신

---

*손만 사용하는 인간은 낮은 부류라는 식.

은 최근에 '브렉시트Brexit'*로 나타났다. 영국인 다수가 유럽연합을 떠나기로 결정했는데, 왜냐하면 그들은 '전문가들'에 질려 있었기 때문이다.

오늘날 문과대학 캠퍼스의 학생운동 관련 저널인 〈뉴요커The New Yorker〉에 실린 "큰 불안The Big Uneasy"이라는 제목의 기사에서, 네이션 헬러Nathan Heller는 억압받는 집단의 정체성 정치identity politics**에 참여한 학생들을 인터뷰했다. 진보적이고 자유주의적인 오하이오주 오벌린 대학에 다니는 한 학생은 다음과 같이 말했다. "나는 지역 공동체로 돌아갈 계획이며 중산층의 가치에 동화되고 싶지 않아요. 나는 내 **집** 시카고 후드로 돌아갈 거예요. 거기서 오벌린에 오기 전에 내가 누구였는지 정확히 알아낼 거예요(Heller, 2016, pp. 20-21)." 학생들은 이 말에 내재적인 모순이 없는지 물어야 한다. 이 학생은 정말로 대학에 가기 전에 자신이 누구였는지 정확하게 생각할 수 있을까? 그녀가 중산층의 가치들을 접하지 않았다면, 어떻게 그러한 가치에 동화되기를 원하지 않는다는 것을 알 수 있었을까? 그녀는 중산층의 어떤 가치가 공격적이라고 생각하는가? 그녀는 무엇을 바꿀 수 있을까? 이러한 질문들보다 그녀의 대답과 그것을 듣는 학생들의 대답을 듣는 것이 더 중요할 수 있다. 우리의 문제를 해결하고, '전문가'가 모든 해결책을 가지고 있다는 가정을 멈추기 위해서 우리는 대화에 적극적으로 참여할 필요가 있다.

---

*영국(Britain)과 탈퇴(Exit)의 합성어로 영국의 유럽연합EU 탈퇴를 뜻하는 말이다. 이는 그리스의 유로존(유로화 사용 19개국) 탈퇴를 일컫는 그렉시트Grexit에서 따온 말이다.
**1970년대 미국에서 등장한 개념으로 인종, 성, 종교, 계급 등 여러 기준으로 분화된 집단이 각 집단의 권리를 주장하는 데 주력하는 정치를 말함.

헬러의 기사에 대한 비평에서 칼럼니스트 데이비드 브룩스David Brooks는 다음과 같은 사실을 발견했다.

학생들이 생산하는 정체성 정치는 능력주의meritocracy의 가치를 뒤집는다. 능력주의는 탁월함을 요구하는 반면, 정체성 정치는 매우 평등주의적이다. 실력 향상은 당신이 얼마나 이뤄냈는지 측정하는 반면, 정체성 정치는 얼마나 많은 억압을 받았는지 측정한다. 능력주의에서 당신이 말할 권리는 장기간의 학습과 통찰력의 질을 통해 얻어진다. 정체성 정치에서 당신이 말할 권리는 자신이 겪은 차별의 경험으로 주어진다. 능력주의는 개별 행위자를 매우 강조하는 반면, 정체성 정치는 억압적 시스템 안에서 개별행위자가 제한받는다고 주장한다.(Brooks, 2016, p. 2)

그는 계속 말한다. "능력주의는 도덕과 무관하게 되어왔다. 우리는 학생들에게 모든 일에서 목적을 찾을 수 있는 방법에 대한 생각을 점점 더 적게 알려주면서 계속 더 노력하도록 요구한다(p. 3)."

이는 다시 두 가지 질문을 제기한다. 의미 있게 돈을 벌고 개인적으로 보람 있는 일을 찾기 위해 모두가 대학에 가야 할까? 그리고 경제적 보상을 주는 것이 교육의 유일한 목적일까? 국내총생산에 대한 슈마허의 말을 다시 인용하면, "GDP보다 더 많은 것이 삶에 있다(McCrum, 2011, p. 1)." 첫 번째 질문에 대하여 좋은 직업교육은 답의 일부만을 제공한다. 숙련된 노동자에 대한 사회적 존중이 커지면 나머지도 제공되어야 한다. 미네소타에 기반을 둔 직업 프로그램이 겪은 문제를 보자.

지난 몇 년 동안 미니애폴리스 서부의 제조업체들은 용접공 고용을 포기하고 업체들끼리 서로 직원을 빼내는 데 주력하고 있다. 던우디 기술대학과 함께 이 회사들은 속성 훈련 프로그램(연봉 3만 2000달러로 시작하는 직업을 얻기 위해서 이수해야 하는 한 학기 프로그램)을 시작했다. 라디오 광고와 교회 게시판 광고, 그리고 신입생이 직접 고등학교와 지역사회 행사에 등장했다. 하지만 이 프로그램에 등록하기보다는 대학에 가겠다는 반응이 더 많았다.

던우디의 직업기술교육은 직업교육에만 매달린, 어쩌면 이를 강화했다는 오래된 불명예를 안고 있다. 그 불명예는 불운한 사람에게 별 도움이 되지 않는, 또는 [단순히 심리적으로만 위안이 되는] 위로상賞과 같은 것이었다. 총장인 리치 와그너Rich Wagner는 이렇게 말했다. "저는 '내 아들이나 딸이 대학에서 성공적이지 못했다는 말을 들었어요. 그래서 그들을 던우디에 보냈죠'라는 말을 들었습니다." 아이러니하게도 이미 4년제 학위를 취득했지만 취업하지 못한 학생들이 이 비영리기관에 많이 입학한다고 그는 강조한다. 와그너 총장의 말에 따르면, 이 대학의 졸업생 취업률은 99퍼센트이며, 평균 초봉이 4만 달러다. 그는 이렇게 물었다. "부모로 하여금 이러한 직장에 취직하는 것이 중산층이 되는 데 유리한 길임을 어떻게 이해시킬 수 있을까요? 우리를 가장 좌절하게 만드는 것은 이 일에 대한 국가적 관심이 없어 보인다는 것입니다."(Carlson, 2016, p. A24)

국가적 관심이 없는 이유 중 하나는 진리를 얻기 어렵고 대부분의 사람들이 알고 싶어 하는 것이 아닐 수 있다는 것이다. 우선 4인 가족에게 연간 4만 달러가 많은 돈은 아니다. 이 프로그램이 중산층이 되는 방법 중 하나가 될 수는 있겠지만 유일한 방법은 아니다. 이 프로그램을 이수한 신입사원의 소득 수준은 2016년 기준으로 연방 빈곤 수준의 165퍼센트에 불과하며 건강보험료 납부를 돕기 위한 세액공제 혜택 대상이다. 마코 루비오Marco Rubio에 의한 다음과 같은 대통령 선거운동 연설은 미국의 교육받은 엘리트들 사이에 엄청난 분노를 불러일으켰다. "용접공은 철학자보다 많은 돈을 법니다. 우리는 더 많은 용접공과 더 적은 철학자가 필요합니다(Sola, 2015, p. 1)."

언론은 즉시 그가 틀렸다는 것을 증명하기 위해 사실 확인에 들어갔다. 하지만 그들은 요점을 놓쳤다. 미국은 더 많은 용접공이 필요하다. "분명한 것은 미국 어디에서나 철학 학위에 대한 요구보다 용접공 채용 정보를 더 많이 찾을 수 있다는 사실이다(Richmond, 2015, p. 3)." 그러나 우리는 여전히 용접공들에게 생활임금living wage*을 지불해야 하는 상태이며, 이것이 우리가 집중하고자 하는 초점은 아니다.

"미안하지만 루비오. 용접공보다 철학자가 세상의 78퍼센트를 만듭니다"라는 제목의 〈포브스Forbes〉 기사에서, 저자는 급여체계 데이터 그래프를 통해, 평균 연봉 5만 8500달러인 준학사 학위를 가진 20년 이상 경력의 용접공과 연봉 9만 7000달러인 철학학사 졸업 후 20년 이상이 지난 사람들을 비교했다(Sola, 2015). 물론 철학 전공자들이 지난 20년 동안 무엇을 했는지 그래프가 알려주지는 않는다. 필자(브룩스)의 첫 번째 남편이 의대에 지원했을 당시, 그는 베일러 의과대학의 1전공이 철학이라는 말을 들었다. 20년 이상 지난 후, 철학석사 학

---

*물가상승률과 가계소득, 지출을 고려한 실제 생활이 가능한 최소 수준의 임금으로 최저임금보다 20~30퍼센트정도 높다.

위를 가진 사람의 평균 연봉이 8만 1900달러라는 그래프 수치에 주목한다면, 당신은 학부 때의 철학 전공이 철학자로 이어지는 것은 아니라는 사실을 이해하게 될 것이다. 왜 저자가 박사학위 졸업자의 연봉 수치는 보여주지 않는지 궁금해하는 독자들이 있을 것이다. 그래프가 전달하지 않는 또 다른 정보는 각각의 학위 취득 비용과 이를 위해 추가된, 재학 기간 동안 일자리 시장에서 제외됨으로써 지불한 기회비용이다. 그러나 이것도 여전히 우리가 강조하려는 초점은 아니다.

우리가 집중하려는 초점은 유능하고 생산적이며 행복한 시민이 되기 위해 필요한 비판적 사고 기술을 육성하는 것이 교육의 목적이라는 것이다. 〈뉴욕 타임스〉의 정치학 뉴스레터인 '퍼스트 드래프트 First Draft'에서는 "마코 루비오의 논평에 대한 철학자들 (그리고 용접공들)의 반응"이라는 제목의 기사를 게재했다(Rappeport, 2015). 이 기사는 애리조나 주립대학의 철학교수이자 미국철학협회American Philosophical Association의 여성 의장인 체셔 캘훈Cheshire Calhoun과 용접공 철학자인 매슈 크로퍼드의 진술을 담고 있다.

캘훈에 따르면, 요즘 철학은 큰 수염을 쓸어내리는 토가를 입은 사상가에 관한 것이 아니다. 오히려 철학 학위는 수입이 매우 높은 다양한 분야에서 가치 있는 비판적 사고와 글쓰기 능력을 가졌음을 나타낸다고 지적한다 (p. 2).

크로퍼드는 시카고 대학에서 정치철학 박사학위를 받았지만, 대학에서 일자리를 얻는 데 실패하고 결국에는 한 싱크탱크에 자리를 잡았다. 이 일이 행복하지 않았던 그는 사표를 내고, 버지니아에서 기술공이 되었다. 그는 온라인으로 어떻게 용접을 하는지와 오토바이를 만드는지 배웠다.

또한 그는 계속해서 자신의 직종 전환에 관한 책을 저술하고 출판했다. 그중 하나인 《손으로 생각하기Shop Class as Soulcraft》는 손으로 하는 육체노동이 아무런 생각을 요구하지 않는다는 관념을 비판적으로 지적하는 데 받쳐진 책이다. 크로퍼드는 이렇게 말한다. "지식노동과 손으로 하는 육체노동 사이의 구분은 모호하다. 왜냐하면 숙련된 직업 생활을 하려면 많은 사고가 필요하기 때문이다."(p.3)

그리고 이것이 우리가 추구하는 핵심이다. 또한 그것은 "경제적 보상 이외에 교육이 가지는 목적이 무엇인가?"라는 질문에 대한 부분적인 대답이기도 하다. 교육은 어떤 수준에서든 잘사는 것은 행복과 의미 있는 삶이라는 것, 즉 우리 자신과 다른 사람들을 위한 목적의식이 중요하다는 인식을 이끌어야 한다. 즉, 부서진 오토바이를 수리하든 책을 쓰든 직업에 대한 만족이 잘사는 것이라는 것을, 그리고 자연과 그 속에 있는 우리에 대한 인식, 다채로운 음식과 꽃병이 놓인 잘 차려진 맛있는 식사에 대한 인식을 가르쳐야 한다. 그러나 먹을 것이 없는 사람들에 대해서는 어떠한가? 식탁 위 상황은 그다지 중요한 일이 아닌가? 이제 빈곤으로 주제를 옮겨보자.

빈곤

최근의 연구에 따르면, 지난 반세기 동안 미국에서 경제적인 상승이동은 감소하지 **않았다**. 그러나 현재 미국의 수치는 캐나다와 서유럽 대부분의 국가에 비하면 상대적으로 많이 낮은 편이다. 또한 1920년 이전보다도 낮은 수치다(DeParle, 2012; Leonhardt, 2014). 미국의 상승이동이 최근 몇 년 동안 감소했다는 양당의 정치적 주장은 확실히 틀렸다. 그러나 만약 우리가 캐나다와 같이 비교 가능한 국가와 미국을 서로 비교한다면, 틀린 것만은 아니다. 수입이 하위 10위인 사회적 지위에서 벗어날 수 있는 능력은 캐나다가 미국보다 더 높다.

이 연구들은 가족 배경의 영향을 강조함으로써 미국의 정체성에 도전할 뿐만 아니라 불평등에 대해 논쟁한다. 진보주의자들은 종종 미국이 비정상적으로 소득 격차가 크다고 불평하는 반면, 많은 보수주의자들은 이동성이 특별히 높기 때문에 시스템이 공정하다고 주장한다. 즉, 모든 사람이 사회이동의 사다리를 오를 수 있다는 것이다. 그러나 여기에 미국은 평등성이 낮을 뿐만 아니라 이동성도 적다는 증거가 있다.

정책 해결을 위한 일환으로 '기회의 국가Opportunity Nation' 출범을 도왔던 조지 부시 대통령의 이전 보좌관, 존 브리지랜드John Bridgeland는 국제 비교를 보고 "충격을 받았다"며 이렇게 말했다. "공화당은 소득 불평등에 대해 이야기할 필요성을 느끼지 않겠지만, 이동의 부족, 즉 아메리칸드림을 이루는 사람이 적다는 사실에 대해서는 무언가 이야기할 필요를 느낄 것입니다." (DeParle, 2012, p. 3)

학생들은 빈곤, 특히 루비 페인이 '세대 빈곤generational poverty'이라고 부르는 빈곤 유형에 대해 우리가 무엇을 할 수 있는지 물을 것이다. 특정 사건이나 문제, 즉 실업, 이혼, 중독적인 습관 또는 중병으로 인해 '상황적 빈곤'에 빠지는 사람들이 있다. 많은 경우, 사람들에게는 인내심과 기술 그리고 상승이동을 할 수 있다는 자신감이 있기 때문에 회복을 위해서는 실업 급여나 의료부조medicaid*와 같은 기존 안전망으로 충분할 수 있다.

> 세대 빈곤은 최소한 두 세대 동안 가난이 이어지는 빈곤으로 정의된다.
> … 세대 빈곤인지 상황적 빈곤인지 여부를 나타내는 주요 지표 중 하나는
> 극복하려는 태도다. 세대 빈곤을 극복하려는 태도는 빈곤한 삶을 책임질 의
> 무를 사회가 가진다고 여긴다. 상황적 빈곤을 극복하려는 태도는 동정 어린
> 자선을 거부하는 자존심과 관련된다.(Payne, 1996, p. 49)

다시 한 번, 우리가 희생자들을 비난의 덫에 빠뜨리지 않는 한에서, 세대 빈곤에 대한 의식이 어디에서 유래하는지 이해할 필요가 있다. 미국의 민주주의 정치체제는 일부 집단에게 실패를 겪게 만들었다. 다음에서 우리는 이들 집단 중 일부에 대해 이야기하고 그들의 입장을 들어볼 것이다.

세대 빈곤에 속한 사람들이 무엇을 원하는지 듣는 것은 좋은 출발점이다. 누가 더 잘 알아야만 하는가? 미국에서 남북전쟁이 끝날 때

---

*소득이 빈곤선의 65퍼센트 이하인 극빈층에게 연방 정부와 주 정부가 공동으로 의료비 전액을 지원하는 제도.

새롭게 해방된 노예를 예로 들어 논의를 시작해보자.

북군의 셔먼Sherman 군대가 조지아를 가로지르며 불태울 때, 수천 명의 노예들이 북부연방의 전선으로 내려왔다. 셔먼이 서배너[미국 남동부의 초원]에 도착할 때까지, 수만 명이 북부연방 종대에 합류했다. 셔먼의 군대가 서배너에 도착하자, 거대한 난민(15만 명으로 추정) 문제가 등장하였다. 육군장관 에드윈 스탠턴Edwin Stanton은 이 문제를 해결하기 위해 서배너로 가서 셔먼과 면담하기를 원했다. 중요한 것은, 그가 '그들 자신을 위해 그들이 원하는 것'을 듣기 위해 새롭게 해방된 흑인들의 대표들과 면담을 요구했다는 것이다. 1865년 1월 12일에 개최된 서배너의 대화에 지역 흑인 교회에서 온 20명의 대표들이 참석했다. 이 대표단은 그들의 대변인으로 개리슨 프레이저Garrison Frazier를 임명하였다. 그는 8년 전에 노예 신분에서 행방된 67세 노인이었다. 그에게 노예제와 대통령의 노예해방령Emancipation Proclamation의 의미를 어떻게 이해하고 있는지 묻자, 그는 이렇게 대답했다.

"노예제는 자신이 동의하지 않았음에도 불구하고 저항할 수 없는 힘의 명령으로 남의 일을 대신하게 만드는 것입니다. 제가 이해하는 한 노예해방선언이 약속한 자유는 우리를 속박의 멍에서 벗어나게 하며, 우리 자신이 거둔 노동의 열매를 수확하도록 하고, 우리 자신을 돌볼 수 있는 곳에 놓아주는 것입니다. 그리고 정부가 우리 자신의 자유를 유지할 수 있도록 돕는 것입니다."

스탠턴은 프레이저의 응답에서 어떻게 '스스로 돌보고' 자신들의 자유를 유지할 계획인지 물었다.

"우리가 스스로를 돌볼 수 있는 가장 좋은 방법은 땅을 가지고 우리 자신의 힘으로 경작하는 것입니다. … 우리는 경작지를 살 수 있고 이를 우리 자신의 것으로 만들 수 있도록 허용해주기를 원합니다."(Burch, 2012, pp. 57-58)

해방된 노예들은 정식 시민권이나 투표권, 혹은 토지를 요구하지 않았다. 서배너 회담 결과, 야전명령 제15호Field Order 15가 하달됐으며, 이 명령으로 자유 노예들은 40에이커의 땅과 군대의 잉여 노새를 받았다. 1865년 3월, 의회는 노예 신분에서 자유 상태로의 전환을 돕는 자유국bureau of freedom을 설립했다. 1865년 6월까지, 4만 명의 자유인이 약 40만 에이커의 땅에 정착했다. 그러나 1865년 10월, 링컨 암살로 모든 것이 중단되었다. 당시 백인 우월주의자였던 앤드루 존슨 대통령은 토지를 회수하였다(Burch, 2012). 결국 새롭게 해방된 노예들의 재건설은 실패했고, 세대 빈곤의 잠재성을 가진 길이 미래로 놓였다. 아메리칸 인디언들은 정부의 약속 파기로 형성된 세대 빈곤의 유산을 가진 또 다른 집단이다.

노예뿐만 아니라 남부의 많은 사람들을 위한 재건설은 제대로 이루어지지 않았다. 남부 주의 탈퇴 선언에 대한 논의를 기억해보자. 남부의 토지 소유자들은 북부 이익에 편향된 워커 관세Walker Tariff와 같은 정부 보조금 및 국제적 개입이 있는 상황에서는, 세계와 경쟁하기 위한 유일한 방법이 노예제라고 생각했다. 목화는 메이슨-딕슨 선Mason-Dixon Line*의 북과 남 모두에서, 그리고 대서양을 가로질러 계층의 분리를 유지하는 데 큰 역할을 했다. 이 장의 끝 부분에서 세계화에 관해 논의할 때 다시 언급하겠지만, 목화는 오늘날에도 여전

---

*옛 미국의 북부와 남부 경계선.

히 큰 역할을 하고 있다. 영국의 산업혁명으로 방사제직 공장은 성장하였고 섬유제조업은 가정과 작업장에서 공장으로 이동하였다. 이에 힘입어 새로운 노동계급이 출현하였다. 남북전쟁 시기까지 미국 남부의 면화 생산량은 전 세계 생산량의 3분의 2, 미국 수출액의 절반에 달했다. 영국의 원면에 대한 수요는 미국 남부에서의 생산이 계속되어야 함을 의미했다(Rivoli, 2009/2015).

남북전쟁 이후, 디프사우스Deep South* 주들은 노예제 없이 소작제도를 통해 면화 재배를 늘려 노동시장 문제를 해결했으나, 그들이 아닌 다른 집단의 사람들은 세대 빈곤의 길을 걷게 되었다. 그리고 면화 재배자를 자유시장 노동력의 위험으로부터 보호하기 위한 공공정책들이 제정되었다. 지주들은 '농작물 선취 특권법crop lien laws'을 이용했다. 소작농의 지위는 일정 비율 농작물의 소유권을 가진 차지인借地人으로부터 농작물로 임금을 대신 받는 노동자로 변화하였다. 면화 재배자들은 흑인들과 빈곤층 백인들을 위한 공립학교 교육에 반대하면서, 토지 소유자들에게 유리하도록 권력의 균형을 유지했다.

더욱이, 소작인과 토지 소유자 사이의 계약 협상은 소작인이 생계유지 이외에는 다른 바람을 가질 수 없도록 만들었다. 자기 땅에 대한 소작인의 꿈은 영원한 빚의 순환으로 좌절되었다. 각 수확량 중 소작인의 몫은 한 해의 부채를 해결하기에 불충분했고, 결국 외부의 자본 시장으로부터 배제되었다. 여기서는 프랑스의 루이 14세가 했다는 말이 적절할 것 같다. "새끼줄 하나가 묶음을 유지하듯이, 채권은 농업을 유지시킨다."(Rivoli, 2009/2015, p. 20)

---

*미국의 최남동부 지역, 특히 조지아, 앨라배마, 미시시피, 루이지애나, 사우스캐롤라이나 5개 주를 뜻함.

우리가 소액 대출을 세계적인 빈곤에 대한 하나의 해결책으로 바라본다면, 채권에 대한 접근이 다시 생겨날 것이다. 어스킨 콜드웰 Erskine Caldwell의 소설《타바코 로드Tobacco Road》는 백인 문맹 소작인의 굶주림과 무지를 통렬하고 유머러스하게 다룬다. 공황기에 조지아주의 농촌 지역에 자리 잡은 레스터 가족 이야기를 통해 우리는 수십 년 동안 전 세계적으로 반복되는 문제를 바라볼 수 있다. 적절한 보수 없이 밭을 갈던 레스터 가족의 아이들은 단지 좀 더 나은 삶을 구하기 위해 농장을 떠나 도시의 섬유 작업장과 공장으로 향한다. 그들 중 소녀 몇 명은 저임금의 오거스타 작업장으로 이주한다.

그러나 1900년대 초, 목화 바구미*가 농작물을 파괴하기 시작하면서 교육 기회의 부족은 디프사우스를 원상태로 되돌렸다.

농부들에게 벌레와 싸우고 농작물을 구하는 방법을 알리기 위한 정부의 확장 프로그램이 동원되었다. 이 소식과 권고가 대규모 농장과 교육받은 농민들에게 전해졌지만, 스스로를 지켜야 하는 문맹 흑인과 백인은 이를 대개 간과해버렸다. 1921년, 바구미는 면화 작물의 약 30퍼센트를 먹어치웠고, 이것은 대부분 소규모의 소작농들이 생산한 것이었다. 결국 많은 사람들이 자신의 소작지에서 떠나야 했다.(Rivoli, 2009/2015, p. 21)

피에트라 리볼리Pietra Rivoli는《티셔츠 경제학The Travels of a T-Shirt in the Global Economy》에서, 미국 면화 생산에서 반복을 유발하는 두 가지 추가적인 빈곤에 대해 설명을 계속한다. 북부에서 빌린 아이디어를

---

*딱정벌레목 바구미과의 곤충.

이용한 텍사스에서의 '회사 도시들company towns'*의 부상, 그리고 2차 세계대전 당시 면화 및 기타 농작물을 수확하기 위한 농장의 남성 부족으로 시작된 멕시코 노동력의 수입이 그 두 가지다. 1942년에 전시 비상조치로 시작된 '브라세로 프로그램Bracero program'**은 1964년까지 농장 이익을 위해 연장되었는데, 이 기간 동안 면화 수확의 90퍼센트가 완전히 기계화되어 멕시코 출신과 같은 노동자 그룹을 또다시 대체하게 되었다.

정부의 약속(자유민을 위한 40에이커의 땅과 노새, 그리고 아메리카 인디언들과의 거의 모든 개별 조약) 파기로 생산적인 땅으로부터 혹은 유익한 고용으로부터 쫓겨났든지 간에, 의도적인 차별적인 관행들(코츠의 "배상 판례"나 매슈 데즈먼드Matthew Desmond의《쫓겨난 사람들Evicted》을 참고해보자) 혹은 기술적인 혁신(수확 기계, 채굴 장비, 로봇 조립 라인) 때문이든지 간에, 세대 빈곤층인 그들 사이에 자격 혹은 권리 의식이 존재한다는 것은 놀라운 일이 아닐까? 이 문제들을 연구하는 목적은 학생들이 문제의 극악함(미국 아동의 약 20퍼센트가 연방 빈곤 지침 미만의 소득을 가진 가구에 거주함)이나 미국사를 더 깊이 연구함으로써 드러나는 어두움 때문에 절망하도록 만들기 위한 것이 아니다. 우리가 원하는 것은 이러한 쟁점에 대해 학생들이 비판적 사고와 도덕적 헌신을 실행하고, 수업의 경계를 넘어 토론할 수 있도록 하는 것이다. 우리는 이를 통해 학생들이 모두를 위해 보다 밝은 미래를 향해 나아갈 수 있는 광범위한 해결책들을 살필 수 있도록 도우려 한다.

---

*몇몇 큰 협력체가 대부분의 고용을 제공하고, 협력체를 둘러싼 기반 시설이 갖추어진 도시들.
**미국과 멕시코가 체결한 국제노동 이주 합의.

가난한 사람들에게 필요한 것을 묻는다면, 지금까지 우리는 (해방된 노예의 경우) 생산적인 땅과 (소작농의 경우) 채권 및 교육에 대한 접근성이라는 대답을 들었다. 데즈먼드(2016)는 도시 빈민층을 위한 안정된 주택을 추가할 것이다. 수백만 명에 이르는 이들은 차별적이거나 근사한 사업 관행과 실패한 정부 정책 및 계획 때문에 매년 강제 철거로 쫓겨나고 있다.

이 모든 고통은 수치스럽고 불필요하다. 왜냐하면 희망이 있다는 것이 불필요하기 때문이다. 이런 문제는 다루기가 쉬운 것도 영원한 것도 아니다. 다른 종류의 사회도 가능하며, 강력한 해결책이 우리 집단적인 범위 내에 있다.

그러나 그 해결책은 우리가 다음 한 가지 질문에 어떻게 대답하는지에 달려 있다. 우리는 살 만한 집에 대한 권리가 미국인이 되는 것을 의미하는 것의 일부라고 믿는가?

미국은 사람이 '어떤 양도할 수 없는 권리, 생명, 자유, 행복추구권'을 가진다는 숭고한 신념 위에 세워졌다. 미국 건국의 아버지들이 신이 주신 것으로 보았던 미국의 특징으로 필수 불가결한 이 세 가지 양도할 수 없는 권리는 모두 안정된 집을 필요로 한다.(Desmond, 2016, p. 299)

〈뉴욕 타임스〉의 "미국인은 하류층에서 벗어나기 더 힘들다"라는 제목의 기사에서 제이슨 드팔Jason DeParle은 "미국에서 이동성 문제의 원인들은 빈곤 논쟁으로 시작되는 논쟁거리 주제다"라고 썼다(2012, p. 5). 그는 다음과 같은 논쟁적 쟁점들을 핵심 요인으로 열거하였다.

- 다른 부국보다 더 많은 어린이들을 취약하게 만드는 더 얇은 안전망.
- 편모 가정에서 자랄 가능성의 증가.
- 높은 투옥률.
- 소득 격차 – 가난한 미국인의 더 낮아진 출발점.
- 교육받은 근로자에 대한 임금 편향과 교육받은 부유층이 더 나은 학교에 다닐 수 있고 더 잘 준비하여 입학할 수 있다는 사실.
- 다른 나라와 비교하여 상대적으로 부족한 노조 활동, 최소 숙련 인력의 잠재적으로 낮아지는 임금.
- 교육과 취업을 제한할 수 있는 비만과 당뇨 같은 건강 문제.
- "부자와 나머지 사람들 사이의 격차 규모 — 월가를 점령하라 Occupy Wall Street* 시위 주제 — 는 자신들의 이익을 보호하려는 특권층의 힘에 초점이 맞춰져 있다. 덜 평등한 국가는 일반적으로 이동성이 떨어진다."(p. 6)

이 중 많은 부분을 이 장에서 다루었다. 이 모든 것은 우리가 제안하는 융합 수업, 융합 교육과정의 사회 연구 포럼에서 다룰 수 있는 주제들이다. 이러한 문제 중 상당수는 법적, 사회적, 정치적 해결책을 가지고 있다. 투표와 행동을 통해 법을 제정해야 할 젊은이들과 함께 교실에서 논의하기보다 법적, 사회적, 정치적 기관에서 해결책 도출을 위한 대화를 시작하는 것이 더 나을까? 하지만 문제가 미국

---

*2011년에 발생한 대규모 시위에서 시위대는 "미국 최고 부자 1퍼센트에 저항하는 99퍼센트 미국인의 입장을 대변한다"는 슬로건을 내걸었다. 이 사건은 현대 자본주의 시스템이 가진 불합리, 불평등 같은 결함을 수면 위로 끄집어내는 계기가 됐다.

을 넘어서는 것이라면? 즉, 글로벌 차원이라면 어떻게 해야 될까?

지구적 차원의 경제와 환경 문제들

지구적으로 사고하고, 지역적으로 행동하며, 세계적 행동의 촉구를
준비하라!

소득 불평등과 빈곤은 지역적·지구적 관점에서 볼 때, 지역과 세
계 모든 곳에서 해결되어야 하는 문제다. 세계화된 지구촌 경제 문제
와 심화된 불평등 문제에 대해서 오늘날 세계는 서로 양립하기 어려
운 관점 차를 가진 두 진영이 있는 것으로 보인다. 우리는 적절한 논
쟁적 쟁점에 대한 적극적인 토론을 통해 이러한 문제에 대한 도덕적
헌신과 함께 비판적 사고를 적용하는 것이 단순히 어느 하나 혹은 다
른 접근이 **아니라** 모든 가능한 해결책의 가장 좋은 특징들을 포용할
수 있는 방법이라는 점을 강조하고자 한다. 문제의 두 진영은 자본주
의 대 사회주의, 공화당 대 민주당, 보수 대 진보, 또는 세계를 상호
배타적인 진영으로 나누는 몇몇 다른 이분법들로 이루어질 수 있다.
여기에 어려움이 있다. 이른바 입장의 분열로 지칭되는 대부분의 관
점들은 양극단에 서서 자신의 관점만을 옹호하는 경향이 있지만, 그
보다는 토론과 협력을 통해 더 나은 해결책을 구할 수 있는 사고와
관점의 스펙트럼을 포함할 가능성이 여전히 남아 있다.

여기서는 세상의 악을 무시하면서 타인을 희생시켜 자신을 위해

모든 기회를 이용하는 사람들의 탐욕에 대해 말할 것이다. 이를 통해 우리는 세계화의 영향에 관한 매우 다른 관점에 기반을 둔 두 가지 움직임을 검토할 것이다. 이와 같은 구별이 항상 명확하지는 않지만, 이러한 움직임은 자본주의자 대 사회주의자로 특징지을 수 있을 것이다. 한쪽은 '다보스Davos' 회원들이다. 이들은 자본주의의 높은 파도가 모든 배를 들어 올리는 세계화 과정을 환영한다. 또 다른 한쪽은 경제학자 슈마허의 추종자들로, 공공연히 스스로를 사회주의자라고 칭하지만 개방적이기도 한 사람들이다.

다보스 캠프에는 세계 상위 1000개 기업의 전문가 회원들이 있다. 이러한 참여 기업들은 세계경제포럼을 구성하며, 6장에서 논의한 젠더격차지수의 고안자들이자, 스위스 다보스에서 매년 열리는 세계경제포럼 회의의 스폰서들이다. 다보스 캠프의 사명에 대한 진술을 세계경제포럼 웹사이트(www.weforum.org)에서 다음과 같이 발견할 수 있다. "세계의 상황을 향상시키기 위한 민간 협력의 국제적인 조직이다."

미국의 정치학자이자 비평가인 새뮤얼 헌팅턴Samuel Huntington이 명명한 '다보스맨Davos man'은 "세계를 무대로 삼는 엘리트의 약칭이다. 세계를 무대로 삼는 이러한 엘리트들은 자신의 고국과 단절된 채 클럽 라운지에서 너무 많은 시간을 갖는다. 이에 대해 사람들은 단지 엄청난 시간 낭비가 아닌지 의구심을 갖고 있다(Rankin, 2015, p. 1)." 초국적 연구소Transnational Institute와 점령하라 운동Occupy movement*을 포함하는 세계경제포럼의 주요 비평가들은 사회정의에 관심을 갖는

---

*경제와 사회 부정의에 반대해 저항하는 사람들의 시위운동.

다. 특히 세계의 부유한 엘리트들(상위 0.1퍼센트에 속한 사람)이 세계 모든 사람들의 최고의 이익을 대변할 수 있는지에 대한 질문에 많은 관심을 가지고 있다. 투명성은 또 다른 논쟁거리다. 다보스에서는 자본주의의 목표를 확대하기 위한 국제 협상의 상당 부분을 비밀리에 진행하고 있다. 이러한 강력한 기관들이 무엇을 대표하는지, 그리고 그들이 전 세계적으로 증가하는 불평등에 대한 우려에 귀 기울이도록 어떻게 동기를 부여할 수 있을지 [학생들에게] 가르치는 것은 이 문제들을 논의하기 위한 첫 단추다.

한편 신경제재단New Economics Foundation, NEF의 연구는 세계경제포럼과 대조를 이룬다. 신경제재단은 슈마허 서클 조직의 회원 집단으로《작은 것이 아름답다Small is Beautiful》(Schumacher, 1973/1989)에 담긴 사상과 방안을 촉구한다. 신경제재단은 지구의 경제적 미래를 대변하는 G7 국가의 지도자 권리에 도전하며, 1980년대의 첫 번째 TOESThe Other Economic Summit 회담*을 후원한 후 결성되었다. 신경제재단은 행복지수Happy Planet Index의 개발자로, 그것은 탄소발자국**과 비교하여 한 국가 시민들의 복지를 측정한다(GDP에 부분적으로 근거한 세계행복지수World Happiness Index와는 다르다). 한 국가가 다른 나라들에 비해 세계 자원을 덜 사용함에도 불구하고 시민들이 행복하고 장수한다면 행복지수에서 높은 점수를 기록할 것이다. 이 지수를 산출한 지난 두 번의 통계에서 코스타리카가 가장 높은 점수를 받

---

*유럽에서 열린 G7 및 G8 회담에 반대하는 학계, 언론계, 시민운동 단체들이 치른 '또 다른 정상 회담'이었다.
**개인 또는 기업, 국가 등의 단체가 활동이나 상품을 생산하고 소비하는 전체 과정을 통해 발생시키는 온실가스, 특히 이산화탄소의 총량을 가리킨다.

왔다. 과학이나 수학 수업을 듣는 학생들은 그들 자신의 탄소발자국과 행복지수를 계산할 수 있다.

〈가디언The Guardian〉의 칼럼니스트인 조지 몬비엇George Monbiot은 신경제재단이 주관하는 행사에서 대변인으로 일해왔다. 8장에서 논의된 생태환경학자들 중 마크 라이너스Mark Lynas는 세계경제포럼의 '탈탄소decarbonizing 에너지에 관한 글로벌 의제 위원회'의 과거 회원이었다. 우리는 이 토론의 나머지 부분을 지구적인 환경 문제에 집중하고, 우리가 앞서 논의했던 두 진영을 어느 정도 대표하는 것으로 라이너스와 몬비엇의 생각을 비교할 것이다. 그러나 첫째로, 사람들을 가난에서 구제하기 위한 도구로서 소액 대출과 P2P 대출peer-to-peer lending*을 짚고 넘어가자. 이것은 국내적, 국제적 적용 및 영향과 관련한 또 다른 논란거리다. 그것은 제대로 작동하는가? 여성에게 힘을 실어주는가? 그것은 영리 기업들의 탐욕으로 채택된 것인가? 그것이 새로운 부류의 채무자를 만들었는가? 빈곤을 완화하기 위한 이 단일 도구에 대한 연구는 한 학기 전체의 융합 교육과정 활동으로 구성될 수 있다.

"지구적으로 사고하고, 지역적으로 행동하자"라는 말이 시작된 환경운동으로 돌아가보자. 우리 모두는 우리의 지구를 구하기 위해 개개인으로서 무엇을 **할 수 있을지** 알고 싶어 한다. 우리가 지역적으로 행동할 수 있도록 말이다. 하지만 우리 대부분은 지구적 차원으로 행동할 기회를 결코 갖지 못할 것이다. 우리가 할 수 있는 일이라고는

---

*인터넷을 통한 개인 간의 직접적인 금융거래를 의미함. 불특정 다수로부터 투자금을 모아 대출을 원하는 사람에게 합리적인 이자율로 돈을 빌려주는 서비스.

지도자들에게 투표하고 우리의 생각과 우려를 표현하는 것뿐이다. 자연히 지도자들은 국제연합, 신경제재단, 세계경제포럼과 같은 기관을 통해 협력할 수 있다. 이 기관들은 다른 누구보다도 글로벌 기업과 정책 입안자들이 전 지구적인 해양오염과 천연자원 보존 및 배분과 같은 세계적 규모의 문제를 해결하는 데 있어 옳고 필요한 일을 하도록 영향력을 행사하기에 적합하다. 1970년대와 1980년대 세계 정부가 오존층을 보호하기 위해 에어로졸 스프레이에 사용되는 염화불화탄소CFCs 사용을 줄이기 위해 취한 조치들은 효과적인 국제적 조치의 좋은 예다.

사회적, 경제적 정의와 지구를 구하는 일은 협력적으로 이루어져야 한다. 몬비엇과 라이너스 둘 다 이에 동의할 것이다. 하지만 그들은 같은 목적을 달성하기 위해 다른 해결책을 제시할 것이다. 8장에서 논의한 〈신환경운동성명〉은 도시화 및 대규모 농업을 통해 전반적인 복지를 증진하고 환경에 대한 인간의 영향을 줄이기 위한 수단으로 기술을 사용할 것을 제안하고 있다. "도시는 인간과 자연의 분리를 추진하고 상징하는 동시에, 시골 지역의 경제보다 환경에 미치는 영향을 줄이고 물질적 필요를 효율적으로 제공함으로써 훨씬 더 좋은 성과를 거둔다(Monbiot, 2015, p. 6, Ecomodernist Manifesto에서 인용)." 에드워드 O. 윌슨Edward O. Wilson은 신환경주의에 부분적으로 동의할지 모른다. 그는 그의 32번째 책인《지구의 절반: 생명의 터전을 지키기 위한 제안Half Earth: Our Planet's Fight for Life》(2016)에서 전 세계 국가들이 지구 표면의 절반을 자연보호 구역으로 남겨두어야 한다고 제안한다. 〈뉴욕 타임스〉 인터뷰(Dreifus, 2016)를 통해 그는 이것이 쉽게 이루어질 수 있다고 생각하는 많은 이유를 들었다. 그리고 이는 〈신환경운동성명〉의 진술과도 비슷하다.

앞에서 우리는 직물 공장에서 일하기 위해 미국 남부 농장을 떠난 사람들과 목화 농장에 대해 이야기했다. 이를 통해 우리는 도심으로 이동하는 것에 대한 인식이 상승이동의 중심을 차지함을 보았다. 비슷한 일이 오늘날에도 '바닥을 향한 경주race to the bottom'*에서 계속되고 있다. 기업들은 운영 비용이 가장 덜 드는(낮은 규제, 더 낮은 임금의) 장소를 찾고 있기 때문이다. 이런 변화를 만드는 사람들은 이득을 보고 있을까? 만약 그렇다면 어떻게 이익을 얻고 있을까? 여러 제안들 중에서 작은 농장을 옹호하는 몬비엇은 이러한 혜택이 항상 공유되는 것은 아니라고 경고할 것이다.

개발도상국의 많은 지역에서, 농촌 인구 감소는 공식적인 도시경제로 자연스럽게 이어지지 않았다. 그보다는 결과적으로 경제적 차이가 많이 나는 고도의 불안정한 생활이 나타났고, 시골 지역(도시 외곽)에서 가업家業과 관련이 있는 비공식적 경제informal economy**에 의존하게 되었다. 신환경론자들이 말하는 '평생 고된 육체노동을 해온 농업 노동자들의 고통 완화'는 불완전 고용과 절망적인 불안감을 가진 수백만 명의 사람들에 의해 경험되고 있다.(2015, p. 5)

그러나 상하이의 의류 산업에서 일하는 젊은 여성들에 대해 리볼

---

*관할 지역에서 경제 활동을 유치하거나 유지하기 위해 기업 환경의 규제 완화 또는 세율 인하를 묘사하는 데 사용되는 사회 경제적 문구.
**고용의 공식적 구조 밖에서 발생하는 보수를 받는 노동을 의미함.

리는 다음과 같이 말한다.

위안 즈Yuan Zhi는 때맞춰 그녀의 자매들의 의견에 동의한다. 위안 즈는 상하이 브라이트니스Shanghai Brightness에서 8년 동안 절단공으로 일했다. 이 일은 농장 출신의 한 소녀에게는 좋은 직업이었으며, 2007년에는 거의 매달 300달러씩 몇 차례 봉급 인상이 있었고, 이제는 훨씬 나아졌다고 그녀는 믿고 있다. 위안 즈는 장시성 지역의 산악 마을에 있는 고향에서는 일할 기회가 부족해서 상하이로 왔다. 그녀는 자신의 고향에 대해 두 가지만 그립다고 말했다. 하나는 장관을 이루는 풍경이고, 다른 하나는 조부모님과 함께 다시 고향으로 돌아간 그녀의 아들이다. 그녀는 상하이 생활의 모든 것이 마을 생활보다 낫다고 말한다. 중국의 수많은 의류 업계 종사자들로부터 "내 삶은 더 나아졌어요"라는 얘기를 들었다. 사람들은 저마다 농장 생활의 고된 일에 대한 이야기를 가지고 있는 듯했다.(2009/2015, p. 111)

이 짧은 이야기는 라이너스와 몬비엇의 견해를 둘 다 뒷받침하고 있다. 의류 공장 노동자들은 도시로 이주함으로써 누리게 된 자유 때문에 삶이 더 나아졌다고 느꼈다. 하지만 동시에 그들은 위안 즈의 경우처럼 아이 양육 등을 고향 집의 지원에 의존하고 있다. 여기서 중요한 것은 선택이다. 앞서 논의한 것처럼 가난하게 사는 사람들은 무엇보다도 그들 자신의 운명을 스스로 결정할 수 있기를 원한다.

몬비엇과 라이너스는 지구를 구하는 방법에 대해 서로 동의하지 않을지도 모른다. 하지만 그들 둘 다 그들이 출판한 책의 관점을 통해 토론에 적극적으로 참여한다. 그리고 가장 중요한 것은 그들이 기꺼이 서로 이야기할 것이라는 점이다. 언젠가 두 사람은 모두 전기 생산을 위한 원자력 사용에 대해 격렬하게 반대하는 단체의 일원이었다. 하지만 둘 다 이 분야에 대한 자신들의 생각을 수정해왔다.

우리가 자본주의든 사회주의든 무엇을 믿든 간에, 우리는 경제적 사고의 기본 원리와 시간의 경과에 따른 이러한 원리들의 진화를 이해해야만 한다. 세 권의 매우 다른 책들이 이러한 원칙들과 그것들이 야기하는 논란들을 이해하는 데 내게(브룩스) 도움을 주었다. 그 중 두 권은 리볼리의《티셔츠 경제학》과 슈마허의《작은 것이 아름답다》이며, 이미 언급한 바 있다. 특히 슈마허는 우리에게 편견 없이 행동하라고 경고한다. 그는 친구인 옥스퍼드 대학의 데이비드 애스터 David Astor에게 보낸 편지에서, "사회주의에 대한 나의 강렬한 관심은 새로운 출발이라네. … 내 최종 결론은 '나도 모른다'가 되겠지만, 나는 내 본성이 어떤 '최종적인' 정치적 신념이나 체계, 혹은 어떤 '주의ism'를 만병통치약으로서 진심으로 받아들이도록 허락하지 않는다고 확신한다네(McCrum, 2011, p. 4에서 재인용)"라고 적었다. 우리는 만병통치약에 대한 세심한 검토를 지지한다.

세 번째 경제학 책은 토드 벅홀츠Todd Buchholz의《죽은 경제학자의 살아 있는 아이디어New Ideas from Dead Economists》에 담긴 새로운 생각이다. 우리는 벅홀츠의 생각과 함께 '평등, 정의, 자유'에 대한 논의로 이동하면서, 이 장을 마감하려고 한다.

그러나 한 가지 문제는 시장이나 기민한 정부가 해결하지 못할 수도 있다. 인간이 전통적인 일자리와 역할을 쓸모없게 만드는 새로운 발명품들의 속도를 따라갈 수 있을까? 인간이 컴퓨터와 포스트컴퓨터 시대를 다룰 수 있을 만큼 충분히 빠르게 공부할 수 있을까? 대부분은 아마 가능할 것이다. 하지만 사회가 점점 더 복잡해지면서, 점점 더 많은 사람들이 다양한 안전망을 통해 추락할 것이다. 심리적, 신체적, 지적 장애를 가지고 있는 사람들이 더 흔들릴 것이다. 세상은 물질적으로 더 쉬워졌지만 심리적으로는 현재가 200년 전보다 사는 것이 더 어려워졌다. 20세기 도시에서의 삶은 농장에서의 삶이 그랬던 것처럼 인간의 영혼을 지치게 한다. 찰리 채플린의 〈모던 타임스〉처럼 현대 세계에서 갈 길을 잃고, 공장 주위를 빙빙 돌며, 비쩍 마른 노숙자가 분노의 표시로 침을 뱉어내는 일은 꽤 쉽게 일어난다.(1989/2007, pp. 312 - 313)

10장

평등, 정의, 자유

참여 민주주의의 시민은 각자의 자리에서 따로 말하는 것이 아니라 서로 대화할 수 있어야 하고, 그러한 대화는 경청을 필요로 한다.

또 다른 거대 개념들을 논의하기에 앞서, 이러한 개념들을 잘 다룰 수 있도록 교사들을 돕고자 하는 우리의 의도를 독자들이 유의하기 바란다. 민주적인 삶에 효과적으로 참여하는 데 미성숙한 학생은 이러한 개념들을 두고 논쟁을 벌이거나 잘못 이해할 수도 있다. 사람들은 어떤 면에서 '평등'한가? 평등에 관한 쟁점에서 정의는 무엇을 요구하는가? 그리고 우리는 어떻게 학생들이 민주적인 자유의 개념을 받아들이도록 도울 수 있을까?

평등

앞에서 우리는 대부분의 사람들이, 심지어 〈독립선언〉 작성자들조차도 만인이 모든 면에서 평등하게 태어났다고 믿지 않음을 지적했다. 건국의 아버지들은 모든 사람이 "하나님께서 보시기에 평등하다"라는 종교적 믿음을 가지고 있었을지도 모른다. 그 믿음은 모든 사람이 법 앞에서 평등하게 대우받아야 한다는 인간의 지지에 반영되어 있다. 하지만 사람들이 모두 평등하게 태어날 수 있는 방법이 있을까? 평등에 대한 이해가 우리가 무엇을 어떻게 가르칠지에 어떤 영향을 미쳐야 할까?

분명 모든 인간은 어떤 특정한 요구들을 공통적으로 가지고 태어난다. 이 요구들은 음식, 물, 안식처, 적합한 의복, 안전, 애정, 그리고 (적어도 유아기에 있어서) 다른 사람들과의 유대와 같은 **삶의 양식**들이다(Braybrooke, 1987). 이러한 요구들의 보편성에 대한 인정은 사회가 스스로 이러한 요구들을 충족시킬 수 없는 사람들을 위한 대비책을 마련하도록 이끌었다. 사실, 우리 대부분은 이러한 대비책 마련이 정의의 요구라고 믿는다. 우리는 때때로 사람들에게 이러한 요구들을 충족시킬 **권리**가 있다고 말한다. 하지만 그러한 권리는 우리가 가지고 태어난 것이 아니라 계몽된 사회가 우리에게 부여한 것이다.

이러한 삶의 요구들에 덧붙여, 누군가는 오늘날 모든 사람들이 어떤 형태로든 교육을 받을 필요가 있다고 제안할 수 있다. 한 가지 교육 형태를 모든 사람에게 적용할 수 있을 정도로 인간은 비슷한가? 재능, 적성, 관심 분야에서 찾을 수 있는 가장 큰 차이점은 무엇인가? 오늘날 많은 사려 깊은 사람들은 다양성, 즉 이러한 차이들에 대한 존중이 참여 민주주의의 토대를 이룬다고 주장한다(Callan, 1997; Fielding & Moss, 2011; Gardner, 1984). 만약 우리가 학생들 사이의 차이를 합당하게 인정하고자 한다면 다음과 같은 두 가지의 근본적인 교육적 질문을 고려해야 한다. 이러한 차이를 교육이 어떻게 길러줄 수 있을까? 다양성을 위해 설계된 모든 형태의 교육에서 나타나는 공통점은 무엇인가?

앞서 우리는 고등학교에서 학문, 직업, 예술, 특성화 교육과 같은 다양한 프로그램을 실시하는 발상을 지지했다. 그리고 이론적으로 종합고등학교는 이를 이루기 위한 훌륭한 방법이었다. 그럼에도 불구하고 우리가 경험해왔듯이, 인간의 모든 재능을 존중하는 민주주의의 근본 전제는 그 이행 과정에서 배반당해왔다. 학문 프로그램은 가장 가치 있는 것으로 간주된 반면, 그 이외의 것들은 학문 프로그램에서 낙오될 경우 관심에 따라 계열을 선택하는 차선책으로 취급받았다. 지난 30년 동안 이러한 문제점을 바로잡으려는 시도(계열화 폐지 포함)는 또 다른 형태의 문제를 야기하였다. 그것은 학생들이 자신의 적성과 관심에 적합한 프로그램에서 얼마나 잘할 수 있는가가 아니라, 학업 성적에 따라 학생들을 줄 세우고 있다.

우리는 모든 프로그램에 참여하는 학생들이 이러한 문제점에 대해 토론할 수 있도록 기회를 마련해주어야 한다. 학생들은 자신이 공부하고 있는 프로그램을 선택했다고 믿을까? 혹은 그들이 학업에 적합하지 않았기 때문에 그러한 프로그램에 배정되었다고 믿을까? 그들은 얼마나 충분히 안내를 받았을까? 만약 그들이 직업 프로그램에 참여하고 있다면, 스콧 니어링, 마일스 호턴Myles Horton, 로자 파크스Rosa Parks, 피트 시거Pete Seeger, 존 L. 루이스John L. Lewis, 유진 데브스Eugene Debs, 파울로 프레이리Paulo Freire와 같은 이름과 친숙할까? 만약 그들이 학문 프로그램에 참여하고 있다면, 그들이 선택한 것일까, 아니면 그들이 스스로 찾은 분야를 배정받은 것일까? 학생들은 본인이 원할 경우에 심화 과정을 선택할 수 있어야 한다고 생각할까?

'평등' 교육이 모두에게 동일한 교육과정을 요구하지 않는다는 점에 동의한다 하더라도, 여전히 우리는 학생 모두가 어떤 주제, 방법, 개념, 기술을 배워야 할지에 관한 질문에 직면한다. 에이미 거트먼 Amy Gutmann은 무엇보다 정치교육이 "계열화, 성차별, 인종차별, (좁게는) 직업교육에 대항하기 위해" 가장 적합하다고 지적한다(1987, p. 287). 하지만 우리는 계열화나 직업교육을 폐지할 필요는 없으며, 폐지하지 **말아야 한다고** 계속해서 경고할 것이다. 그녀는 "현재 미국의 교육 관행이 학생들의 학업 성취도를 높일지 모르지만, 시민의 미덕은 무시한 채 남겨두고 있다"라는 점을 걱정하며, "학생들 사이의 인종, 종교, 지적知的·성적性的 차이에 대한 존중으로 특징지어지는 공통의 교육이 시민의 미덕을 길러줄 수 있다"라고 주장한다(1987, p. 287). 그녀에 의해 주창된 정치교육의 진전은 계열화를 개선할 수 있지 않을까? 그녀는 "정치교육의 도덕적 우선성은 더 많은 학제적 교수법에 찬성하는 하나의 가정을 뒷받침한다"라고 말한다(p. 287).

우리는 진심으로 이에 동의한다. 우리는 학생들이 자랑스럽게 선택할 수 있는 진정으로 훌륭하고 다양한 프로그램들을 설계하기를 제안한다. 그 뒤에는 중요한 정치적·도덕적 쟁점들을 학생들이 토론할 수 있도록 모든 프로그램에 적용 가능한 방법을 찾아야 한다. 아마도 우리가 제안했던 4년 과정의 사회교과 세미나는 좋은 방안이 될 수 있을 것이다. 학교는 앞서 논의한 대화의 격차를 줄이기 위해 4년

과정의 사회교과 세미나를 활용할 수 있다.

학생들의 토론에서는 대화의 격차 자체가 중요한 주제가 되어야 한다. 학생들이 사회적 계층과 계층 간의 차이를 어떻게 바라보는지를 듣는 것은 흥미롭고 새로운 인식을 줄 수 있다. 학생들은 하위, 중위, 상위 계층에 속하는 사람들을 어떻게 구분할까? 사람들은 대개 '계층'을 경제적 용어로 생각하고, 각각에 속하는 사람들을 가난한 사람, 중산층, 부자로 칭하기도 한다. 때로는 가난한 사람들 중 가장 가난한 사람들보다는 상위인, 그리고 중산층의 하위계층에 해당하는 '노동자 계층'을 추가한다. 그러나 사회계층에 대한 설명은 경제적 수준 이상을 포함한다. 여기에는 삶의 방식, 거주 지역, 말하는 방식 등이 포함된다. 이는 공개적으로 논의하기에 논쟁의 여지가 있는 주제일 수도 있고, 학생들은 어떤 판단과 자신과의 관련성을 부인하려는 강한 유혹을 느낄지도 모른다.

그러나 교사가 인내심과 친절한 일관성을 발휘한다면, 학생들로 하여금 언어 사용에 대해 토론하도록 도울 수 있다. 언어는 아마도 사회계층에 대한 우리의 판단에 가장 중요한 영향을 주는 요인일 것이다. 만약 미국에서 누군가가 "그는 암것도 모름다He don't know nothin"라고 말했다면, 비록 그 말이 농담일지라도, 우리 대부분은 그 사람이 하류층일 것이라고 이해할 것이다. 누구도 인정하기 힘들겠지만, 우리는 이를 받아들일 수밖에 없음을 알고 있다. 만약 혼합반 학생들의 세미나에서 어떤 학생이 화가 나서 "그래서, 내가 너처럼 말하지 않는다고 내가 하류층이야!?"라고 다른 학생에게 따진다면 교사는 어떻게 해야 할까? **여기서** 중요한 것은 우리가 어떤 판단을 내린다는 사실이 아니라, 교실에서 함께 공부하고 서로의 생각을 존중하며 차이의 근원을 이해하려고 서로 노력한다는 점이다. 교사는 이를 지적하고, 가치 있는 생각이나 제안이 비표준 언어로 표현될 수 있다는 점을 강조해야 한다.

이와 같은 교환의 가능성 때문에 교육자들은 너무 흔히 무시되는 책임감을 예민하게 인식하게 해야 한다. 우리는 아이들에게 읽고 쓰는 것을 가르치느라 유난을 떨지만, 해마다 많은 학생들이 표준어를 습득하지 못한 채 고등학교를 졸업하도록 내버려두기도 한다. 읽고 쓰기는 대부분 초등학교 때 학습되어야 하지만, 이에 대한 폭넓은 조사 결과는 그렇지 않음을 알려준다. 거트먼은 정치교육의 우선성에 관한 주장에서 학생 참여의 중요성을 강조한다. "어느 정도 학교 내에 무질서를 야기할 위험이 있을 때조차도, 학생 참여는 정치적 기술과 사회적 참여 태도를 기르기 위한 민주주의적인 근거로 옹호될 수 있다(1987, p. 287)." 모든 사회계층의 학생들이 학교에서 대화하는 데 참여할 수 있다면, 성인이 되어서도 시민으로서 지속적으로 소통하는 데 기여할 것이다. 뿐만 아니라 일상적이고 존중에 기초한 의사소통은 표준 언어를 사용하느냐의 여부에 따른 계층 차이를 눈에 띄는 신호로 인식하지 않도록 도와줄 것이다.

어떤 학생은 우리가 외국어를 대하듯이 길거리 대화와 흑인 영어를 존중해야 한다고 주장할지도 모른다. 이런 문제 제기에 대응하는 한 가지 방법은 흑인 연예인들이 흑인 영어로 자주 말한다는 사실을 보여주는 것이다. 그들은 멋지게 두 영어를 바꿔 사용할 수 있으며, 학생들에게 그들을 따르도록 권장할 수 있다. 이때 교사는 이렇게 언어를 전환하려면 화자가 양쪽 언어를 모두 유창하게 구사할 수 있어야 함을 상기시켜야 한다. 학생들은 언어의 전환에 관한 토론에 참여하는 것을 즐거워할 것이다. 표준 영어의 숙달은 동등한 기회를 제공하는 교육목표의 일부로 간주되어야 한다. 그리고 이러한 교육목표가 표준 영어를 사용하지 않는 사람에 대한 무시로 여겨져서는 안 된다.

우리는 여전히 다양한 프로그램들이 공통적으로 무엇을 가르쳐야 하는지에 대한 도전적인 질문에 직면해 있다. 이러한 문제가 제기될 때마다 사람들은 어떤 역사적 사건, 유명한 사람, 과학적 개념, 수학적 절차, 예술적 특징들을 모든 교과과정에 필수적인 내용으로 제시하려고 한다. 어떤 내용이 필수적인가를 여기서 논하기에는 너무 큰 주제지만, 각 교과의 논의에서[특히 교사 회의에서] 중심 쟁점이 될 수 있다. 그런데 이러한 논의는 시작하자마자 통제가 불가능해질 수 있다. 한 수학 교사 회의는 이를 보여주는 사례다. 회의 초반 참가자들은 변량, 기본적인 연산 법칙, 선형 방정식과 같은 필수적인 개념에 대해서 현명한 제안을 하였다. 하지만 점점 논의에 열기를 더해가자 한 교사는 "이렇게 많은 대학 졸업생들이 정적분과 부정적분의 차이도 모른다는 것은 부끄러운 일입니다!"라며 목소리를 높였다. 모든 교과가 가르쳐야 할 공통적인 내용을 정하는 일을 전적으로 교과 전문가에게만 맡겨서는 안 된다.

여기서 우리는 범교과적으로 고려해야 할 몇 가지 일반적인 아이디어를 제공하려고 한다. 첫째, 만약 참여 민주주의에서 시민교육이 중요하다면, 모든 교과과정은 학생들이 서로 대화할 수 있도록 도와야 한다. 학생들은 단순히 듣는 것이 아니라, 답하고 제안하고 궁금해하고 질문하면서 공부해야 하며, 학급 전체와 소규모 그룹 수준에서 이런 대화가 지속되어야 한다. 학생들이 공적인 일에 효과적으로 참여하기 위해서는 정보를 수집·평가하고, 진정한 대화에 참여하며, 타협하려는 의지, 잠재성이 있는 심오한 철학적 관점의 차이들에 관심을 가져야 한다.

둘째, 학교 수준에서 교차 프로그램cross-program 프로젝트를 위한 준비가 이루어져야 한다. 우리는 이미 학생들이 사회적, 도덕적, 정치적 문제에 대한 4년 과정의 사회교과 교차 프로그램 세미나에 참여해야 한다고 제안했다. 또한 다양한 지역사회 프로젝트에서 함께 일할 수 있는 기회를 마련해주어야 한다.

셋째, 모든 교사들은 학제 간 접근법을 활용해야 한다. 수학이나 영어를 가르칠 때, 모든 학생들을 위해 정확하게 동일한 교육과정을 제공할 수 없고 그렇게 **해서도 안 된다**. 확신하건데, 모든 교과목들은 전기적 설명, 철학적 논쟁, 정치적 논쟁, 중요한 역사적 사건들, 소설과 시의 관련 연구, 예술과의 관계, 그리고 과학적 논쟁과 같이 다른 교과와 연결될 수 있는 내용을 포함한다.

인간의 모든 재능을 공통적으로 존중하고 모든 학생들이 개인과 시민으로서 의미 있는 삶을 살도록 준비시킬 때, 미국의 고등학교 프로그램은 **평등**해질 수 있다. 이제 정의와 자유에 관하여 논의한 후 다시 평등에 대해 더 깊이 들여다보자.

정의

정의는 또 다른 복잡한 주제다. 우리는 대개 정의를 옳거나 합법적이라고 생각되는 것을 유지하기 위한 권위의 사용으로 정의한다. 존 롤스가 설명했듯이, "진실이 사고체계에서 그러한 것처럼, 정의는 사회제도의 첫 번째 미덕이다(1971, p. 3)." 사람들은 이러한 미덕을 기초로 정부, 가족, 사업, 교회, 군대, 학교와 같은 모든 사회제도의 발전과 운영을 연구하고 평가한다. 그러나 이러한 미덕의 판단 기준은 국가와 기관의 유형뿐만 아니라, 시대적 맥락에 따라서도 달라진다.

학생들은 미국의 노예제가 오랜 기간 정의로운 제도로 인식되었다는 것을 배워야 한다. 이는 성경, 역사적 설명, 인종적 열등에 대해 광범위하게 수용된 전제에 기초한 주장들로 뒷받침되었다(Anderson, 2015). 그러나 노예제의 실행 속에서도 극단적인 잔인함을 금지하는 비공식적인 규칙들로 이루어진 '정의' 체계가 있었다. 엘리자베스 앤더슨Elizabeth Anderson은 노예제의 관행을 옹호한 장로회 목사 제임스 손웰James Thornwell의 말을 다음과 같이 인용한다.

구세주는 어떤 상황에서 다른 사람들로부터 우리가 기대하는 것이 옳고 합리적일 수 있는 일을 다른 사람들에게 하도록 우리에게 명령한다. … 노예제의 경우, 그 규칙은 단순히 우리 자신이 노예라면 대우받을 권리가 있다고 생각하는 바대로 노예를 대해야 한다고 요구한다.(2015, p. 29)

이 명령에서 주목할 점은 노예제 폐지가 아니라 노예에 대한 인도적인 처우를 요구한다는 점이다.

요즘 학생들이 이에 주목하지 않고서는, 실제로 선한 사람들이 노예제의 도덕적 권리를 옹호했던 시대를 상상하기 힘들 것이다. 그러나 얼마 전까지만 해도 대다수의 시민들이 여성의 투표권, 재산권, 혹은 남편의 성적性的 요구에 대한 거부권을 금지하는 관습을 받아들였었다. 실제로 1860년에 남부의 한 하원의원은 노예제 관행을 옹호하며 다음과 같이 주장하였다.

여성은 인간이고 합리적인 존재다. 그들은 많은 남자들보다 더 좋은 능력을 발견하고, 정치적 권한을 행사하며, 사회적으로 유명인이 될 수 있는 더 좋은 자격(자질)을 얻을 수 있을지도 모른다. 그러나 누가 그들을 배제시키는 사회질서에 대해 불평하겠는가?(Anderson, 2015, p. 30)

물론 여성들이 불평했지만, 미국 사회가 여성들을 완전한 시민으로 인정하기까지는 오랜 세월이 걸렸다. 마침내 여성이 투표권을 갖게 된 것은 흑인 남성이 투표권을 얻고 나서도 많은 시간이 지난 후였다(Ward & Burns, 1999). 정의가 '공정하고 올바른 법의 권위 있는 사용'이라는 생각은 점차 공고해졌다. 그러나 무엇이 옳고 정의로운지에 대한 생각은 극적으로 변해왔다. 이러한 변화는 일반적인 도덕적 각성이 아니라 희생자들의 노력을 통해 성취된 것이었다. 그들은 변화를 위해 목소리를 높이고, 지지자를 모았으며, 법을 바꾸려고 열심히 노력했다.

무엇이 옳고 정의로운가에 대한 생각의 변화는 실제적인 변화로 이끈다. 분명, 이런 생각의 변화는 도덕적인 문제들과 관련이 있고, 도덕적인 관점에 근거한 반대의 목소리로부터 시작하는 경우가 많다. 하지만 종종 어떤 합법적 관행이 잘 작동되지 않을 때 반대의 입장을 불러일으키는 인식이 있고, 이 과정에서 사태를 변화시키기 위한 도덕적 논쟁이 적용된다. 예를 들어, 최근 마약 사범의 형량을 감축하려는 시도를 생각해보자. 이러한 움직임은 아마도 우리의 교도소가 이미 포화 상태이고, 이와 더불어 죄수들을 수용하기 위해 엄청난 비용이 투입되고 있다는 인식 때문에 변화를 야기했을 것이다. 마약 사범에 대한 선고 과정에서 정당화될 수 없는 인종차별에 대한 도덕 논쟁은 이러한 시도에 도움을 줄 것이다.

이와 유사하게, 도덕적으로 의구심이 드는 사형 집행의 포기에 대해 문제를 제기하거나 혹은 최소한 실용적인 이유로 강하게 지지할 수도 있다. 살인범을 사형수로 감금하려면 종신형 선고를 받은 사람을 감금하는 것보다 더 많은 비용이 든다.* 재정적 비용에 대한 인식은 [이미 행해진] 실수는 다시 되돌릴 수 없다는 생각과 더불어, 의도적인 살인[사형]이 그르다는 기본적인 도덕적 경고에 대한 지지를 강화할 것이다.

정의와 현실적인 도덕성에 대한 논의는 형벌과 처벌을 다루는 정의의 분야인 응보적 정의에 대한 신중한 고려가 포함되어야 한다. 이러한 부류의 정의가 전제하는 기본적인 발상은 법을 어기면 처벌을 받아야 한다는 것이다. 일반적으로 처벌은 시민들에게 '만약 법을 위

---

*실질적으로 사형 집행을 하지 않는 국가에서 사형수를 관리하려면 더 많은 비용이 필요하다. 왜냐하면 일반 징역형을 선고받은 범죄자와 달리 사형수는 노역을 하지 않기 때문이다.

반하면 처벌받을 것이다'라는 사실을 상기시킴으로써 법을 강화한다고 인식된다. 다시 말하지만, 도덕적 의무를 이유로 시민들이 법에 복종하도록 하는 것이 분명 더 좋다. 우리는 아동이 부모가 만든 공정한 규칙을 따르기를 원한다. 좋은 부모들은 자녀가 규칙을 어길 때, 대체로 처벌을 자제한다. 그리고 많은 가정에서 사려 깊은 훈계와 실망의 표현은 꽤 효과적이다. 심지어 사회적인 수준에서조차도, 법적 처벌보다는 수치심이 두려워 법을 위반하지 않는 경우가 많다. 우리들 대부분은 국민의 동의를 중요하게 생각한다. 사람들이 법에 대한 복종을 도덕적 행위로 보는 것은 여전히 건강한 공동체의 희망으로 남아 있다.

고등학교 수준에서, 학생들은 규칙을 만들고 유지하는 일에 참여할 수 있도록 기회를 부여받아야 한다. 교사와 학생들은 이러한 규칙을 분석하고 평가하기 위해 협력해야 한다. 학생들에게 출석을 요구하는 것은 분명히 옳으며, 대개 교사들은 지각하지 않도록 지도한다. 하지만 현실적으로 학생들의 결석과 지각을 이유로 정학 처분을 내리는 것이 이치에 맞는가? 일부 학교에서, 일부 학생들에게는 정학이 수업을 기피하는 합법적인 이유가 된다. 반면에 정학이 위협적인 많은 학생들에게는 시기적절한 출석을 북돋우기도 한다. 이 문제에 대해 학생들은 어떤 해결책을 제안할까?

또한 학생들은 '무관용 규칙zero tolerance rules'에 관한 비판적인 토론에 참여해야 한다. 현재 많은 학교들이 이처럼 도덕적으로 그리고 실제적으로 의심스러운 관행을 포기하고 있다. 만약 우리가 무관용 규칙에 성급하게 동의한다면, 교육자로서는 불명예스러운 일일 것이다. 때때로 우연히, 또는 일순간의 정서적 불편함에 의해 결국 규칙을 지키지 못하게 되기도 한다. 특수한 상황에 대한 고려 없는 일률적인 처벌은 매정할 뿐만 아니라, 종종 부당하기도 하다. 사실상 그러한 처벌은 비합리적으로 간주되는 것이 타당하다.

오늘날에도 교사들이 '정의 공동체 학교(Kuhmerker, 1991)'와 도덕성 발달(Kohlberg, 1981)에 관한 콜버그의 저작들을 다시 읽고 토론하는 것은 여전히 의미 있는 일이다. 그 목적은 콜버그의 프로그램이나 다른 모든 세부사항들을 완벽하게 적용하는 데 있지 않다. 그렇게 적용한다고 해도 잘 작동하지 않을 것이다. 하지만 [콜버그가 제안한] 프로그램을 낡은 것으로 폐기해버리면 그 안에 담긴 많은 유용한 아이디어들도 함께 버려진다. 정보를 모으고, 분석하고, 토론하고, 시도하고, 평가하는 것은 이 책을 통해 우리가 계속 옹호해온 중심 아이디어다. 교직원과 학생들은 협력을 통해 학교를 민주적으로 바로 세우고 유지하기 위한 방법을 책임감 있게 실험해야 한다. 그러나 소란스러움, 욕설, 학교 기물 파손과 같은 문제들은 어떻게 다루어야 할까?

광범위하게 벌어지고 있는 부정행위 문제를 생각해보자. 대개 부정행위자는 매우 낮은 점수를 받는다. 이는 공정한 처리다. 부정행위로 확인되었다면 영점 처리와 같은 심한 처분을 받을 만하다. 그러나 현실적인 면에서 부정행위를 한 학생들이 속임수를 쓴 그 학습 자료를 충분히 익혔기를 바란다. 부정행위로 낙제한 학생은 재시험을 보거나 준비하면서 정직하게 낙제한 동료 학생들을 돕고 그들과 협력해야 한다. 또한 이러한 생각은 도덕적 의식의 발달을 촉진하고, 우리가 교사로서 시험 자료의 학습 여부에 진정으로 주의를 기울인다는 것을 보여준다. 교사와 학생의 공통 목표는 단순히 점수를 주고받는 것이 아니라 가치 있는 자료를 가르치고 배우는 것이다. 덧붙여, 교육의 더 깊은 목표는 참여 민주주의 사회의 구성원으로서 적절하고 준비된 선한 사람들을 육성하는 데 있다.

자유

4장 '종교'에서, 우리는 종교 사상이나 조직에 헌신함으로써 세속적 요구로부터 자유를 구하는 사람들에 주목했다. 그들은 우리들 대부분이 추구하는 자유를 포기하는 대신 신성한 형태의 자유를 추구한다. 그러한 자유는 많은 일상적인 결정들을 벗어난 헌신devotion의 영역이다.

이제 우리는 인간의 자유세계에서 또 다른 예외를 고려할 필요가 있다. 어떤 사람들은 자유를 두려워한다. 파울로 프레이리는 조언한다. "억압받는 이들을 괴롭히는 '자유에 대한 두려움fear of freedom'을 파헤쳐야 한다. 그러한 두려움은 억압하는 사람의 역할을 인정하도록 하고, 억압받는 역할에 자신을 속박하도록 이끄는 공포심이다(1970, p. 31)." 사려 깊은 교사는 프레이리의 사상을 오늘날의 상황에 적용해야만 한다. 교사 혹은 전체 학교 시스템이 이런 두려움을 유지하거나 증가시킬 수 있지 않을까? 계속해서 프레이리는 "억압하는 자와 억압받는 자 사이의 관계에서 기본적인 요소 중 하나가 **처방**

prescription(p. 31)"이라고 주장한다. 본질적으로 교육은 최소한 어느 정도 처방을 필요로 한다. 하지만 지나치게 권위적인 교육은 우리의 목표 중 하나인 자율성을 훼손하기 쉽다.

알렉산더 S. 닐Alexander S. Neill은 교육에 있어서 권위적인 처방을 명확하게 비난했다. 그의 의견은 극단적이지만 충분히 고려할 가치가 있다.

> 나는 권위로 무언가를 부과하는 것은 잘못되었다고 믿는다. 아동은 자신이 해야만 한다고 스스로 생각에 이르기까지 아무것도 해서는 안 된다. 권위적인 처방은 인간성에 대한 저주며, 그것이 교황이나 국가, 교사, 혹은 부모가 내린 것이더라도 외부적인 강제다. 그것은 완벽한 파시즘이다.(1960, p. 114)

닐의 진술은 교육 자료에 대한 처방에도 적용된다. 대수학에 대한 수학의 처방은 여러 변수들을 다룰 수 있도록 공부하라는 것이다. 닐은 학생들이 해야만 하는 것은 대수학을 **공부하겠다**는 결정이라고 충고한다. 교사와 학생들은 무엇이 어떻게 학습되어야 하는지 결정하기 위해서 함께 이야기를 나누고, 공통의 프로젝트에 매달리며, 그들의 강좌들을 운영하는 데 함께 협력하고 참여해야만 한다. 이러한 충고가 미국 공립학교에 수용될 수 있을까? 아니 접근이라도 할 수 있을까? 어떤 프로그램이나 제안을 완전히 채택하지 않고도 중요한 아이디어를 얻을 수 있다는 것을 기억하자.

엄격하게 [교사의 권위에 의존하는] 처방적인 방식의 교육이 지닌 가장 큰 위험은 우리가 억압을 무비판적으로 수용하는 데 기여할 수 있다는 것이다. 프레이리는《억압받는 자들의 교육학Pedagogy of the Oppressed》을 통해 이러한 교육학은 "인간성을 되찾으려는 끊임없는 투쟁 속에서 (개인이든지 민중이든지 간에) 단순히 억압받는 사람들을 **위해서**가 아니라 그들과 **함께** 만들어가야 한다(1970, p. 33)"라고 경고한다. 교육자로서 우리는 그러한 인간성을 처음부터 지원하고 발달시키길 원한다.

정치적 자유해방 운동은 처방적인 교육이 어떤 문제를 초래할 수 있는지에 대해 시사점을 던진다. 앞서 언급한 시몬 볼리바르와 같은 사람들은 진정으로 억압받는 사람들을 해방시키려던 해방자liberator들이다. 하지만 억압받는 사람들과 함께 일하기 시작할 때, 그들 관계에 동정심과 적대감이 동시에 나타나는 경우가 많다. 마이클 왈저Michael Walzer는 이 상반된 두 태도를 다음과 같이 설명한다.

해방자들은 단지 외국 통치자들에게 분개하는 것이 아니라, 동정심으로부터 … **그들의** 편이라고 확신하는 사람들의 삶을 정말로 개선하기를 원한다(여기서 소유대명사 '그들의'가 중요하다). 동시에 적개심은, 해방자들이 혐오하는 후진성, 무지함, 수동성, 복종 등을 억압받는 사람들이 지녔다는 데서 생겨난다.(2015, p. 68)

조지 오웰George Orwell(1958/1937)은 이러한 상반된 감정의 공존에 주목한다. 그의 계층 차이에 대한 연구는 이 장의 마지막 부분에서 다시 살펴볼 것이다. 여하튼 오웰은 자신과 동료 사회주의자들의 계급의식과 속물근성에 대해 논평한 바 있다. 그와 선의를 가진 그의 동료들은 'H 발음'을 빼먹거나*, 수프를 후루룩 마시거나, [나이프, 포크, 접시 등] 은식기를 잘못 놓으려고 하지 않았다. 해방자들은 가난한 사람들에 대한 억압과 그들 자신의 오래된 속물근성 모두와 싸웠다.

이러한 상황에서, 억압받는 이들은 해방을 위한 그들의 계획을 함께할 동료가 아니라, 오히려 연구하고 개혁해야 할 대상으로 접근한다. 우리는 앞에서 엘리자베스 앤더슨의 비판에 대한 논의를 통해 우리가 돕고 싶어 하는 사람들과 함께 시작하는 데 얼마나 자주 실패하는지에 대해 다룬 바 있다. 우리는 그들과 **함께** 일하고 대화하는 대신에, 그들을 연구하고 그들이 무엇을 해야 할지 알려준다. 우리는 억압받는 자들의 소통 능력을 제대로 인지하지도 못하고, 그들과의 소통에 실패하고 있는 자신의 모습도 제대로 인지하지 못한다.

> 의사소통 능력은 함께 의사소통하는 사람들이 공유하는 강점이다. 그것은 일부 사람만이 가질 수 있거나, 다른 이들에게는 부족한 사유재산이 아니다. 만약 A와 B가 문화적 차이로 인해 효과적으로 소통하지 못한다면, 그것은 양쪽 모두 서로에 대한 문화적 자본이 부족함을 뜻한다. … 억압받은 자들로부터 분리된 혜택받은 집단의 압도적인 지지로 선출된 엘리트들은 그들과 문화적 자본의 결핍을 공유한다.(2007, p. 604)

교사로서 우리는 참여 민주주의 사회에서 학생들이 자유의 본질을 이해하도록 도와야 하는 또 다른 중요한 문제에 직면해 있다. 교사는 소외 계층에 속한 억압받는 계층으로 분류될 수 있는 학생들과

---

*영국 노동자 계층은 'House'를 'ouse'처럼 'H'를 빼고 발음하는 경우가 많다.

함께할 수 있다. 그 과정에서 교사는 해방자에 대한 우리의 시각을 바꾸도록 도와야 한다. 뿐만 아니라, 무엇이 일부 사람들로 하여금 자유를 두려워하도록 만드는지에 대해 모든 학생들이 이해하도록 도와야 한다. 자신감이 부족하다고 느끼는 사람은 소속감을 느낄 수 있는 일에 참여함으로써 성공과 인정을 추구할 수도 있다. 에릭 호퍼 Eric Hoffer는 "정당한 이유를 덜 가진 사람일수록 자신의 탁월성을 내세우는 반면, 더 준비된 사람일수록 자신의 국가나 종교, 인종과 같은 신성한 대의의 탁월성을 더 열심히 주장한다(1951, p. 23)"라고 지적한다. 우리는 학생들을 위해 과제를 설정하고 모든 학생들이 성공하도록 돕고자 노력하지만, 때때로 이러한 노력은 실패로 끝이 난다. 또한 학생들은 우리가 그들을 위해 마련한 과정에서 성공의 초점을 놓치기도 한다. 호퍼는 계속해서 "우리는 자신의 개인적인 관심과 계획이 삶의 목표로서 가치 없어 보일 때, 삶의 목표로 삼을 만한 자신과 분리된 무언가를 필사적으로 요구한다(1951, p. 24)"라고 지적한다. 그래서 몇몇 젊은이들은 그들에게 인정, 집단의 성공, 즐거움을 약속하는 의심스럽고, 심지어 위험하기까지 한 집단에 빠져든다. 협력과 경쟁 모두를 요구하는 민주주의 사회에서의 삶은 개개인의 자유를 약속하지만, 젊은이들은 이러한 자유를 두려워한다. 자유에 대한 두려움과 대의를 따르려는 유혹이 너무 강력하기 때문에, 책임 있는 종교 단체들은 자신을 바칠 것을 선언한 이들에게 장기간의 수습 기간을 요구한다. 그리고 이를 통해 헌신을 선언한 자들이 스스로 서약한 삶의 목적과 요구를 완전히 이해하였는지 확인한다.

우리가 학생들이 자유라는 민주주의적 개념을 받아들이기를 원한

다면, 그들에게 책임 있는 선택을 할 수 있는 많은 기회를 제공해야
한다. 하나의 적성에 끼워 맞춰진 학교 문화에 갇힌다면, 학생들은
잘못된 교육으로 인해 '자유'에 대한 실제적 두려움을 키워가게 될
것이다.

다시 평등에 대하여

평등에 대한 앞의 논의에서 우리는 학생들의 소속감을 향상시킬
수 있는 몇 가지 방법을 제안했다. 그 아이디어들 중 하나는 학생들
에게 대화와 선택, 참여를 장려하는 것이다. 이제 이러한 제안을 다
시 살펴보도록 하자. 사회계층 간의 의사소통이 예전보다 잘 이루어
지지 않고 있다는 증거가 점점 늘어나고 있다. 실제로 사회적·문화
적 계층 간격은 점점 더 벌어지고 있다. 교사는 이러한 문제를 논의
하기 위한 방법을 찾아야만 한다.

오늘날 거의 모든 학교에서 학생들은 《동물 농장Animal Farm》이
나 《1984Nineteen Eighty-Four》와 같은 조지 오웰의 책을 읽고 배운다.
그러나 저널리즘의 고전적 작품인 《위건 부두로 가는 길The Road to
Wigan Pier》을 읽고 토론하는 일은 거의 없다. 이 책에서 오웰은 처음
자신이 가졌던 계층의식과 속물근성에 대한 공개적이고 비판적인
논의를 전개한다. 그는 우리에게 다음과 같이 말한다.

한 계층이 다른 계층의 입장에서 어떻게 보일지 이해하는 것은 계급의 구

분을 없애기 위한 출발점이다. 중산층은 '속물스럽다'면서 내버려두자고 하는 것[이 정도로 해두자고 하는 것]은 아무 소용이 없다.(1958/1937, p. 131)

　20세기 중반을 살았던 오웰은 계층에 대한 편견이 줄어들고 있다는 점에 주목했다. "그럼에도 불구하고 분명히 가장 본질적인 정서는 여전히 그대로 남아 있다"는 점도 지적했다. 그 후 그는 오늘날 미국 신문들에 실리는 내용과 비슷한 얘기를 덧붙인다. "실업급여, 노령연금, 무상교육 같은 정책들 때문에 노동계급이 절망적으로 타락하였고 터무니없이 욕구를 채우고 있다는 관념은 여전히 널리 퍼져 있다. 최근 실업의 존재에 대한 인식으로 단지 약간 흔들렸을 뿐이다(pp. 132–133)."

　오웰은 우리로 하여금 자신의 계급의식과 속물근성을 이해하고, 심지어는 조롱하도록 한다. 중산층의 계급의식과 속물근성은 교육된 언어의 표현 양식을 통해 드러난다. 오웰의 시대에 영국에서 교육받았지만 경제적으로 어려운 상황에 있던 노동자조차도 'H 발음을 뺀' 말을 쓰는 것을 생각하지 않았다. 그리고 그는 우리에게 "중산층이 극빈층으로 전락했는데도 여전히 심각한 반反노동계급 정서를 유지하고 있다는 사실을 상상하는 것은 어렵지 않다. 물론 이들에게 이러한 정서는 기존 파시스트 정당의 존재를 의미한다(p. 226)"라고 경고했다. 오늘날 미국 사회에 이러한 위험 신호들이 있는가? 우리는 이처럼 계층 '정서'가 남아 있고 지속될 가능성이 높다고 생각하기 때문에, 미국 학교들이 보편적인 학습과 표준 언어 교육에 역점을 두어야 한다고 제안한다. 모든 사람이 받아들일 수 있는 말의 기준을 가르치는 것은 말의 차이에 동반하는 계급적 감정을 바꾸려는 것보다 분명 훨씬 더 쉽다.

오웰의 주장이 현재 미국의 계층 격차를 과장한다고 할지라도, 우리는 이를 학생들과 공유하고 논의할 수 있다. 그 목표는 사람 사이의 차이를 소중히 여기는 동시에 소속감을 높여 참여 민주주의를 강화하는 것이다.

11장

애국심

애국심은 국민이 지지하는 선善에 대한 헌신이라고 생각하는 것이 타당하다. 이러한 애국심은 훌륭한 역사를 확인하는 것뿐만 아니라, 역사적 과오 역시 주의 깊게 성찰하는 것을 포함한다. 이런 애국심을 지닌 국민은 자국이 '옳거나 그른지' 변호하는 것이 아니라, 옳은 나라가 되도록 역사적 과오를 분석하고 인정하며 비판한다.

수업 시간에 애국심에 대해 토론한다면, 어떤 종류의 논쟁이 일어날까? 어떤 사람은 국가에 대한 헌신을 모든 시민이 받아들여야 할 미덕이자 무조건적인 선善으로 여길 것이다. 스티븐 디케이터Stephen Decatur 해군 장교가 제의했던 건배사는 이러한 헌신을 얘기할 때 자주 인용된다. "우리나라는 외국과의 관계에서 항상 옳다. 하지만 제대로 해도, 잘못해도 나는 우리나라를 지지한다." 무엇이 옳은지 우리는 얼마나 많이 고민해야 할까? 옳은 일을 결정하는 데 있어 군사력은 얼마나 영향을 미쳐야 할까? 왜 사려 깊은 시민들은 우리에게 군사적 우세에 대한 열정적인 지지를 조심하라고 충고했을까? 이 모든 질문들은 교사와 학생들이 함께 탐구해야 할 문제들이다.

종종 미국인들은 자국의 '위대함'을 칭송할 뿐만 아니라 자랑스러워한다. 국가가 위대해져야 한다는 것은 무엇을 의미할까? 위대함의 정도는 힘의 관점으로 측정할 수 있을까? 만약 미국이 덜 위대해진 다면, 미국인의 자국에 대한 자부심과 헌신도 줄어들어야 할까? 위대함의 추구가 정의에 대한 미국인의 헌신을 감소시킬까? 21세기, 즉 글로벌 차원의 인식과 동시적 접촉이 일상화된 이 시대에, 우리는 애국심을 누그러뜨리고 전 지구적인 충성과 헌신을 진지하게 고려하기 시작해야 하는 것은 아닐까? 글로벌 애국심과 국가적 애국심 national patriotism은 양립할 수 없을까? 이 장에서는 이러한 질문들을 살펴볼 것이다.

토론 전 준비

이 책에서 다루는 모든 주제들 중에서 애국심은 비판적으로 다루기에 가장 어려운 주제일 것이다. 공교육이 시작된 이래, 미국은 미래 미국인의 애국심을 고취시킬 의무를 공립학교에 부과해왔다. 실제 건국 초기부터 교육의 우선적인 목표는 국가 정체성을 형성하고 다양한 사람들을 단합하고 동질화하여 애국심을 배양하는 것이었다. 영웅들의 과거 이야기에 어린이들은 몰두하고 깊이 감명받아야 했으며, 이는 미국에 대한 부동의 헌신으로 이끌어졌다. 앞에서 주목한 바와 같이, 많은 시민들은 종교에 대해서도 비슷한 태도를 취해왔다. 그리고 미국 학교와 공적 영역에서 신의 지위를 복귀시키려는 시도는 계속되고 있다. 하지만 애국심 교육에 대한 강조는 실제로 한 번도 효과적으로 도전받은 적이 없다. 애국심 교육은 강조되어야 하는가? 이번 장에서 우리의 주장이 설득적일지는 아마도 애국심을 어떻게 정의하느냐에 달려 있을 것이다.

이러한 맥락에서 무엇이든 시도하기에 앞서, 교사들이 알아야 할 것이 있다. 국가 안팎에 미국의 행동에 대한 비판을 담은 학습 자료들이 있고, 반대로 이 자료들에 대한 강한 비판 역시 존재하고 있다. 인종, 성별, 계층과 관련된 국내 문제에 있어서 미국이 어떤 잘못을 범해왔는지에 대한 모든 논의에도 비판이 있다. 이때 교사는 자신이 유발할 수도 있는 비판에 유의해야 한다. 미국의 잘못에 관한 비판적인 논의에 대한 비난은 항상 격렬했다. 그래서 이런 문제를 다루는 교과서들은 때때로 금지되기도 했다(Evans, 2007).

또한 '감상적 애국심sentimental patriotism'으로 불리는 애국심을 열렬히 지지하는 사람들이 언제나 있었다(Galston, 1991). 감상적 애국심은 오랫동안 미국 학교들이 북돋아온 종류의 애국심이다. 애국심에 대한 냉철하고 비판적인 분석 태도는 결과적으로 '교육받은 절망'을 야기할 수 있다. 미국은 너무나 많은 역사적 과오들을 범해왔고, 미국인 스스로 공언한 신념을 저버리는 일들을 저질러왔기 때문에, 그러한 사실들에 대한 비판적인 연구는 학생들로 하여금 애국심에 냉소 짓게 하고 거부감을 느끼도록 만들 수 있다. 이런 이유 때문에, 결국 전통적인 방식의 감상적(감정적) 애국심을 고수해야 한다는 주장이 강하게 제기될 수도 있다.

그럼에도 불구하고, 이먼 캘런Eamonn Callan의 《시민 육성Creating Citizens》(1997)은 정치적인 삶에 참여해야 하는 비판적인 이유를 가르치길 원하는 교사들에게 유용한 시사점을 제공한다. 캘런은 '정서적 관대함emotional generosity'*과 '역사적 상상력'이 감상적 애국심에 대한 비판을 보완해야 한다고 제안한다(이 접근 방식은 앞서 우리가 논의한, 인종차별주의자였던 인물에게 헌정하는 다양한 기념물을 어떻게 처리할지에 관한 문제에도 적용할 수 있다). 학생들은 미국의 도덕적·사회적 실패를 살펴본 후 무엇이 미국인으로 하여금 과오를 반복하도록 만들었는지(무엇을 그들이 느꼈는지), 그리고 그렇게 하지 않았다면 무엇을 할 수 있었을지 질문하기 위해 노력할 수도 있다. 정치적 전통을 연구하면서 우리는 다음과 같이 물어야 한다. 이 전통의 가장 훌륭한 점은 무엇인가? 훌륭한 전통이 영향력을 갖도록 북돋을 수 있는 방법은 무엇일까? 이에 대하여 캘런은 다음과 같은 방식으로 대답한다.

> 정서적 관대함과 역사적 상상력은 내가 확인하고 싶은 종류의 역사적 감수성의 중심에 있다. 왜냐하면 이것들 없이는 누구도 "이 전통의 가장 훌륭한 점은 무엇인가?"라는 질문에 적절하게 대답할 수 없기 때문이다. … 그러나 감상주의에 젖어 과거를 바라본다면, 선보다 악이 더 크게 느껴지는 이야기에 직면하게 될 것이다. 그래서 어느 누구도 또는 그 무엇도 순수한 관점에서 선을 설명할 수 없다.(Callan, 1997, p. 119)

역사와 공적인 삶에 대한 비판적 사고를 가르치는 데 있어 우리가 (그리고 캘런이) 피하려는 위험은, 그것이 냉담이나 혐오를 유발하

---

*다른 사람이 겪고 있는 것을 자신과 기꺼이 관련시키고 이해할 수 있는 '공감'과 타인을 위해 자신의 필요를 제쳐놓는 '선택'의 특별한 조합을 의미함.

고, 자기소외를 북돋을지도 모른다는 사실이다. 교사는 이러한 가능성에 유념해야만 한다. 3장 '비판적 사고'에서 지적하였듯이, 그리고 12장 '도덕적 헌신'에서 다시 강조하겠지만, 우리는 정신과 마음 모두를 교육할 필요가 있다. 비판적인 정신은 우리의 행동을 지시해야 하지만, 헌신적인 감정은 우리가 행동하도록 동기를 부여한다.

이제 애국적인 감정과 관련하여 언제나 중심에 있던 한 주제를 가지고 애국심에 대한 비판적 고찰을 시작해보자.

군대와 애국 감정

휘날리는 깃발, 퍼레이드, 군악대 연주, 헌화, 기념물 건립, 전승 기념행사와 같은 군사적 상징들은 오랫동안 미국의 애국심에서 중요한 위치를 차지해왔다. 미국 국가國歌인 〈별이 빛나는 깃발The Star-Spangled Banner〉은 로켓의 붉은 섬광, 폭탄, 위험한 전투에 대한 것이다. 대조적으로, 종종 대체 국가國歌로 언급되는 〈아름다운 미국 America the Beautiful〉은 보랏빛 산과 곡식의 황금물결, 그리고 과일로 덮인 평원에 대해 노래한다. 〈아름다운 미국〉은 우리로 하여금 자제력을 맹세하도록 하며, 빛나는 바다에 이르기까지 형제애로 우리의 선을 다스리게 해달라고 하나님께 간청한다. 이 두 국가는 매우 다른 애국심의 상징을 보여준다. 우리는 하나의 국가만 선택해야 할까, 아니면 둘 다 존중할 수 있을까?

이는 평화주의자에게 여전히 중요한 질문이며, 앞으로도 그럴 것이다. 전쟁을 느슨하게 반대하는 사람들조차도 전통적인 군대 의식과 상징을 강조하면서 미국의 군사력이 위대하다는 식으로 묘사하는 경향에 대해서는 우려를 나타낸다. 학교는 군사적 전시 혹은 그에 대한 비판을 주입해서는 안 되며, 양심적으로 이 중요한 논쟁적 사안의 양 측면을 보여주어야 한다.

버지니아 울프는 전쟁을 막을 수 있는 방법에 대해 강한 어조로 글을 쓴 바 있다. 《3기니Three Guineas》에서 그녀는 묻는다. "어떤 식의 교육이 젊은이들에게 전쟁을 미워하도록 가르칠 수 있을까?(1966/1938, p. 22)" 여성이 전쟁이나 군軍과 관련해 취해야 할 태도를 말하며 그녀는 다음과 같이 충고한다.

> 그녀는 애국 시위에 가담하지 않겠다고 맹세할 것이다. 또한 어떤 형태의 국민적 자기과시에도 동조하지 않겠다고, 전쟁을 부추기는 박수 부대나 군중의 일부로 참여하지 않겠다고, 사열 행사, 군 토너먼트 경기, 군악 축제, 군 시상식, '우리의' 문명이나 다른 사람들에게 '우리의' 지배를 강요하는 열망을 고취시키는 그런 모든 의식에 참여하지 않겠다고 맹세할 것이다. … 그것은 교육받은 집안의 여성이 자신의 형제에게 소심함의 흰 깃털도, 용기의 붉은 깃털뿐만 아니라 어떤 깃털도 달아주지 않아야 함을 의미한다.(p. 109)

1차 세계대전의 파괴와 섬뜩한 공포에 질린 울프는 여성들에게 '남성적인' 기술의 세계에 대하여 무관심한 태도를 보이라고 촉구했다. 그러기 위해 점잔을 빼는 남성들의 전쟁에 대한 허풍에서 시선을 돌릴 것을 요구했다. 하지만 그녀가 가진 분노의 일부는 영국, 미국과 같이 '위대한' 사회가 여성들을 취급하는 방식에서 발로한 것이었다. 아마도 지적인 여성은 애국적 과시에 대해 다음과 같이 자신의 무관심한 태도를 설명할 것이다.

> 우리의 조국(영국)은 거의 언제나 나를 노예로 취급해왔다. 그것은 내가 교육을 받거나 국가의 어떤 소유물을 공유하는 것도 허용하지 않았다. 내가 외국인과 결혼한다면 '우리의' 조국은 더욱더 나의 것이 되기를 그만둘 것이다. 그래서 만약 당신이 나 또는 '우리의' 조국을 보호하기 위해 싸워야 한다고 주장한다면, … 당신들은 내가 공유할 수 없고, 내가 공유하지 않고, 아마도 공유하지 않을 이득을 얻기 위해서, 내가 공유할 수 없는 남성의 본능을 만족시키기 위해 싸우고 있음을 부디 알기 바란다.(p. 108)

울프가 이 글을 썼던 때는 2차 세계대전이 막 시작될 즈음이었다. 여성들이 군에 입대할 수 있게 된 지금 상황을 본다면 그녀는 뭐라고 말할까? 그녀는 여성이 전투병이 되는 것을 축하할까? 개탄할까? 그녀의 주장은 어떻게 변화할까? 학생들은 경제 불평등에 대한 울프의 강한 비판과 더불어 전쟁을 유발하는 경제적 이득의 중심적 역할을 이해할 필요가 있다. 오늘날에도 이와 비슷한 주장이 제기될 수 있을까? 주지하다시피, 오늘날 미국은 세계 여러 나라들이 합친 것만큼 많은 (혹은 더 많이) 돈을 군대에 쓰고 있다. 그리고 여전히 더 많은 예산 편성을 촉구하는 정치인들이 있다.

충격적인 비평을 통해 울프는 우리에게 **무엇을 해서는 안 되는지**를 말한다. 전쟁에 대한 열정을 꺾기 위해서는 마치 우리가 관심을 끌기 위해 마구 날뛰는 어린 소년을 무시하듯이 군에 관련된 모든 것에 무관심해져야 한다. 대개 무시당한 소년은 날뛰기를 멈추고 다른 일에 관심을 돌린다. 하지만 울프는 우리가 어떤 긍정적인 조치를 취할 수 있는지에 대해서는 거의 말해주지 않았다. 교육, 정치, 높은 사회적 지위에서 여성이 배제되는 것을 한탄했음에도 불구하고, 그녀는 여성이 '교육받은 남성들의 대열'에 합류하고, 개인적인 성공과 전쟁의 수용을 이끄는 가치들을 거부하는 것 이외의 참여에 대해서는 생각하지 못했다. 우리는 사람들의 대화가 반드시 바뀌어야 한다는 울프의 말에 동의한다. 울프는 우리에게 "어떻게 우리가 직업을 가지면서도 계속해서 문명화된 인간, 즉 전쟁을 막으려는 인간 존재로 남을 수 있을까?(1966/1938, p. 75)"라며 직설적으로 묻는다.

예전처럼 오랜 세월에 걸쳐 즐겨 읽힌 국가적 영웅에 대한 소중한 이야기들을 초등학생에게 계속 가르치면서도, 고등학생에게는 전쟁의 해악과 평화주의에 관해 더 많은 시간을 할애하여 고찰하도록 가르칠 수 있다. 예를 들어, 학생들은 '평화와 자유를 위한 국제연맹 International League for Peace and Freedom'을 발전시키는 데 있어서 제인 애덤스의 업적과 1차 세계대전에 대한 그녀의 용기 있는 항거에 대해 배워야 한다. 그녀는 헐 하우스Hull House*에서의 자선적이고 교육적인 노력으로 많은 칭송을 받았음에도 불구하고, 공식적으로 전쟁을 반대했다는 이유로 추방의 압력과 비난을 받으며 고통을 겪었다. 필자의 고향 서재에 꽂혀 있는 고등학교 교과서에는 헐 하우스 설립과 여성평화당Women's Peace Party과 관련하여 애덤스를 몇 차례 간단

---

*제인 애덤스가 1889년 시카고에 세운 복지 시설.

하게 언급하고 있다. 하지만 그러한 노력들은 1931년 노벨평화상을 수상하도록 이끈 그녀의 삶과 작품에 대한 실질적인 논의로 연결되지 않는다. 그녀가 전쟁 도중과 전후, 전쟁에 열광적인 군중의 끔찍한 공격으로 크게 고통받았다는 사실에 대해서는 언급조차 없다. "헐하우스에서 그녀가 했던 무엇도, 이전에 있었던 미국의 '위대한 여성과 선구자적인 공공시민을 위한 축하의식'에서 누구도 그녀를 공격으로부터 보호하지 않았다(Elshtain, 2002, p. 217)." 애덤스가 사형제도를 전쟁의 덕德과 관련시키며 사형제도에 대한 반대 입장을 개진했다는 사실 또한 학생들에게 흥미로울 수 있다.(이 주제는 논의될 수 있는 또 다른 중요한 논쟁거리다.)

애덤스의 반전운동과 울프의 군사적 애국심military patriotism에 대한 혐오를 논의함으로써 우리는 감상적 애국심을 비판할 수 있는 좋은 기회를 얻게 되었고, 이 주제에 대한 비판적인 추론의 필요성에 대한 대화를 시작하게 되었다. 하지만 무엇보다 우리는 **감정**이 비판적인 사고력보다 사람들을 하나로 뭉치게 하는 더 강력한 힘이라는 사실에 직면해야 할지 모른다(Callan, 1997). 이 때문에 앞에서도 우리를 행동하도록 이끄는 것은 이성이 아니라 감정이라고 지적한 바 있다.

평화주의 역사에서 도로시 데이는 또 다른 중요한 인물이다. 그녀는 전쟁에 대해서 가톨릭교회가 발표하는 메시지의 애매함을 문제 삼았다. 그녀가 편집한 〈가톨릭 일꾼The Catholic Worker〉은 엄격하게 평화주의적인 저널이었던 반면에 대부분의 가톨릭과 기독교는 전쟁을 지지하는 경우가 많았고, 때때로 가톨릭교회는 전사들을 성인으로 추대하기도 했다. 신실한 가톨릭 신자였던 데이는 한탄했다. "가톨릭 일꾼인 사람들 대부분이 평화주의자가 아니라는 사실은 내게 슬픈 일이었다(Day, 1952, p. 272)." 이는 전사warrior의 전통과 애국심 (혹은 어떤 기관에 대한 충성) 사이의 연관성에 관한 또 다른 일면을 보여준다. 데이는 (감정적으로 매우 애국주의적인) 독자들이 전쟁 기간 동안 〈가톨릭 일꾼〉이 평화주의를 찬성한다는 것을 인지하지 못하는 것에 대해 슬프고 혼란스러웠다. 그들의 애국심은 너무나 열정적이어서, 전쟁이 끝날 때까지 저널의 평화주의를 '알아채지' 못했다.

미국 학교가 거의 언급하지 않는 평화주의에 관한 사례 중에는 최초 여성 국회의원이었던 지넷 랭킨에 관한 이야기도 있다. 1917년, 그녀는 독일에 대한 선전포고를 반대하는 데 표를 던졌고, 그 결과 여러 해 동안 의원직에 선출되지 못했다. 다시 그녀가 국회로 돌아오고 난 후 1941년, 그녀는 대일對日 선전포고에 대해 유일한 반대표를 던졌다. 그리고 이 투표로 그녀의 의회 경력은 끝이 났다.

세라 러딕은 평화주의pacifism와 중재peacemaking를 구별한다. 중재자들은 폭력의 절대적인 중단을 요구하는 것이 아니라, 평화주의자들과 마찬가지로 모든 폭력 사건을 조사하고 분석하라고 주장한다. 그녀는 모성적 사고에 대한 분석을 통해 다음과 같이 썼다.

나는 여성의 일상적인 모성적 사고가 군사적 사고와 전체적으로 대조된다고 믿는다. 정의전쟁론just-war theorie은 우리의 관심을 자신의 육체와 운명에서 목표를 성취하기 위한 추상적인 원인과 규칙으로 돌림으로써 전쟁에 대한 우리의 생각을 조종한다. … 정의전쟁론의 분석적 허구는 살인을 정당화하기에 충분한 결론을 통해 도덕적 문제들에 대한 논란을 종식시킬 것을,

그리고 죽일 수 있도록 충분히 추상적인 '적들'을 필요로 한다. … 모성의 절제되고 맑으며 세심한 사랑은 타인을 죽이는 것은 말할 것도 없고 다치게 만드는 판단에도 적용할 수 없다. … 남성이 [그들 나름의] 양심과 적절한 신뢰 쌓기 훈련을 미덕으로 삼아왔다면 … 그때 어머니들은 군사적 모험을 추구하는 권력에 대한 복종과 신뢰를 표현하기보다 인내하고 양심적인 비폭력을 스스로 준비해왔다.(1989, p. 130)

여기서 우리는 양쪽의 감정과 비판적인 근거들이 충돌한다는 것을 확인할 수 있다. 러딕은 정의전쟁론자들이 취하는 비판적인 추론을 전쟁에 반대하는 모성적 사랑과 비교한다. 하지만 감정 또한 전쟁과 폭력을 지지하는 강력한 기반이다. 교육자로서 우리가 할 일은 인간적인 감정과 도덕적으로 정당화된 비판적 사고 모두를 위해 학생들이 효과적으로 토론할 수 있도록 돕는 것이다.

우리는 앞서 권위와 자유에 대한 논의에서 학생들이 합리적이고 비폭력적으로 권위에 의문을 제기하는 법을 배워야 한다고 언급했다. 그러면서 때때로 의구심 없는 권위에 대한 복종이 자유에 대한 두려움의 결과일 수 있다고 지적했다. 군에 대한 애착은 이런 두려움의 결과인 경우가 있다. 여기서 우리가 애국심에 있어 군사주의가 갖는 중심적 역할에 대해 질문해야 할 이유들을 발견할 수 있다. 그 이유들은 무엇인가?

우리는 누구인가?

하워드 진Howard Zinn은 애국심에 대한 권위주의적 접근을 경고했다. 그에 따르면, "애국심이란 정부가 아니라, 민주주의의 바탕을 이루는 원칙에 진실하게 충성하는 것"을 말한다(Westheimer, 2007, p. 176)." 이에 따라 애국심은 국민이 지지하는 선善에 대한 헌신이라고 생각하는 것이 타당하다. 이러한 애국심은 훌륭한 역사를 확인하는 것뿐만 아니라, 역사적 과오 역시 주의 깊게 성찰하는 것을 포함한다. 이런 애국심을 지닌 국민은 자국이 '옳거나 그른지' 변호하는 것이 아니라, 옳은 나라가 되도록 역사적 과오를 분석하고 인정하며 비판한다.

학교에서 이러한 문제들을 어떻게 다루어야 하는지 고민하면서, 앞의 평등에 대한 논의로 돌아가보자. 제퍼슨을 비롯한 건국의 아버지들은 모든 사람이 모든 면에서 평등하게 태어났다고 믿지 않았다. 오히려 그들은 모든 사람이 각자의 재능을 계발하고 그로부터 이익을 얻을 수 있는 기회를 가져야 하며, 법 앞에서 평등하게 대우받아야 한다고 생각했다. 법 앞에서의 평등한 대우가 실현되고 있는지를 살펴볼 때, 교사는 학생들이 법을 역사적 맥락에서 확인하면서, 현재 '흑인의 목숨도 소중하다' 운동이 이토록 활발해진 이유가 무엇인지 고민하도록 북돋아야 한다. 미국의 법 중 일부를 바꿨어야 했을까? 흑인들은 이제 법 앞에서 평등하게 대우받고 있는가? 학생들은 미국이 세계에서 가장 높은 구금율을 기록하고 있다는 사실을 알아야 한다. 미국에 대한 진정한 애국심은 모두를 위한 자유권이나 행복추구권과 같이 국민이 추구하는 것들을 공표한다. 이러한 애국심은 합리적, 민주적 조치들에 대한 적극적인 참여를 유도함으로써 국가가 약속한 권리의 일부를 박탈하는 상황들이 변화하도록 노력하게 한다.

특별히 교사는 평등과 애국심 사이의 관계에 대해 깊이 고민해야 한다. 애국심은 모든 학생들이 평등한 교육을 받도록 요구하는가? 그 답은 아마도 이 문제에 있어서 '평등'이 무엇을 의미하는가에 달려 있을 것이다. 만약 '평등'을 '같음'으로 간주한다면, 우리는 제인 애덤스에 의해 지적된 실수를 범하는 것이며, 그런 실수는 요즘과 같은 표준화 시대에 특히 조심해야 할 것들 중 한 가지다. "표준화는 군국주의의 잔재라고 애덤스는 단언한다(Elshtain, 2002, p. 203)." 그녀는 이민자와 다른 종교에 대한 우리의 태도는 본질적인 의미에서 저마다의 재능과 차이의 가치를 부정하는 가장 비애국적인 것이라며 매우 우려하였다.

> 반복되는 군국주의 역사의 낡고 오래된 동맹이 세계적인 유대에 의해 대체되기를 바라는 데는 충분한 이유가 있다. 그녀는 "동질성에 대한 자각과 대물림된 기억이 아닌, 교육받은 상상력과 다양성에 대한 존중"에 의존하는 연대성에서 현대 도시의 이상을 찾았다.(Elshtain, 2002, p. 203)

우리가 이 책을 쓰고 있을 때, 미국은 애덤스가 경고했던 문제들을 또다시 겪고 있다. 미국인 중 일부는 급진적인 이슬람 테러리스트들의 공격으로부터 스스로를 보호하기 위해 이슬람교도들의 입국을 어렵게 하는 조치를 지지한다. 기독교 국가로서 미국을 확인하길 바라는 일부 사람들은, 교실을 비롯한 공적 생활 영역에서 '하나님의 지위를 회복시키길' 요구하고 있다. 4장에서 우리는 미국이 기독교 원칙에 근거한 국가가 아니며, 건국의 아버지들이 하나님이나 기독교 종교에 대해 언급한 적이 없음을 독자들에게 상기시킨 바 있다. 시간이 지나면서 '하나님'은 미국의 동전과 국기에 대한 맹세에 추가되었고, '하나님의 지위를 회복시키기' 위한 시도는 계속해서 미국의 국가적인 문서와 관행을 통해 이루어졌다. 지금까지 미국인들은 국가적인 기록물 내용에 대한 변경을 기피해왔다. 기독교도가 아닌 국민들을 포함한 대다수의 국민들이 그 명칭에 동의하는 의미에서만 미국은 '기독교 국가'다.

고등학교 수준에서 교사는 국가와 교회를 연결시키려는 노력이 실제로 심각하다는 것을 가르쳐야 한다. 1954년에 미 상원은 다음과 같은 헌법 개정을 촉구받았다. "미국 국민은 예수 그리스도, 구원자, 통치자를 통해 전능한 하나님의 축복을 받았으며, 그들의 권위와 법을 진심으로 인정하고 있다(Kruse, 2015, p. 95)." 이 개정 제안은 거부되었지만, 공식 행사에서 '의례적인 이신론'*은 암묵적으로 받아들여졌다. 과거에도 그랬고 지금도 '하나님이 미국을 축복하길'로 정부의 연설을 끝내거나, 공적인 모임을 시작할 때 신의 가호를 비는 것은 널리 받아들여졌다. 이를 검토하면서 케빈 크루즈Kevin Kruse는 "결국, 미국의 법과 생활 속에 '불문 헌법'이 있다"라고 지적한다(2015, p. 105).

하지만 오랫동안 공적인 삶에서 수용되어온 하나님에 대한 언급은 일반적으로 장식적인 말로 이해된다. 공식적으로 미국은 기독교 국가가 **아니다**. 미국인은 '하나님'을 의례적으로 언급하지만, '예수

---

*종교를 다룬 4장의 본문 내용 참고.

그리스도'를 그렇게 사용하지는 않는다. 공식적으로 미국이 기독교 국가가 아니라는 것은 미국의 국가 원칙이 기독교와 양립할 수 없음을 의미하는 것이 아니다. 오히려 그것은 교회와 국가의 분리를 유지하기 위해 공언한 원칙 중 하나다. **모든** 종교는 미국 헌법에 의해 보호받는다. 그렇다면 미국인은 스스로를 어떤 국민으로 인식하고 있을까? 우리(미국인)는 누구인가? 고든 우드는 미국과 달리 비교적 많은 신생 유럽국가 국민들이 "자국의 특수성에 대해 이미 갖고 있던 감각으로 단단히 묶여 있다"라고 지적한다(2011, p. 321). 하지만 미국의 경우는 다르다.

> 중요한 의미에서, 우리는 전통적인 국가 개념에 비추어 볼 때 국가가 아니었다. 우리 자신을 단일한 국민으로 여기도록 만드는 것은 주州, 헌법, 자유와 평등의 원칙, 자유로운 정부였다. 미국인이 된다는 것은 누군가가 되는 것이 아니라 무엇인가를 믿는 것이다.(p. 322)

민주주의 국가를 믿고 유지하며 개선하는 데 필요한 지적·사회적 미덕의 발휘는 미국인이 되기 위한 필수적인 자질이다. 이 새로운 국가가 **공화국**으로 정의되었다는 사실은 학생들과 논의할 가치가 있다. 공화국은 국민들이 선택한 통치 집단이 국가를 운영하는 정치조직의 한 형태다. 앞에서 지적한 바와 같이, 정의대로라면 공화국은 가장 유덕한 시민들에게 지도적 역할을 수행하도록 요구한다. 이 공화국이 **민주주의** 국가가 된다면, 모든 국민들은 민주시민으로서 자신의 역할을 하며, 필요한 덕목을 계발해야 한다. 이러한 점을 배우면서 학생들은 참여 민주주의에서 모든 시민들이 삶을 적절하게 준비하는 것이 얼마나 중요한지를 깨달을 수 있다.

인종, 부족, 종교, 혹은 조상의 국적이 미국인을 규정짓지는 않는다. 기독교 국가로 미국인에 대한 규정을 바꾸려는 시도는 건국의 아버지들이 건국을 위해 지녔던 신념을 훼손할 수 있다. 마찬가지로 미국 시민들에게 필수적인 덕목을 잃는 것은 그들이 건설한 국가를 파괴할 수도 있다. 우드는 시민들의 인격적 타락으로 로마 공화정이 무너졌음을 상기시킨다. "로마는 외부의 침략 때문이 아니라, 내부의 부패[도덕적 타락] 때문에 멸망하였다(2011, p. 325)."

미국인의 정체성을 공화주의적인 기교virtuosity와 연관 짓는 것은 때때로 '미국 예외주의'의 일면으로 언급된다. 시민의 생명권, 자유권, 행복추구권을 존중하는 정의로운 정부를 위해, 미국 예외주의는 민주주의와 애국적 자부심에 대한 헌신을 요구했다. 전성기에 미국은 정치적 민주주의 세계의 지도자가 되었고, 이는 새로운 나라를 건설하려는 사람들의 본보기가 되었다. 실제 미국은 19세기 내내 그러한 리더십의 책임을 맡았고, 새로운 혁명 정부를 인정한 최초의 국가 중 하나였다.

하지만 다른 나라들이 원하지도 않은 미국의 정치적 리더십에는 부정적인 면이 있다. 경제적·군사적 힘이 커지면서 미국이 어떻게 해서든 권력을 무차별적으로 행사한다는 두려움 역시 커지고 있다. 모든 혁명을 환영해야 할까? 우드를 비롯한 역사가들이 지적해왔듯이, 1917년에 미국의 러시아혁명 거부는 혁명에 대해 완전히 새로운 국가적 태도를 만들어냈다. 이후 미국은 공산주의와 관련된 혁명에 매우 강하게 반대했고, 이 때문에 단순히 공산주의에 맞선다는 이유로 베트남 및 아프가니스탄의 탈레반과 같은 매우 의구심이 드는 정권을 지원하기도 했다. 우리는 모든 혁명들이 미국을 떠받쳐온 신념에 의해 인도되어야 하는 것은 아니라는 점을 통렬하게 알게 되었다.

미국인들은 '신념의 역설belief paradox'*과 더불어 살아온 측면이 있고, 학생들은 이에 대해 비판적으로 사고할 수 있도록 권장되어야 한다. 한편으로 미국인은 민주주의적인 삶의 방식에 대한 신념으로 설명된다. 다른 한편으로 어떤 사람들은, 자신이 믿는 종교의 헌신이 미국인이 규정하는 믿음들에 기초가 된다고 주장한다. 여기서 **믿음**의 세 가지 용법을 주목해보자. 만약 종교적인 믿음이 정말로 미국인의 국가적인 신념을 정의하는 토대를 이룬다면, 미국인은 공식적인 문서를 통해 이를 인정해야만 한다. 그리고 이는 기독교 복음 전도자들이 주기적으로 제기하는 주장이다. 이에 대해 우리는 [앞서 살펴본 바와 같이] 건국의 아버지들이 종교적 믿음의 우선성을 부인했다는 사실에 주목했다. 그들의 진정한 목표는 개인이 정부의 어떤 간섭 없이 자유롭게 자신의 종교적 신념을 가질 수 있는 국가를 만드는 것이었다.

우드는 "우리는 너무나 모 아니면 도만 던질 수 있는 사람들로 보인다. 세계에 대해 **현실 정치적인** 태도를 유지하는 것이 우리에게는 너무 어렵다"라며 '신념의 역설'의 또 다른 일면을 일깨운다(2011, p. 334). 교사는 이에 대해 학생들이 어떤 생각을 하는지 살펴보아야 한

---

*신념에는 근거가 빈약하거나 없는 경우가 많으므로, 결국 신념은 확실성이 결여된 것으로 그 개연성을 따지자면 '그럴 수도 있지만, 아닐 수도 있다'가 된다. 이와 같이 신념을 뒤집는 파괴적인 힘이 그 신념 자체에 애초부터 내재해 있었다는 점이 아이러니다.

다. 내부적으로 미국인들은, 의사결정이 숙의를 통한 참여의 결과물임을 모든 시민들이 알아야 한다는 민주주의적 관념을 지지한다. 외부적으로 더 넓은 세계에서는, 미국이 언덕 위의 도시이자 세계의 빛이라는 생각에 연연하는 듯 보인다. 그래서 미국인의 정치적 대화는 미국의 위대함에 대한 언급으로 가득 차 있다. 하지만 어떻게 '위대함'을 정의해야 할까? 다음 절에서는 이에 대해 논의해보자.

미국은 위대해야만 하는가?

본격적인 논의에 앞서 우리는 미국인의 위대함에 대한 자부심이 감상적 애국심의 주요 요인이었다는 사실을 인정해야 한다. 미국인들이 자국이 저지른 수많은 과오와 국가 원리에 대한 배신을 알게 되어도, 과연 지금과 같이 국가에 헌신할 수 있을까? 혹은 캘런(1997)이 설명한 '교육받은 절망'을 겪게 될까? 만약 너무 많은 비판적 추론에 따라 냉소가 쌓여, 미국인들이 미국이 더 이상 위대하지 않다고 믿게 된다면, 시민으로서 그들의 행동은 어떻게 변화할까? 이 책을 집필 중이던 해에, 몇몇 대통령 후보들은 '미국을 다시 위대하게' 만들겠다고 공약함으로써 유권자들을 열광하게 했다. 그들은 어떤 성취를 약속하는 것일까?

건국의 아버지들 사이에서도 국가의 위대함이 무엇인지를 놓고 갈등이 있었다. 예를 들어, [미국의 정치인이자 연방주의의 지도자인] 알렉산더 해밀턴Alexander Hamilton은 이 새로운 나라에서 "고귀하고 아름다운(Wood, 2011, p. 257)" 유럽의 군주제적 위대함의 한 형태를 재현하려고 했다. 이러한 위대함은 강한 군대와도 관련이 있다. 이와 같이 가장 유덕하고 특출한 사람이 통치해야 한다는 연방주의자의 비전은 참여 민주주의에 대한 강조가 증가하면서 점차 흐릿해졌다. 그러나 이 새로운 미국 공화국은 해밀턴의 기초적인 정치철학을 전반적으로 거부했을지라도, 그의 군사적 힘에 대한 생각만큼은 수용하였다. 해밀턴이 말한 군사적·경제적 힘은 이전의 유럽 제국에서 그랬던 것처럼 새로운 미국 공화국을 특징짓기 위한 것이었다.

교사들이 직면하게 되는 또 다른 도전은 균형 문제다. 세계에서 미국의 지배적 위치를 가르치면서, 교사는 미국인들이 전 세계의 통신, 운송, 식량 생산, 가계 효율성household efficiency, 산업 성장에 기여한 바를 논의하도록 해야 한다. 이러한 성취들을 자부심의 원천으로 여기는 것은 당연하다. 또한 학생들은 1870년부터 1970년 사이의 100년이 미국에 특별한 시기였음을 알아야 한다. 미국은 "남북전쟁 이래, 모든 선진국들의 기술적 한계를 뛰어넘은 나라(Gordon, 2016, p. 3)"였다. 기술적인 리더십에서 미국은 실제로 위대했다.

하지만 학생들은 성공적인 국민과 개인들이 자신의 성공을 지나치게 강조하고 지위를 이용함으로써 도움이 되는 정당한 힘마저 축소시킬 수 있다는 것을 알아야 한다. 너무 자주 미국은 자신의 길을 찾기 위해 고군분투하는 다른 이들에게 미국적인 삶의 방식의 '축복'을 강요해왔다. 모범으로서 어떤 방식을 보여주는 것과, 그 방식을 다른 사람에게 강요하는 것은 아주 다르다. 걸프전 중에 매들린 올브라이트Madeleine Albright 국무장관이 발표한 성명을 살펴보자. "만약 우리가 무력을 사용한다면, 그것은 우리가 미국이기 때문입니다. 우리는 없어서는 안 될 국가입니다. 우리는 우뚝 서야 하고, 다른 나라들보다 더 멀리 미래를 보아야 합니다(Gardner, 2008, p. 111)." 우리는 올브라이트와 같은 입장에 대해 자랑스러워해야 할까, 아니면 이러한 주장에 당황해야 하는 걸까?

오늘날 몇몇 비평가들은 군사적·경제적 위대함에 대한 단호한 거부와 보다 심오한 형태의 위대함을 위해 민주주의 원칙으로 복귀할 것을 주장한다. 2012년 기고문을 통해 올리버 스톤Oliver Stone과 피터 커즈닉Peter Kuznick은 강한 군사력을 계속해서 요구하는 주장이 내포하는 위험성을 경고한다.

> 분명한 것은 미국 시민들이 진정으로 미국이 민주적, 평등주의적, 혁명적 영혼을 되찾음으로써 변화하길 원한다는 것이다. 역사의 교훈들, [우리가 아닌 소외받은] 그들의 역사, 더 이상 비밀[침묵]이 아닌 민중의 역사를 새롭게 전개시키려는 혁명적인 대중과 함께하는 미국 시민이 있는 모든 곳에 이러한 바람은 놓여 있다. 또한 그 바람이 만들어졌으면 하는 세상은 가장 부유하고 탐욕적이며 강력한 세상이 아니라, 많은 사람들의 이익을 대표하는 세상이다.(2012, p. 615)

이 커다란 쟁점의 양 측면에 대해서 학생들은 무엇을 말할 수 있을까? 교사는 시민의 자질에 관한 비판적 추론을 가르침으로써 미국의 세계적 지위, 즉 미국의 위대함에 대한 비판적인 추론을 더 잘할 수 있도록 도울 수 있다. 법을 잘 준수하고 자선단체와 지역사회 기관에 기부하는 것으로는 충분치 않다. 교육을 통해 우리가 되고자 하는 훌륭한 시민은 "시간이 흐름에 따라 정의롭지 못한 방식들이 재생산될 때, 기성 시스템과 구조에 의문을 제기하고 바꾸려는 사람들이다(Westheimer, 2015, p. 39)." 이와 같이 비판적 사고를 통해 규정된 애국심의 한 형태는 설득력을 갖고 지지받게 된다. 여기서도 교사는 균형을 맞추도록 유의해야 한다. 비록 위대한 제국과 강자의 업적으로 설명되는 세계사에 비판적인 입장을 갖더라도, 그 역사에서 놀라운 이야기들을 발견할 수 있다는 사실 또한 인정해야 한다. 위대한 제국의 흥망성쇠를 공부할 때, 학생들은 캘런의 지적처럼 어떤 전통이 지닌 가장 훌륭한 점이 무엇인지 물어야 한다. 또한 비판적 사고가 인류에게 최선의 이익을 위한 것이라면, 도덕적 헌신에 의해 인도되어야 한다는 점도 유의해야 한다.

이 주제에 대한 논의를 마치기 전에, **위대하다**는 단어의 언어적 가치에 대해 다시금 언급할 필요가 있다. 사전에는 일상적인 대화를 유지하기 위해 필요한 것 이상으로 많은 20개의 뜻과 9개의 유의어가 실려 있다. 공직을 위해 출마한 사람처럼 대중적인 공인이 "다시 미국을 위대하게 만들자"라고 약속할 때, 사려 깊은 시민은 그 사람에게 **위대하다**는 것이 무엇을 의미하는지 명확히 말하도록 요구해야 한다. '위대하다'의 다양한 의미와 용법을 가르칠 때, 교사는 학생들에게 약 200개의 유엔 회원국 중 한 나라를 선택하도록 한 후 그 나라의 위대함에 대해 탐구해보도록 할 수 있다. 이때, 잘 알려진 10~20여 개 국가를 선택하지 않는 것이 중요하다. 만약 당신이 그 나라에 살고 있다면, 그곳이 **당신의** 나라라면, 어떻게 그 국가의 위대함을 설명하겠는가? 어떤 점이 자랑스러운가? 가장 훌륭한 전통은 무엇인가?

글로벌 애국심

글로벌 애국심으로 설명할 수 있는 애국심에 대한 탐구를 통해 다른 국가의 위대함을 고찰해보자. 이른바 **세계시민주의**cosmopolitanism는 전 세계를 시민 참여의 중심지로 포용하는 개념이다. 세계시민주의는 오랜 역사를 가지고 있지만, 애국심과 같은 방식으로 사람들에게 헌신을 호소하지는 않는다. 또 다른 의미로 종종 세계시민주의는 세계 어느 곳에서든 편안함을 느낄 수 있는 배경과 세련됨을 지닌 사람들을 설명하기 위해 사용된다. 그런데 누군가 세계시민주의를 언급하면서 충성의 대상을 한 국가에서 전 세계로 이동시킬 것을 제안한다면, 많은 비평가들은 이를 반역으로 여길 것이다. 실제로 용기를 무릅쓴 토머스 페인Thomas Paine의 다음과 같은 선언은 널리 비난받았다. "나의 조국은 세계이며, 선을 행하도록 하는 것은 나의 종교다(True, 1995, p. 14)." 벤저민 바버Benjamin Barber(1996)는 세계시민주의가 애국심처럼 정서적으로 우리를 사로잡지 못한다고 지적한 바 있다. 아마도 세계시민주의적인 애국주의가 국가적인 차원의 국기國旗, 국가國歌, 제복, 현충 행사 같은 것들을 제공하지 않기 때문일 것이다.

하지만 이제 우리에겐 헌신해야 할 특별한 관심사가 생겼다. 그리고 이를 **생태학적 애국심**ecological patriotism으로 부를 수 있을 것이다.

우리는 생명 그 자체를 보존하기 위해 '우리의 집 지구'를 적극적으로 보호해야 함을 깨닫기 시작했다. 그러나 이조차도 논란은 있다. 예를 들어, 인간의 활동이 지구온난화의 주범이기 때문에 이를 통제해야 한다는 데 모아진 과학적 견해를 거부하는 사람들도 있다. 우리는 이 문제를 학교에서 반드시 논의해야 한다. 그리고 탄소 연료의 사용을 현저히 감소시킨다면 누가 경제적인 고통을 겪을지 학생들이 생각해보도록 이끌어야 한다. 이 고통을 보상할 수 있는 방법이 있을까?

국가적 충성심 대 글로벌 충성심에 대한 논쟁을 접근하는 한 가지 방법은, 하나의 국가로서 미국에 대한 헌신으로부터 그 국가가 위치한 물리적(자연적) 장소에 역점을 두어 바뀌도록 격려하는 것이다. 앞서 우리는 국가國歌의 선택에 따른 변화 가능성을 언급했다. 〈아름다운 미국〉은 미국의 자연환경과 그것을 어떻게 보호해야 하는지에 대해 관심을 모을 것이다. 또한 우리는 지구를 보호하는 방법에 대해 더 깊고 폭넓게 연구할 수도 있다. 모든 나라의 복지는 그 나라의 평범한 가정들이 건강한지에 달려 있다. 세계적 지배를 위한 미국의 힘과 대조적으로 복지와 관련된 조치는 미국의 정체성인 국가 원리에 대한 헌신을 훼손하지 않는다는 점에 주목하자.

또한 우리는 1870년부터 1970년까지의 100년간 미국 시민들이 성취한 놀랄 만한 기술적·경제적 성장으로 누릴 수 있던 정당한 자부심에 대해서도 논의했다(Gordon, 2016). 이 엄청난 성장은 음식의 청결과 위생 상태에 극적인 변화를 만들었다. 오늘날 지구온난화의 원인이 인간 활동인지에 대해 논란이 있는 것처럼, 1800년대 말에는 불결한 환경이 설사병, 장티푸스, 결핵, 디프테리아의 원인인지에 대해 논란이 있었다. 뉴욕의 여성보호보건협회LPHA가 추진한 정화 운동은 무엇보다 이러한 질병의 발생을 줄이는 데 많은 도움을 주었다. 오늘날의 지적이고 지속적인 행동들이 지구온난화를 줄이는 데 도움을 줄 수 있을까? 이러한 행동들을 옹호하면서 칼 사피나Carl Safina는 다음과 같이 우리를 일깨운다.

옳고 필요한 것이 항상 경제적인 고려를 통해서만 결정되는 것은 아니다. 에너지 비용이 저렴해진다면 세계 어딘가에 노예제가 있음을 의미한다. 노예제는 노예를 잡는 사람들, 노예무역 위에 세워진 해운업, 그리고 노예노동력만 있으면 수익성을 유지할 수 있는 플랜테이션 산업 등에 일자리를 창출했다. … 노예제는 남부 농장 경제의 핵심이었다. 그러나 오늘날 정상적인 사람이라면 누구도 노예제가 경제에 도움이 된다고 주장하지 않을 것이다. 우리는 적어도 그만큼은 성장하였다.(Safina, 2011, p. 295)

고든처럼 사피나는 미국의 극적인 기술 리더십 성장을 인정하면서도, 동시에 우리가 중요한 부분에서 뒤처져 있음을 지적한다.

유아 생존율에서 미국은 29위이며, 시민들의 기대 수명에서는 40위권 밖에 뒤처져 있다. 진화론을 수용하는 인구 비율은 34개 서구 국가들 중 33위를 차지했다(오직 터키만이 그 아래다).(p. 309)

이 책의 마지막 장에서 우리는 비판적 사고를 가르치기 위해 도덕적 헌신이 근본적으로 필요함을 논의할 것이다. 오늘날의 기후 위기에 대해 자세히 조사한다면, 학생들은 일부 집단이 결과적으로 경제적 손실을 경험하더라도 인간 활동을 중재하고 통제해야 한다는 사실에 당연히 동의할 것이다. 또 다른 뛰어난 과학자인 에드워드 O. 윌슨은 종교와 과학이 지구를 구하는 중요한 임무를 위해 협력할 것을 촉구한다. 그 이유를 자문하면서 그는 다음과 같이 답한다.

> 왜냐하면 종교와 과학은 오늘날, 특히 미국을 포함한 전 세계에서 가장 강력한 두 힘이기 때문이다. 만약 종교와 과학이 생물학적 보존이라는 공통적인 이유로 협력할 수 있다면, 그 문제는 곧 해결될 것이다. 만약 모든 신념 있는 사람들이 공유하는 도덕적 교훈이 있다면, 그것은 우리가 우리 자신과 미래 세대에게 아름답고, 풍요로우며, 건강한 환경을 빚지고 있다는 것이다.(2006, p. 5)

4장 '종교'에 대한 논의를 되짚어보면, 윌슨의 간청이 사람들 사이의 믿음의 주요한 차이를 엮는 협력의 아름다운 예라는 것을 알 수 있을 것이다. 그의 책 중에는 세속적인 휴머니스트인 윌슨이 남부의 한 침례교회 목사에게 보내는 편지글로 엮은 것이 있다. 믿음의 커다란 차이에 주목하면서도 그는 이 책에서 다음과 같이 말한다. "만약 우리가 만나서 자신의 가장 깊은 신념에 대해 사적으로 이야기한다면, 그것은 상호 존중과 선의good will의 정신일 것이라고 확신합니다 (2006, p. 1)." 물론 바로 이 상호 존중과 선의의 정신은, 우리가 비판적 사고력을 가르치면서 길러주고자 하는 것이다.

12장

도덕적 헌신

도덕적 헌신은 최선의 비판적 사고를 이끌고, 이를 통해 다시 비판적 사고는 도덕적 헌신과 행위를 안내한다.

비판적 사고는 오늘날 거의 모든 학교에서 강조되는 보편적인 교육목표다. 이러한 비판적 사고는 분명히 지적인 덕목이지만, 그 자체로 도덕적인 것은 아니다. 여기서 만약 '더 바람직한' 사람을 기르려는 교육의 주된 목표에 비판적 사고가 기여해야 할 부분이 있다면, 그것은 도덕적 목표를 향상시키는 것이어야만 한다. 오늘날 우리 대부분은 잘 교육받은 많은 시민들이 자신의 경제적·정치적 이득을 위해 비판적 사고 기술을 사용하는 것을 우려한다. 그들은 자신이 신중하게 분석한 노력이 가진 도덕적 함의에 대해 깊게 생각하지 않는다.

이 책을 통해 우리는 교육자들이 비판적 사고가 필요한 쟁점들을 다루었으면 한다. 우리는 지금까지 논의한 쟁점들의 해결책을 제시하지 않았다. 대신 학생들이 비판적 사고를 통해 쟁점들을 분석하고 논의할 수 있도록 가르치는 방법들을 제안했다. 비판적 사고는 단지 논쟁에서 이기기 위해서가 아니라, 논쟁을 이해하기 위해 중요하다. 마지막 장의 역할은 지금까지의 논의를 정리하는 것이지만, 그보다 더 중요한 것은 도덕적 헌신의 필요성을 강조하는 것이다. 도덕적 헌신은 최선의 비판적 사고를 이끌고, 이를 통해 다시 비판적 사고는 도덕적 헌신과 행위를 안내한다.

이 책의 첫 번째 주제를 생각해보자. 우리는 2장에서 아이들에게 권위를 어떻게 가르칠 것인지와 관련한 논쟁적인 질문들을 살펴보았다. 교사는 엄격한 규칙과 절대적 복종을 요구하는 현재의 학교 관행에 비판적 사고를 적용해야 한다. 그러한 관행들은 과연 참여 민주주의가 요구하는 시민들을 길러낼 수 있을까? 우리는 아이들이 아동의 모든 발달단계에 따라 합리적으로 선택할 수 있도록 도울 것을 제안하였다. 교사는 아이들에게 자신이 선택한 것에 대하여 다른 사람들은 어떤 선택을 할 것인가에 관한 질문을 자유롭게 할 수 있도록 기회를 제공해야 한다. 참여 민주주의는 반드시 대화를 필요로 한다. 그래서 대화는 모든 학교생활의 필수적인 부분이 되어야 한다. 참여 민주주의는 단순히 통치 절차를 마련하는 것이 아니라, 지속적인 분석과 개선을 위해 비판적 사고와 도덕적 헌신 모두를 필요로 하는 삶의 방식이다.

우리는 시민 불복종을 다루기 위해 2장의 일부를 할애하였다. 왜냐하면 시민 불복종의 개념에 대한 오해가 너무 자주 일어나기 때문이다. 정부의 합법성을 유지하기 위해서는 시민 불복종의 개념에 대한 이해가 바탕이 되어야 한다. 학생들은 시민 불복종이 비판적으로 분석된 행위라는 것을 배워야 한다. 시민 불복종에 참여하는 사람은 공개적으로 법을 거부하면서도, 보다 상위의 법에 대해서는 헌신을 표현한다. 상위의 법은 그 적용에 있어 어떤 사람만을 제외하는 것을 인정하지 않는다. 시민 불복종의 도덕적 목표는 우리 사회가 수용한 법의 진정한 의도에 부합하도록 잘못된 관행을 되돌리는 것이다. 시민 불복종에 참여한 사람은 자신의 불복종으로 인해 내려진 처벌을 감수한다. 그들이 법에 저항하는 것은 자신의 이익을 위해서가 아니라 불공정한 법을 바꾸기 위해서다.

필자들은 왜 학교가 좋은 '부모역할parenting'에 대해 아무것도 가르치지 않는지 이상하게 생각한다. 이는 오늘날에도 여전히 논쟁적인 질문으로 남아 있다. 분명 부모의 역할은 성인에게 요구되는 가장 중요한 과업 중 하나다. 그런데도 왜 우리는 '부모역할'에 대해 무언가를 가르치지 않을까? 우리를 안내하는 사회의 역사에 따라, 수세기 동안 '부모역할'은 가장으로서 가족을 부양하는 남성의 역할과 자녀와 집안일을 돌보는 여성의 역할로 나뉘어왔다. 교육은 남성이 공적인 세계를 준비할 수 있도록 설계되었다. 그리고 여성들은 주로 가정에서 다른 여성들로부터 육아와 가사를 배워야 했다. 덧붙여, 공교육은 사람들에게 개인생활에서 무엇을 해야 하는지 가르쳐서는 안 되었다. 그러므로 '부모역할'과 가사를 다루는 교육은 [어떤 사람의 눈에는] 아버지의 전통적인 통제를 위험에 빠뜨리고, 심지어는 종교적 교리의 특성에 도전하는 것으로 받아들여질지 모른다. 사람들은 일반적으로 학교교육이 시민들의 개인생활을 간섭해서는 안 되며, 공적인 삶의 준비를 도와야 한다고 생각해왔다. 이 때문에 '부모역할'을 가르치는 것은 논쟁거리였고, 지금도 여전히 그렇다.

'부모역할'에 대한 논의를 통해, 우리는 질서의 의미와 필요성, 대화의 (의미와) 중요성, 그리고 지혜로운 선택을 위한 나눔과 배움의 중심적 역할과 같은 몇 가지 광범위한 주제들을 탐구했다. 이런 모든 필수적인 분야에서 학교의 역할은 부모들이 정확히 무엇을 해야 하는지를 규정하는 것이 아니라, 탐구의 기회를 제공하고 미래의 부모로서 자신의 역할에 **대해** 비판적 사고를 적용하도록 돕는 것이다. 우리는 우리의 **안식처**이자 소중한 영양 공급원으로서, 그리고 애정 어린 보살핌으로 지켜나가야 할 장소로서 지역 공동체와 지구를 생각하도록 토론 범위를 확장할 것을 제안한다.

　(4장에서 다룬) 공립학교에서의 종교교육은 언제나 논란거리였다. 대부분의 미국 역사에서 개신교적인 의식들은 수용되었다. 하지만 이러한 의식에 참여하는 것은 점차 선택 사항이 되었다. 오늘날 미국 공립학교는 특정 종교를 가르치거나 설파하지 않으며, 많은 학교에서 세계 종교와 종교사 과목을 개설하고 있다.

　그렇다면 새롭게 등장한 종교 자유주의의 시대에 왜 학교는 무신론, 불가지론, 이신론 등을 가르치는 데 거의 관심을 갖지 않을까? 아마 많은 고등학생들은 이 용어를 정의조차 내리지 못할 것이다. 역사적으로 볼 때, 무신론자임을 인정한 사람은 설령 그가 교육을 많이 받고 도덕적이며 정치에 능수능란하더라도 미국 대통령으로 선출될 수 없었다(혹은 후보조차 될 수 없었다). 우리는 종교를 연구할 때 세계적으로 인정받는 종교들뿐만 아니라 무신론에 대해서도 관심을 가져야 할까? 이 제안이 논쟁적인 이유는 무엇인가? 무신론과 이신론을 교육하는 것에 대한 논란의 근원은 '부모역할'의 교육에 대한 논란과 복잡하게 얽혀 있는 것 같다. 많은 사람들은 공립학교가 시민의 개인생활을 간섭해서는 안 된다고 믿는다. 이러한 사람들은 '부모역할'의 문제와 마찬가지로 종교적 문제는 개인과 가정에 맡겨 둘 수밖에 없다고 믿는다. 그러나 만약 교육의 주된 목표가 더 훌륭한 사람을 기르는 데 있다면, 삶의 모든 중요한 측면에서 발전해온 흥미로운 생각들을 탐구할 수 있도록 젊은 사람들의 정신을 안내해야만 한다.

학생들은 미국이 기독교에 기초한 나라가 **아님**을 인지해야 한다. 또한 건국의 아버지들과 초기 대통령 대부분이 이신론자였고, 일부는 무신론자였다는 사실도 알아야 한다. 이는 미국의 건국 기록이 기독교와 양립할 수 없다는 것을 의미하는 것이 아니다. 단지 기독교적 공리나 원칙을 구체화한 것이 기록물의 내용이 아니라는 사실을 의미한다. 실제로 미국의 기록물에 담긴 내용이 보장하는 종교적 자유는 이러한 독립성에 기반을 두고 있다. 더불어, 학생들은 우리의 종교적 역사를 탐색하면서 기독교가 항상 도덕적 선을 장려했던 것만은 아니라는 점을 상기해야 한다. 기독교는 노예제 옹호와 여성의 정치 권리 거부 모두와 관련되어 있다.

어휘와 역사에 대한 몇 가지 기본적인 교훈에 덧붙여, 우리는 학생들에게 현명한 신자와 비신자 모두가 공유하는 도덕적, 사회적, 지적 헌신에 대해 가르쳐야 한다고 제안하였다. 이것은 흥미로운 연구 분야이며, 시민으로서 우리를 하나로 결속시키는 데 도움이 될 것이다. 비신자뿐만 아니라 많은 신자들이 진화를 받아들이고 있다는 인식 또한 논의되어야 한다. 종교인과 무신론자는 근본적으로 신의 존재에 대해 다르게 생각하지만, 그들은 많은 도덕적 헌신들을 공유하고 있다.

4장에서는 자유에 대해 소개하고 있는데, 이는 10장 '평등, 자유, 정의'에서 다시 다루는 주제다. 종교적이든 도덕적이든 간에 헌신은 우리를 온갖 유혹으로부터 자유롭게 놓아줄 수 있다. 그러한 헌신은 우리가 도덕적으로 정당하다고 생각하는 일련의 선택에 대해 자유를 좀 더 현명하게 행사하도록 돕는다.

결론적으로 우리는 학교에서 종교에 대해 논의할 때, 학제적 연구가 필요함을 강력하게 주장한다. 모든 학교 교과는 종교에 관한 대화를 위해 장을 마련할 수 있고, 기여해야 한다. 영원, 인간의 기원, 삶의 의미, 도덕, 아름다움, 자유의 본성을 바라보는 방식의 차이는 모든 교과에서 찾을 수 있다.

5장 '인종'에서 우리는 세 가지 주요 논쟁거리를 제시하였다. 첫 번째는 미국 흑인들을 대우하는 데 있어 행해진 지긋지긋하고 극악한 일들을 우리가 얼마나 자세히 다루고 또 분석해야 하는지에 관한 것이다. 이 끔찍한 역사를 솔직하게 직면할 필요성에 대해 의문을 제기할 사람은 거의 없을 것 같다. 우리는 이에 대해 질문해야만 한다. 또한 우리는 할 수 있다면, 자신의 나라가 저지른 범죄를 인식하게 될 때 학생들이 느낄지 모르는 절망과 냉소에 대처하고 대비해야 한다. 여기서 노예제를 지지하고 비난하는 데 있어 종교의 역할을 살펴보는 것은 도움을 줄 수 있다. 또한 [역사적으로 업적을 남긴] 저명한 노예 소유자들의 긍정적인 사회적·정치적 기여를 인정하면서도, 그들이 노예제 유지에 참여한 사실에 대한 비난 역시 살펴볼 필요가 있다. 이 접근법은 우리로 하여금 오늘날의 논쟁적인 하나의 주요 쟁점을 고려하도록 이끈다. 노예제에 참여한 사람들을 기념하는 동상과 기념물을 우리는 어떻게 처리해야 할까? 학생들은 이 문제에 대해 어느 정도 깊이 있게 논의할 수 있어야 한다.

두 번째로 중요한 문제는 어떻게 하면 집단의 결속과 자부심에 내재하는 풍요로움을 잃지 않고 다양성과 포용성을 높일 것인지에 대한 것이다. 물론 우리는 이른바 '다양성 속의 통일성unity in diversity'을 얻기 위해 노력한다. 하지만 흑인 아이들이 배우기 위해 백인들 사이에 끼어야만 할까? 만약 흑인 아이들이 통합된 학교교육을 받지 않는다면 자연적으로 뒤처지게 될까? 여기서 우리는 진정으로, 매우 애처로운 딜레마에 직면한다. HBCU의 역사를 연구할 때, 우리는 지적인 활기와 경제적인 투지 모두를 발견한다. 확실히, 더 큰 세계 안에는 재정적 결핍이 있고 적절한 존중이 부족하지만, 또한 우리가 놓쳐서는 안 될 훌륭한 성공 이야기와 지적이고 도덕적인 깊이의 전통이 있다. 오프라 윈프리Oprah Winfrey, 마틴 루서 킹 주니어, 서굿 마셜Thurgood Marshall, 토니 모리슨, 메리언 라이트 에덜먼Marian Wright Edelman, W. E. B. 듀보이스W. E. B. Du Bois, 앨리스 워커Alice Walker, 조지 워싱턴 카버George Washington Carver는 모두 한 HBCU에서 배웠거나 가르쳤다. 이 문제에 접근하는 방식에 대해 학생들은 어떻게 제안할 수 있을까?

인종에 대한 논의의 마지막에서, 우리는 현재의 공교육이 가진 문제점들을 살펴보았다. 우리는 인종 문제를 어디에서 다루어야 할까? 인종에 대한 특별 교육과정을 설계해야 할까? 흑인 영어에 대해 우리는 어떤 입장을 가지는가? 흑인 영어를 교육해야 한다는 주장에 대해서는 필자들조차도 전적으로 동의하지 않는다. 우리는 다른 토착어들을 존중하듯이, 우리 사회가 전반적으로 흑인 영어를 더 존중해야 한다는 점에는 동의한다. 그러나 우리 중 한 명은 사회의 더 큰 변화를 위해 흑인 영어교육을 더욱 강조해야 한다고 생각하는 반면, 다른 한 명은 모든 미국 학생이 표준 영어를 능숙하게 구사할 수 있어야 한다고 강조한다. 모든 학생이 현대사회에서 요구되는 [기본적이고 표준적인] 언어능력을 갖추도록 하는 데 실패한다면, 우리의 존중은 다소 공허할 것이다. 이 문제의 양 측면 모두를 성공적으로 다룰 수 있을까?

우리는 6장에서 젠더를 주제로 세 가지 광범위한 관심 분야를 논의했다. 첫 번째, 공적 세계에서 여성에 대한 평등한 대우를 정당화하는 목표와 원칙들에 대해서는 별로 이견이 없다. 진정한 어려움은 어떻게 여성을 평등하게 대우하고 무엇이 그러한 대우를 방해하는지에 관한 것이다. 실제 인류 역사에서 여성의 인권 문제가 '더딘 진보'를 보였던 원인을 찾기 위해, 여성 인권의 역사를 공부하는 것은 유용하다. 그리고 우리는 이 문제에 접근하기 위한 몇 가지 방법들을 제시했다.

두 번째, 어떻게 여성의 생각과 경험을 통해 남성의 생각과 공적 삶을 변화시킬 수 있을지에 대해 우리는 페미니스트들 사이에서조차도 논쟁적인 문제에 직면했다. 어떤 여성은 남성이 지배하는 현 시대의 공적 세계를 변화시키려는 노력에 반대한다. 왜냐하면 그들은 여성 평등을 이루는 것을 우선적으로 원하기 때문이다. 그래서 그들은 여성의 전통적인 사고방식을 적용하려는 시도가 이 중요한 목표를 가로막을까 염려한다. 이런 우려는 엘리자베스 캐디 스탠턴의 동료들이 표출했던 바와 비슷하다. 여성의 투표권을 보호하기 위한 캠페인 활동 중반에 스탠턴은 성경과 종교적 사고의 실질적인 변화를 요구했다. 그녀의 동료들은 스탠턴의 성경에 대한 비판이 그들의 주된 목표인 여성 투표권으로부터 주의를 산만하게 할 것이라고 우려했다. 그럼에도 여성의 전통적 사고방식에서 평화 연구뿐만 아니라 가족 및 공적 삶 모두에 크게 기여할 수 있는 좋은 아이디어가 있다면, 적어도 우리는 이를 고민해보아야 한다. 우리는 11장 '애국심'에서 버지니아 울프의 작품을 통해 이 중요한 문제를 다시 살펴보았다.

세 번째 관심 분야는 오늘날 많은 십 대들이 고통받고 있는 성 정체성 혼란에 관한 문제다. 오늘날의 십 대들은 뉴스와 소셜미디어가 전하는 레즈비언, 게이, 양성애자, 동성애자, 성전환자들의 삶과 경험에 관한 비평과 이야기들로 둘러싸여 있다. 또한 모든 교사들이 십 대들의 질문에 항상 잘 대처할 준비가 되어 있는 것은 아니다. 실제로 성 정체성 혼란을 겪는 십 대들은 단순히 자신의 의문을 드러내고 그들에게 물어볼 만족스러운 방법을 찾기 위해 도움을 필요로 할지 모른다. 우리는 자유로운 대화를 장려하지만, 학생들이 나중에 후회할지도 모를 사실을 고백하는 것은 막고 싶다.

8장에서는 자본주의와 사회주의를 논의했다. 얼마 전까지만 해도, 미국 학교에서 사회주의를 공정하게 받아들이는 것은 거의 불가능한 일이었다. 냉전 기간 동안, 그리고 그 이후에도 사회주의는 공산주의와 같은 것으로 취급되고 비난받는 경우가 많았다. 버니 샌더스

상원의원의 정치적 인기에 힘입어 이제 '사회주의'는 새롭게 평가받고 있다. 지식을 배우는 수준에서, 학생들은 한때 미국에 활발한 사회주의 정당이 있었다는 사실을 배워야 한다. 하지만 이 정당은 2차 세계대전 동안 사라졌고 이후 냉전 시대에는 저주의 대상이 되었다. 여기서 매우 논쟁적인 첫 번째 주제는 미국에서 사회주의의 역사, 그리고 다른 많은 선진국들이 사회주의를 수용하는 동안 왜 미국은 이를 무시하거나 심지어 비난했었는지에 관한 것이었다.

8장의 상당 부분은 자본주의에 대한 우리의 몰두가 학교에 어떤 영향을 미쳤는지를 다루었다. 예를 들어, 왜 우리는 학업에 관심이 없는 아이들을 위해 양질의 프로그램을 제공하지 않으면서도 평등을 그렇게 강조하는가? 평등은 동등함을 의미하는가? 우리는 10장에서 이 중요한 질문을 다시 다루었다. 자본주의적 전제들을 바탕으로 우리의 공교육 제도는, 모든 학생들이 경제 세계에서 직면하게 될 경쟁과 투쟁에 대비하도록 '최고'의 (동등한) 교육을 제공하는 데 주력해왔다. 학생들은 열심히 일하면 보상이 따를 것이라고 배운다. 만약 학교가 사회주의적 관점을 적용한다면, 단지 경제나 사업의 측면에서뿐만 아니라 삶의 모든 측면에서 필요한 협력, 선택, 만족을 가르치는 데 더 많은 중점을 둘 것이다.

우리는 8장의 끝부분에서 학교가 자본주의와 사회주의에 대해 양자택일로 접근해서는 안 된다고 제안했다. 우리는 양쪽의 가장 좋은 요소를 분석하고 평가하며 적용할 수 있어야 한다. 우리는 자본주의를 특징짓는 활력, 독창성, 산업, 에너지 등을 유지하기 바라는 동시에, 폭넓은 인간 재능에 대한 존중, 집단 구성원으로서의 참여 확대,

집단 간의 민주적인 상호작용, 모든 개인의 복지를 추구해나가야 한다. 과연 그리고 어떻게 이를 성취할 수 있는지는 확장된 비판적 사고를 필요로 하는 중요한 문제다.

9장 '돈, 계층, 빈곤'에서는 몇몇 중요한 논쟁거리들을 다루었다. 왜 미국 고등학교는 돈, 재산, 재정 관리에 관한 실용적인 수학을 가르치지 않을까? 모두에게 대수학이 왜 필요한가? 또한 우리는 미국에서의 계층의 의미와 점점 커지는 계층 격차에 대해서도 논의해야한다. 우리는 학생들이 자랑스럽게 선택할 수 있는, 존중할 만한 형태의 진정한 직업교육을 새로 시작하기 위해 고민해야 한다. 교사는 학생들이 개인적인 만족감과 만족스러운 수준의 보상을 둘 다 얻을 수 있는 직업이 무엇일지 고민할 수 있도록 도와주어야 한다.

10장 '평등, 정의, 자유'에서는 이 책의 전반부에서 미리 언급한 주제들을 논의하였다. 가장 논쟁적인 문제가 평등에 관한 주제에서 나타난다는 것이 이상하게 보일지도 모른다. 자본주의 사회에서, 미국인들은 평등한 기회를 크게 강조해왔다. 이러한 관점에서, 모든 사람들은 경제적으로 성공할 기회를 가져야 한다. 교육에서 이러한 생각은 우리로 하여금 모든 학생들을 위해 대학입시 준비를 점점 더 강조하도록 만들었다. 필자들 또한 모든 아이들이 좋은 교육을 받을 수 있어야 한다고 믿는다. 하지만 이를 위해 모든 아이들이 **같은** 교육을 받고 대학 입시에 전념해야 할까? 평등은 동일함을 의미하는가? 잘 발달된 정의감은 우리를 다양한 재능과 관심에 적합한 다양한 교육 프로그램을 설계하도록 이끌 수 있다.

이러한 방향에서 우리는 긴급히 해결해야 할 사회적 쟁점에 대해 대화와 토론을 할 수 있도록 모든 프로그램에서 학생들이 모일 수 있는 기회를 제공해야 한다. 참여 민주주의 시민은 각자의 자리에서 **따로** 말하는 것이 아니라 서로 대화할 수 있어야 하고, 그러한 대화는 경청을 필요로 한다. 많은 사려 깊은 사회과학자들과 정치비평가들은 미국에서 사회계층 간의 의사소통 격차가 점점 벌어지고 있음을 지적했다. 그리고 우리는 이 문제를 해결하기 위해 사회적·정치적 쟁점에 관한 '4년 과정의 혼합 세미나'를 설치하고 학제적인 접근을 늘릴 것을 구체적으로 제안했다. 교육에 있어서 평등의 의미에 관한 논쟁적인 쟁점들은 우리의 중요한 관심사가 되어야 한다.

평등뿐만 아니라 정의의 개념에 대한 논의도 '4년 과정의 혼합 세미나'에 적용할 수 있다. 우리는 역사적인 관점과 현재의 쟁점들에 대한 관점 모두에서 정의를 논의해야 한다. 특히 교사는 학생들이 학교 규칙을 제정하고 그 집행에 참여할 수 있도록 북돋아야 한다. 이 일에 적극적이고 비판적으로 참여하게 함으로써 우리는 교육자가 무관용 규칙, 과도한 정학 처분, 기타 하향식의 질서 유지 방법들을 없애도록 효과적으로 유도할 수 있다.

4장 '종교'에서 자유는 중요한 주제였다. 여기서 우리는 억압받는 이들이 파울로 프레이리가 말한 '자유에 대한 두려움'으로 실제 고통을 겪을 수 있는지 면밀히 살펴보았다. 이러한 두려움은 선의의 '해방자'가 가난하고 억압받는 이들에게 자신의 권리를 옹호하고 정당한 권리를 주장하라고 촉구할 때 생길 수 있다. 그런 일에 나서기에 자신이 적합하지 않다고 느낀 사람은 두려움 속에서 움츠러든다. 그러나 이러한 두려움을 만드는 가장 강력한 요소는 해방자의 지배일 수 있다. 대부분 해방자들은 억압받는 이들의 상황을 개선하기 위해 무엇을 해야 할지 최선의 의도를 가지고 결정한다. 하지만 그들은 자신이 도우려고 하는 사람들과 협력하지 않는다. 이는 우리가 이 책의 여러 부분에서 지적한 문제다. 만약 우리의 도덕적 의무가 사람들을 돕는 것이라면, 우리는 우선 그들의 개별적 특성을 이해하고 그들과 **함께** 일할 필요가 있다.

11장은 애국심에 관한 여러 쟁점들을 다루었고, 또한 앞부분에서 언급한 몇몇 문제들에 관한 논의를 확장하였다. 11장의 첫 번째 질문은 '자신의 나라가 옳든 그르든' 완전한 충성을 표해야 하는지, 혹은 자신의 나라가 옹호하는 '최선의 가치와 원리'에 대해 지속적인 충성심을 길러야 하는지에 관한 것이었다. 만약 후자를 선택한다면, 분명 우리는 '최선'을 구성하는 것과 그것을 유지하는 방법을 찾기 위해 지속적이고 비판적인 사고에 몰두할 것이다. 전통적으로 애국심은 국기國旗, 군대의 전시 행사, 전투 재연 행사, 군악대와 관련된 상징을 통해 표현되었다. 이에 반대하여, 우리는 버지니아 울프의 설득력 있는 글을 인용하였다. 그녀는 여성들에게 이런 형태의 애국심에서 완전히 벗어나라고 충고한다. 어떤 학생은 군대의 전시 행사를 무시하는 것에 대해 매우 분노할 수도 있다. 여성의 군 입대가 허용된 지금, 우리 모두는 이런 방향의 애국심을 더 나은 것으로 느껴야 할까? 국민이 옹호하는 가치와 원칙을 향하도록 애국심을 재정립해야 한다는 우리의 제안이 가진 또 다른 위험성은 자국의 역사적 과오를 깨달은 학생이 '교육받은 절망'으로 고통받을 수 있다는 사실이다. 교사들은 매우 조심스럽게 이 주제에 접근해야 할 것이다.

우리가 보존하고 소중히 여기는 **장소**로서 조국을 더 많이 생각한다는 사실을 제시함으로써 교사는 학생들을 덜 괴롭게 할 수 있다. 예를 들어, 우리는 호전적 접근으로 묘사되는 미국 국가 〈별이 빛나는 깃발〉을 자연의 아름다움과 미국의 소중한 형제애를 강조하는 또 다른 국가 〈아름다운 미국〉과 대조시킬 수 있을 것이다. 적지 않은 미국 시민들은 〈아름다운 미국〉이 더 적절한 국가라고 동의해왔다. 학생들은 이에 대해 어떻게 생각할까?

같은 맥락에서, 미국을 우리의 안식처로 바라본다면, 우리는 '지구가 우리의 집'이라고 생각을 확장할 수 있고, 전 세계의 집과 땅을 보존하는 데 필요한 생태학적 감수성을 기를 수 있을 것이다. 현재 모든 사람에게 절실히 요구되는 생태학적 감수성은 애국심과 관련한 균형 있는 토론에 도움이 될지 모른다. 현충 행사, 군악대, 국기에 대한 경례를 포기할 필요는 없다. 하지만 우리의 위대한 이상과 자연적 터전을 향해 새롭게 바뀐 헌신을 강조함으로써 균형을 잡을 수 있다.

이 책의 가장 큰 목적은 도덕적으로 정당한 목적을 위해 역량[기술]을 사용할 줄 아는, 비판적 사고를 능숙하게 할 수 있는 사람을 양성하는 데 있다. 우리는 단순히 논쟁에서 이기기 위해서가 아니라, **이해**하기 위해서 비판적 사고를 사용해야 한다고 강조했다. 키케로부터 존 스튜어트 밀에 이르는 철학자들은 자신의 입장과 대립하는 입장을 이해하는 것이 얼마나 중요한지 충고했다. 밀은 다음과 같이 요점을 잘 짚어낸다.

어떤 주제든지 진실에 도달하기 위해 연구하는 모든 사람은 키케로가 변론에서 성공하기 위한 수단으로 훈련하던 방법을 본받을 필요가 있다. 어떤 일에 대해 자신의 입장만 알고 있는 사람은 진실을 거의 알지 못한다. … 상대의 의견을 자신의 스승이 진술하는 대로 듣는 것만으로는 충분치 않다. … 그는 그것을 실제로 믿는 사람들에게서 직접 들을 수 있어야 한다.(1993/1859, p. 43)

밀은 계속해서 정직과 존중의 필요성, '무절제한 논의'에 대한 거부를 강조한다. '무절제한 논의'는 빈정거림, 독설, 인격 모독, 편협함, 불관용과 관련이 있다. 그는 '사상과 토론'에 관한 장을 마감하며 다음과 같이 적는다.

이것은 공적 토론의 진정한 도덕이다. 그리고 종종 위반되는 일이 있긴 해도, 도덕을 대체로 지키는 많은 논쟁자들이 있으며, 또한 이를 위해 성실하게 노력하는 더 많은 사람들이 있음을 나는 다행으로 여긴다.(p. 63)

그러나 우리는 진실을 추구하는 대화를 향한 또 다른 목표를 가지고 있다. 우리는 서로의 인간적인 면을 충분히 이해할 수 있도록 돕기 위해 사람들이 함께하기를 바란다. 공론화된 '진정한 도덕'이 있다는 사실을 부정할 수는 없다. 그래서 우리는 도덕적인 삶과 행위의 원천에 대해 검토하면서 이 책을 시작했다. 그 첫 번째 원천인 이성은 오랫동안 교육의 주요 관심사였다. 비판적 사고를 가르치기 위한 대부분의 교육적 노력은 이성을 효과적으로 사용하는 것과 관련이 있다. 그래서 우리는 확실히 이와 같은 노력을 지지한다. 매우 최근까지 그것은 기하학을 가르치는 데 있어 주요 목표로 강조되었다. 예를 들어, 유클리드 기하학은 추상적 추론과 연역적 사고의 접근을 용이하게 하는 일종의 도입부로 가르쳐왔다. 이러한 중요성은 현재 기하학 교육에서 약화되고 있다. 하지만 비판적 사고로서의 추론에 대한 관심은 모든 교과에서 보편적이다. 이성은 분명히 도덕적 사고와 행위에 있어 필수적이다.

그러나 이성이 도덕적 삶에서 유일한 필수 요소는 아니다. 흄을 비롯한 철학자들이 주장했듯이, 이성은 우리의 행위를 **안내한다**. 하지만 우리가 행동하도록 **동기화**하지는 않는다. 우리가 '해야만 하도록' 우리에게 동기를 부여하는 것은 **감정**이다. 그다음에 이성은 우리의 행동을 지휘하고 최적화한다. 학교는 이를 인식하면서 마음에 대한 교육과 공감, 연민, 동료의식의 발달에 더 많은 관심을 기울여야 한다.

또한 인격 형성에도 주의를 기울여야 한다. 비록 인격교육 프로그램을 도덕교육의 별도 교육과정으로 추천하지는 않지만, 인격교육을 무시하지는 않는다. 앞의 여러 장에서 제안한 바와 같이, 훌륭한 인격은 의심스러운 유혹으로부터 우리에게 기꺼운 자유를 제공할 수 있고, 가치 있는 목적을 추구하도록 우리를 북돋을 수 있다.

우리가 이성과 감정, 인격 발달을 중요하게 여긴다면, 영감을 주는 문학, 전기傳記, 시, 미술, 사회적·도덕적 삶의 일탈에 대한 진실한 설명, 사회적·정치적·도덕적 삶에 대한 포괄적이고 비판적인 논의를 포함시킴으로써 교육과정을 넓혀나가야 한다. 이런 식의 생각과 계획은 이 책에 제시된 제안들을 모든 교과목 안에 스며들게 하고 교과 간 연계를 신중하게 고려하도록 할 것이다.

Adler, M. J. (1982). *The paideia proposal*. New York: Macmillan.

Allman, T. D. (2013). *Finding Florida: The true history of the sunshine state*. New York: Atlantic Monthly Press.

American high school students are reading books at 5th-grade-appropriate levels: Report. (2012, March 22). *Huffington Post*. Retrieved from www.huffingtonpost.com/2012/03/22/top-reading_n_1373680. html

Anderson, E. (2007). Fair opportunity in education: A democratic equality perspective. *Ethics, 117*(4), 595–622.

Anderson, E. (2015). Moral bias and corrective practices: A pragmatist perspective. *Proceedings & Addresses of the American Philosophical Association*, 21–47.

Asafu-Adjaye, J., Blomquist, L., Brand, S., Brook, B., Defries, R., Ellis, E., . . . Teague, P. (2015). *An ecomodernist manifesto*. Retrieved from www.ecomodernism.org

Bachelard, G. (1964). *The poetics of space* (Maria Jolas, Trans.). New York: Orion Press.

Baptist, E. E. (2014). *The half has never been told*. New York: Basic Books.

Barber, B. (1996). Constitutional faith. In J. Cohen (Ed.), *For love of country? Martha C. Nussbaum* (pp. 30–37). Boston, MA: Beacon Press.

Bayh, B. (1972). Comments on Title IX from the Senate floor. 118 Congressional Record, 5804–5808.

Beardmore, M. (2013). Is it safe to worship athletes? *Psychology Today: Time Out!* Retrieved from www.psychologytoday.com/blog/time-out/201310/is-it-safe-worship-athletes

Bell, E. T. (1965/1937). *Men of mathematics*. New York: Simon & Schuster.

Berlin, I. (1969). Two concepts of liberty. *Four essays on liberty* (pp. 118–172). Oxford, England: Oxford University Press.

Blum, L. (2012). *High schools, race, and America's future*. Cambridge, MA: Harvard Education Press.

Bok, S. (1979). *Lying: Moral choice in public and private life*. New York: Vintage.

Braybrooke, D. (1987). *Meeting needs*. Princeton, NJ: Princeton University Press.

Brooks, D. (2016). Inside student radicalism. *New York Times*. Retrieved from mobile.nytimes.com/2016/05/27/opinion/inside-student-radicalism.html

Brown, P. M., Corrigan, M. W., & Higgins-D'Alessandro, A. (Eds.). (2012). *Handbook of prosocial education*, 2 vols. Lanham, MD: Rowman & Littlefield.

Buchholz, T. (1989/2007). *New ideas from dead economists: An introduction to modern economic thought*. New York: Plume.

Buck, P. S. (1936). *The exile*. New York: Triangle.

Burch, K. T. (2012). *Democratic transformations: Eight conflicts in the negotiation of American identity*. New York: Continuum.

Caldwell, E. (1932/1995). *Tobacco road*. Athens: The University of Georgia Press.

Callan, E. (1997). *Creating citizens: Political education and liberal democracy*. Oxford, England: Oxford University Press.

Carlson, S. (2016, May 6). Should everyone go to college? *The Chronicle of*

Higher Education, A22–A25.

Cheng, E. (2015). *How to bake π*. New York: Basic.

Coates, T-N. (2014, June). The case for reparations. *Atlantic*, 54–71.

Coates, T-N. (2015, October). The black family in the age of mass incarceration. *The Atlantic Monthly*.

Cobb, J. (2016, March 14). The matter of black lives. *New Yorker*, 34–40.

Cohen, P. (2014). Fueled by recession, U.S. wealth gap is widest in decades, study finds. *New York Times*. Retrieved from www.nytimes.com/2014/12/18/business/economy/us-wealth-gap-widest-in-at-least-30-years-pew-study-says. html?_r=0

Comer, J. P. (2004). *Leave no child behind*. New Haven, CT: Yale University Press.

Common application to change gender-identity options. (2016, May 6). *The Chronicle of Higher Education*, A20.

Conway Morris, S. (2003). *Life's solution: Inevitable humans in a lonely universe*. Cambridge, MA: Cambridge University Press.

Cravens, G. (2007). *Power to save the world: The truth about nuclear energy*. New York: Vintage.

Crawford, M. (2009). *Shop class as soulcraft*. New York: Penguin Press.

Daly, M. (1974). *Beyond God the father*. Boston, MA: Beacon Press.

Davidson, M., Lickona, T., & Khmelkov, V. (2008). Smart & good schools: A new paradigm for high school character education. In L. Nucci & D. Narvaez (Eds.), *Handbook of moral and character education*. New York: Routledge.

Dawkins, R. (2006). *The God delusion*. Boston, MA: Houghton Mifflin.

Day, D. (1952. *The long loneliness*. San Francisco, CA: Harper & Row.

Deaver, J. (2005). *The twelfth card*. New York: Pocket.

DeParle, J. (2012, January 5). Harder for Americans to rise from lower rungs. *New York Times*. Retrieved from www.nytimes.com/2012/01/05/us/harder-for-americans-to-rise-from-lower-rungs.html

Desmond, M. (2016). *Evicted: Poverty and profit in the American city*. New

York: Crown.

Dewey, J. (1916). *Democracy and education*. New York: Macmillan.

Dewey, J. (1927). *The Public and its Problems*. New York: Holt.

Dewey, J. (1989/1934). A common faith. In *Later Works* (vol. 9). Carbondale: Southern Illinois University Press.

Dewey, J. (1939). "I believe." In *Later Works* (vol. 14). Carbondale: Southern Illinois University Press.

Dockterman, E. (2015, November 2). Women flip the script. *Time*, 44–47.

Dowd, M. (2015, November 22). Waiting for the green light. *New York Times Magazine*, 40–47, 60–61.

Dreifus, C. (2016, March 11). A plea, while there's still time. *New York Times*, D5.

Earle, S. (1995). *Sea change*. New York: Random House.

Elshtain, J. B. (2002). *Jane Addams and the dream of American democracy*. New York: Basic.

Engster, D. (2007). *The heart of justice: Care ethics and political theory*. Oxford, England: Oxford University Press.

Ennis, R. (1962). A concept of critical thinking. *Harvard Educational Review*, 32(1), 83–111.

Evans, R. W. (2007). *This happened in America: Harold Rugg and the censure of social studies*. Charlotte, NC: Information Age.

Fest, J. (2013). *Not I: Memoirs of a German childhood* (M. Chalmers, Trans.). New York: Other Press.

Fielding, M., & Moss, P. (2011). *Radical education and the common school: A democratic alternative*. London, England: Routledge.

Fisher, G. (2015, September 20). Working moms have more successful daughters and more caring sons, Harvard Business School study says. *Quartz*. Retrieved from qz.com/434056/working-moms-have-more-successful-daughters-and-more-caring-sons-Harvard-Business-School-study-says

Foner, E. (2015). *Gateway to freedom: The hidden history of the Underground Railroad*. New York: Norton.

Frank, T. (2004). *What's the matter with Kansas?* New York: Henry Holt.

Frank, T. (2016). *Listen, liberal.* New York: Metropolitan.

Freire, P. (1970). *Pedagogy of the oppressed* (M. B. Ramos, Trans.). New York: Herder & Herder.

Friedman, B. (2009). *The will of the people.* New York: Farrar, Straus and Giroux.

Friedman, H. L. (2013). When did competitive sports take over American childhood? *The Atlantic.* Retrieved from www.theatlantic.com/education/archive/2013/09/when-did-competitive-sports-take-over-american-childhood/279868/

Galston, W. (1991). *Liberal purposes: Goods, virtues and diversity in the liberal state.* Cambridge, MA: Cambridge University Press.

Galuszka, P. A. (2016, March 18). Shadows of the past, convergence: Diversity and inclusion. *Chronicle of Higher Education, 10–15.*

Gardner, J. W. (1984). *Excellence.* New York: Norton.

Gardner, L. C. (2008). *The long road to Baghdad: A history of U.S. foreign policy from the 1970s to the present.* New York: New Press.

Gardner, M. (1963). *The annotated Alice.* New York: World.

Gardner, M. (1983). *The whys of a philosophical scrivener.* New York: Quill.

Geiger, R. L. (2015). *The history of American higher education.* Princeton, NJ: Princeton University Press.

Gilligan, C. J. (1982). *In a different voice.* Cambridge, MA: Harvard University Press.

Glaude, E. S., Jr. (2016). *Democracy in black: How race still enslaves the American soul.* New York: Crown.

Gordon, R. J. (2016). *The rise and fall of American growth.* Princeton, NJ: Princeton University Press.

Gregory, M. R. (2014). The procedurally directive approach to teaching controversial issues. *Educational Theory, 64*(6), 627–648.

Groenhout, R. E. (2004). *Connected lives: Human nature and an ethics of care.* Lanham, MD: Rowman & Littlefield.

Grubb, W. N. (Ed.). (1995). *Education through occupations in American high schools* (vols. 1 & 2). New York: Teachers College Press.

Gutmann, A. (1987). *Democratic education*. Princeton, NJ: Princeton University Press.

Hacker, A. (2016, February 2). The wrong way to teach math. *New York Times Sunday Review*, 2.

Hadamard, J. (1954). *The psychology of invention in the mathematical field*. New York: Dover.

Hartshorne, H., & May, M. (1928–1930). *Studies in the nature of character; Studies in deceit; Studies in the organization of character*. New York: Macmillan.

Hax, C. (2016, May 1). Tell me about it. *Asbury Park Press*, 11E.

Heath, S. B. (1983). *Ways with words*. New York: Cambridge University Press.

Held, V. (2006). *The ethics of care: Personal, political, and global*. Oxford, England: Oxford University Press.

Heller, N. (2016). The big uneasy: What's roiling the liberal-arts campus? *New Yorker*. Retrieved from www.newyorker.com/magazine/2016/05/30/the-new-activism-of-liberal-arts-colleges

Hirsch, E. D. (1967). *Cultural literacy: What every American needs to know*. Boston, MA: Houghton Mifflin.

Hirsch, E. D. (1996). *The schools we need: Why we don't have them*. New York: Doubleday.

Hixon, R. (2015, January). Henry and George Jacobsen. *Keys Life Magazine, 14*, 34.

Hoffer, E. (1951). *The true believer*. New York: Harper & Row.

Hoffman, M. (2000). *Empathy and moral development: Implications for caring and justice*. New York: Cambridge University Press.

Hume, D. (1983/1751). *An enquiry concerning the principles of morals*. Indianapolis, IN: Hackett.

Jacoby, S. (2004). *Free thinkers*. New York: Metropolitan.

Jaschik, S. (2005, February 18). What Larry Summers said. *Inside Higher Ed*.

Retrieved from www.insidehighered.com/print/news/2005/02/18/ summers2_18

Kant, I. (1966/1781). *Critique of pure reason* (F. M. Muller, Trans.). Garden City, NY: Doubleday Anchor.

King, J. E. (2016). We may well become accomplices: To rear a generation of spectators is not to educate at all. *Educational Researcher, 45*(2), 159–172.

King, M. L., Jr. (1969). Letter from Birmingham city jail. In H. A. Bedau (Ed.), *Civil disobedience* (pp. 27–48). New York: Pegasus.

Kingsolver, B. (1989). *Homeland and other stories*. New York: Harper Perennial.

Kingsolver, B. (2012). *Flight behavior*. New York: Harper Collins.

Kish-Gephart, J. J., & Campbell, J. T. (2015). You don't forget your roots: The influence of CEO social class background on strategic risk taking. *Academy of Management Journal, 58*(6), 1614–1636. Retrieved from dx.doi.org/10. 5465/amj. 2013. 1204

Kliebard, H. (1999). *Schooled to work: Vocationalism and the American curriculum 1876–1946*. New York: Teachers College Press.

Kohlberg, L. (1981). *The philosophy of moral development*, Vol. 1. San Francisco, CA: Harper & Row.

Kohn, A. (1999). *The schools our children deserve*. Boston, MA: Houghton Mifflin.

Krugman, P. (2015, November 9). Despair, American style. *New York Times*, A23.

Kruse, K. M. (2015). *One nation under God*. New York: Basic Books.

Kuhmerker, L. (1991). *The Kohlberg legacy for the helping professions*. Birmingham, AL: R. E. P.

Kurlansky, M. (1997). *Cod*. New York: Penguin.

Lehane, D. (2008). *The given day*. New York: Harper Collins.

Leonhardt, D. (2014, January 23). Upward mobility has not declined, study says. *New York Times*. Retrieved from www.nytimes.com/2014/01/23/ business/upward-mobility-has-not-declined-study-says.html

Levi, P. (1988). *The drowned and the saved* (R. Rosenthal, Trans.). New York:

Vintage.

Litsky, F. (2002, September 11). Johnny Unitas, NFL's genius of the huddle, dies at 69. *New York Times*. Retrieved from www.nytimes.com/2002/09/12/sports/johnny-unitas-nfl-s-genius-of-the-huddle-dies-at-69.html

Mann, T., & Ornstein, N. (2012). *It's even worse than it looks: How the American constitutional system collided with the new politics of extremism*. New York: Basic.

Manning, K. R. (1983). *Black Apollo of science: The life of Ernest Everett Just*. New York: Oxford University Press.

Martin, J. R. (1992). Critical thinking for a humane world. In Stephen P. Norris (Ed.), *The generalizability of critical thinking* (pp. 163–180). New York: Teachers College Press.

Matthews, C. (2014, October 31). Wealth inequality in America: It's worse than you think. *Fortune*. Retrieved from fortune.com/2014/10/31/inequality-wealth-income-us/

McCrum, R. (2011, March 27). EF Schumacher: Cameron's choice. *The Guardian*. Retrieved from www.theguardian.com/politics/2011/mar/27/schumacher-david-cameron-small-beautiful

McLuhan, M. (1967). *The medium is the massage*. Berkeley, CA: Gingko Press.

Mill, J. S. (1993/1859). *On liberty and utilitarianism*. New York: Bantam.

Mill, J. S. (2007). Moral influences in early youth: My father's character and opinions. In C. Hitchens (Ed.), *The portable atheist*. Philadelphia, PA: Da Capo Press.

Milner, H. R., IV, Delale-O'Connor, L. A., Murray, I. E., & Farinde, A.A. (2016). Reflections on *Brown* to understand *Milliken v. Bradley*: What if we are focusing on the wrong policy questions? *Teachers College Record, 118*(3).

MIT Admissions Blog. (2015, September 3). Picture yourself as a stereotypical male. Retrieved from mitadmissions.org/blogs/entry/Picture-yourself-as-a-stereotypical-male

Monbiot, G. (2015, September 24). Meet the ecomodernists: Ignorant of history and paradoxically old-fashioned. *The Guardian*. Retrieved from www.

theguardian.com/environment/georgemonbiot/2015/sep/24/meet-the-ecomodernists-ignorant-of-history-and-paradoxically-old-fashioned

Monroe, G. (2001). *The highwaymen: Florida's African-American landscape painters*. Gainesville: University Press of Florida.

National Governors Association Center for Best Practices & Council of Chief State School Officers. (2010). *Common Core State Standards for English language arts & literacy in history/social studies, science, and technical subjects*. Washington, DC: National Governors Association Center for Best Practices, Council of Chief State School Officers.

National Science Board. (2016). *Science and engineering indicators 2016*. Arlington, VA: National Science Foundation.

Nearing, S., & Nearing H. K. (1970). *Living the good life*. New York: Schocken.

Nearing, S., & Nearing, H. (1979). *Continuing the good life*. New York: Schocken.

Nearing, S. (2000). *The making of a radical: A political autobiography*. White River Junction, VT: Chelsea Green.

Neill, A. S. (1960). *Summerhill*. New York: Hart.

New, J. (2014). Spelman College builds up student health initiative in years after leaving NCAA. *Inside Higher Ed*. Retrieved from www.insidehighered.com/news/2014/10/15/spelman-college-builds-student-health-initiative-years-after-leaving-ncaa

Niederle, M., & Vestlund, L. (2010, Spring). Explaining the gender gap in math test scores: The role of competition. *Journal of Economic Perspectives, 24*(2), 129–144.

Noddings, N. (1989). *Women and evil*. Berkeley: University of California Press.

Noddings, N. (1992). *The challenge to care in schools*. New York: Teachers College Press.

Noddings, N. (1993). *Educating for intelligent belief or unbelief*. New York: Teachers College Press.

Noddings, N. (2002a). *Starting at home: Caring and social policy*. Berkeley: University of California Press.

Noddings, N. (2002b). *Educating moral people*. New York: Teachers College Press.

Noddings, N. (2006). *Critical lessons: What our schools should teach*. Cambridge : Cambridge University Press.

Noddings, N. (2012). *Peace education: How we come to love and hate war*. Cambridge: Cambridge University Press.

Noddings, N. (2013/1984). *Caring: A relational approach to ethics and moral education*. Berkeley: University of California Press.

Noddings, N. (2013). *Education and democracy in the 21st century*. New York: Teachers College Press.

Noddings, N. (2015a). *A richer, brighter vision for American high schools*. Cambridge: Cambridge University Press.

Noddings, N. (2015b). *Philosophy of education* (3rd ed.). Boulder, CO: Westview Press.

Nucci, L., & Narvaez, D. (Eds.). (2008). *Handbook of moral and character education*. New York: Routledge.

Oakes, J. (2005). *Keeping track: How schools structure inequality* (2nd ed.). New Haven, CT: Yale University Press.

Oakes, J., & Rogers, J. (2006). *Learning power: Organizing for education and justice*. New York: Teachers College Press.

Oakley, M. A. B. (1972). *Elizabeth Cady Stanton*. Brooklyn, NY: Feminist Press.

Onuf, P. S., & Gordon-Reed, A. (2016). *"Most blessed of the patriarchs": Thomas Jefferson and the empire of the imagination*. New York: Liveright.

Orwell, G. (1958/1937). *The road to Wigan pier*. San Diego, CA: Harcourt.

Paley, V. G. (2004). *A child's work*. Chicago, IL: University of Chicago Press.

Payne, R. K. (2005/1996). *A framework for understanding poverty*. Highlands, TX: aha! Process.

Pew Research Center for the People & The Press. (2012, September 27). *Trends in news consumption: 1991–2012: In changing news landscape, even television is vulnerable*. Retrieved from www.people-press.

org/2012/09/27/in-changing-news-landscape-even-television-is-vulnerable/

Piaget, J. (1954). *The construction of reality in the child*. New York: Basic.

Piaget, J. (1970). *Genetic epistemology*. New York: Norton.

Pinckney, D. (2016, February 11). The anger of Ta-Nehisi Coates. *New York Review of Books*, 28–30.

Pinker, S., & Spelke, E. (2005). *The science of gender and science*. An *Edge* special event. Retrieved from www.edge.org/3rd_culture/debate05/debate05_index.html

Plato. (1987). *Republic* (D. Lee, Trans.). Harmondsworth, England: Penguin.

Putnam, R. D. (2015). *Our kids: The American dream in crisis*. New York: Simon & Schuster.

Rankin, J. (2015, January 21). Davos—A complete guide to the World Economic Forum. *The Guardian*. Retrieved from www.theguardian.com/business/2015/jan/21/-sp-davos-guide-world-economic-forum

Rappaport, A. (2015, November 11). Philosophers (and welders) react to Marco Rubio's debate comments. *New York Times*. Retrieved from www.nytimes.com/politics/first-draft/2015/11/11/philosophers-and-welders-react-to-marco-rubios-debate-comments/

Ravitch, D. (2010). *The death and life of the great American school system*. New York: Perseus.

Rawls, J. (1971). *A theory of justice*. Cambridge, MA: Harvard University Press.

Rawls, J. (1993). *Political liberalism*. New York: Columbia University Press.

Reiss, T. (2012). *The black count: Glory, revolution, betrayal, and the real count of Monte Cristo*. New York: Crown.

Remarque, E. M. (1982/1929). *All quiet on the western front*. (A. W. Wheen, Trans.). New York: Fawcett.

Rhoden, W. (2012, October 22). Seeing through the illusions of the sports hero. *New York Times*. Retrieved from www.nytimes.com/2012/10/22/sports/seeing-through-the-illusions-of-the-sports-hero. html?_r=0

Richmond, E. (2015, November). The reality of the philosophers vs. welders debate. *The Atlantic*. Retrieved from www.theatlantic.com/education/archive/2015/11/philospher-vs-welders/415890/

Ricoeur, P. (1969). *The symbolism of evil* (E. Buchanan, Trans.). Boston, MA: Beacon Press.

Ripley, A. (2013, September). The case against high-school sports. *The Atlantic*. Retrieved from www.theatlantic.com/education/archive/2013/09/when-did-competitive-sports-take-over-american-childhood/279868/

Rivoli, P. (2009/2015). *The travels of a t-shirt in the global economy: An economist examines the markets, power, and politics of world trade*. Hoboken, NJ: Wiley.

Roberts, D. (2015, December 31). Here's how the NFL might combat concussions. *Fortune*. Retrieved from http://fortune.com/2015/12/31/nfl-concussion-technology/

Ruddick, S. (1989). *Maternal thinking: Toward a politics of peace*. Boston, MA: Beacon Press.

Russell, B. (1963). What is an agnostic? In L. Rosten (Ed.), *Religion in America*. New York: Simon & Schuster.

Rybczynski, W. (1986). *Home: A short history of an idea*. New York: Viking.

Sacks, P. (2007). *Tearing down the gates: Confronting the class divide in American education*. Berkeley: University of California Press.

Safina, C. (2011). *The view from Lazy Point*. New York: Holt.

Scarry, E. (2014). *Thermonuclear monarchy*. New York: Norton.

Schumacher, E. F. (1973/1989). *Small is beautiful: Economics as if people mattered*. New York: HarperPerennial.

Shipler, D. K. (2004). *The working poor: Invisible in America*. New York: Knopf.

Siddle Walker, V., & Snarey, J. R. (Eds.). (2004). *Race-ing moral formation: African American perspectives on care and justice*. New York: Teachers College Press.

Simmons, A. (2016, April). Literature's emotional lessons. *The Atlantic*. Retrieved from www.theatlantic.com/education/archive/2016/04/educatingteenagers-emotions-through-literature/476790/

Slote, M. (2007). *The ethics of care and empathy*. New York: Routledge.

Sola, K. (2015, November 11). Sorry, Rubio, but philosophers make 78% more than welders. *Forbes*. Retrieved from http://www.forbes.com/sites/katiesola/2015/11/11/rubio-welders-philosophers/

Spock, B. (2001). *On parenting*. New York: Pocket Books.

Stanton, E. C. (1993/1895). *The woman's Bible*. Boston: Northeastern University Press.

Stewart, A. (2013). *The drunken botanist: The plants that create the world's drinks*. Chapel Hill, NC: Algonquin.

Stone, O., & Kuznick, P. (2012). *The untold history of the United States*. New York: Simon & Schuster.

Teachout, Z. (2014). *Corruption in America*. Cambridge, MA: Harvard University Press.

Thoreau, H. D. (1969/1849). On the duty of civil disobedience. In H. A. Bedau (Ed.), *Civil disobedience* (pp. 27–48). New York: Pegasus.

Tillich, P. (1952). *The courage to be*. New Haven, CT: Yale University Press.

Toffler, A. (1970). *Future shock*. New York: Bantam.

Trethewey, N. (2012). *Thrall: Poems*. New York: Houghton Mifflin Harcourt.

Tronto, J. (1993). *Moral boundaries: A political argument for an ethic of care*. New York: Routledge.

True, M. (1995). *An energy field more intense than war*. Syracuse, NY: Syracuse University Press.

Turner, J. (1985). *Without God, without creed*. Baltimore, MD: Johns Hopkins University Press.

Vincent, P., & Grove, D. (2012). Character education: A primer on history, research, and effective practices. In P. M. Brown, M. W. Corrigan, & A. Higgins-D'Alessandro (Eds.). *Handbook of prosocial education*. Lanham, MD: Rowman & Littlefield.

Voosen, P. (2016, April 22). "If America wants to kill science, it's on its way": Hope Jahren on women, research, and life in the lab. *Chronicle of Higher*

Education, B14.

Walzer, M. (2015). *The paradox of liberation: Secular revolutions and religious counterrevolutions*. New Haven, CT: Yale University Press.

Ward, G. C., & Burns, K. (1999). *Not for ourselves alone: The story of Elizabeth Cady Stanton and Susan B. Anthony*. New York: Knopf.

Watson, M. (2003). *Learning to trust*. San Francisco, CA: Jossey-Bass.

Watson, P. (2010). *The German genius*. New York: HarperCollins.

Weisberg, J. (2016, February 25). We are hopelessly hooked. *New York Review of Books, 63*(3), 6–9.

Westheimer, J. (Ed.). (2007). *Pledging allegiance: The politics of patriotism in America's schools*. New York: Teachers College Press.

Westheimer, J. (2015). *What kind of citizen?* New York: Teachers College Press.

Wheatley, P. (1773). *Poems on various subjects, religious and moral*. Project Gutenberg EBook retrieved from www.gutenberg.org/cache/epub/409/pg409-images.html.

White, J. T. (1909). *Character lessons in American biography*. New York: The Character Development League.

Wilson, E. O. (2006). *The creation: An appeal to save life on earth*. New York: Norton.

Wilson, E. O. (2016). *Half-earth: Our planet's fight for life*. New York: Liveright.

Winslow, B. (2010, Spring). The impact of Title IX. *History Now 23*. Retrieved from www.gilderlehrman.org/history-now/

Wood, G. S. (2011). *The idea of America*. New York: Penguin Press.

Woolf, V. (1966/1938). *Three guineas*. New York: Harcourt Brace.

Wulf, A. (2015). *The invention of nature: Alexander von Humboldt's new world*. New York: Knopf.

Yourgrau, P. (2005). *A world without time*. New York: Basic.

Zeisler, A. (2016). *We were feminists once: From Riot Grrrl to CoverGirl®, the buying and selling of a political movement*. New York: PublicAffairs.

Zezima, K. (2014, May 29). How Teddy Roosevelt helped save football.

Washington Post. Retrieved from www.washingtonpost.com/news/the-fix/wp/2014/05/29/teddy-roosevelt-helped-save-football-with-a-white-house-meeting-in-1905/

Zinn, H. (1968). *Disobedience and democracy*. New York: Random House.

비판적 사고와 시민성 교육을 위한 안내서

논쟁 수업으로 시작하는 민주시민교육

초판 1쇄 발행 2018년 8월 22일
초판 3쇄 발행 2020년 1월 10일

지은이 넬 나딩스, 로리 브룩스 | 옮긴이 정창우, 김윤경
펴낸이 홍석 | 전무 김명희
인문편집부장 김재실 | 편집 나성우 | 디자인 육일구 디자인·서은경
마케팅 홍성우·이가은·이송희 | 관리 김정선·정원경·최우리

펴낸곳 도서출판 풀빛 | 등록 1979년 3월 6일 제8-24호
주소 03762 서울특별시 서대문구 북아현로 11가길 12 3층
전화 02-363-5995(영업), 02-362-8900(편집) | 팩스 02-393-3858
홈페이지 www.pulbit.co.kr | 전자우편 inmun@pulbit.co.kr

ISBN 979-11-6172-719-6 93370

이 도서의 국립중앙도서관 출판예정도서목록(CIP)은 서지정보유통지원시스템
홈페이지(seoji.nl.go.kr)와 국가자료공동목록시스템(www.nl.go.kr/kolisnet)에서
이용하실 수 있습니다.(CIP제어번호 : CIP2018023441)